中国农业企业
发展报告

2022年卷

Development Report
on the Agricultural Enterprises
in China (2022)

何兰生　王守聪　主编

中国农业出版社
北　京

U0644451

图书在版编目（CIP）数据

中国农业企业发展报告.2022年卷 / 何兰生，王守聪主编.—北京：中国农业出版社，2024.2
ISBN 978-7-109-30987-6

Ⅰ.①中… Ⅱ.①何… ②王… Ⅲ.①农业企业－企业发展－研究报告－中国－2022 Ⅳ.①F324

中国国家版本馆 CIP 数据核字（2023）第 146442 号

中国农业出版社出版

地址：北京市朝阳区麦子店街 18 号楼
邮编：100125
责任编辑：黄　曦　　文字编辑：李海锋
版式设计：王　晨　　责任校对：吴丽婷
印刷：北京通州皇家印刷厂
版次：2024 年 2 月第 1 版
印次：2024 年 2 月北京第 1 次印刷
发行：新华书店北京发行所
开本：700mm×1000mm　1/16
印张：12.25
字数：235 千字
定价：88.00 元

前 言
FOREWORD

　　2022年是我国经济社会发展极不平凡的一年。面对新冠疫情反复延宕、世界经济脆弱性更加突出、地缘政治和局部冲突加剧的复杂国际环境，以及艰巨的国内改革发展稳定任务，以习近平同志为核心的党中央团结带领全党全国各族人民迎难而上，在全面建设社会主义现代化国家新征程上迈出坚实步伐。在"三农"发展方面，我们不但端稳了"中国饭碗"，提升了粮食产能，而且有力巩固了脱贫攻坚成果，不断增强农业农村发展的内生动力，为全面推进乡村振兴，建设农业强国夯实了基础。

　　作为建设现代农业产业体系和繁荣农村经济的生力军，广大农业企业在助力经济社会稳定发展中，充分展现出蓬勃旺盛的生命力、支撑全局发展的生产力、持续锐意进取的创新力、履行社会责任的贡献力，彰显困难时刻的农企使命担当和农业企业家的家国情怀。农业企业，尤其是农业龙头企业是引领乡村振兴和带动农民增收的主体。截至目前，全国县级以上农业产业化龙头企业有9万余家，其中国家级重点龙头企业1 959家。以2021年中国农业企业500强数据为例，2021年500强农业企业带动农户总数2 114.95万户（有效样本320家），较2020年增长4.76%，企均带动数量为6.61万户。虽然在发展数量和速度上已经取得不错的成绩，但我国农业企业依然存在整体实力偏弱、发展不充分等诸多问题，不断增强其发展实力、经营活力和带动能力，对构建农业农村发展新动能、促进小农户和现代农业发展有机衔接、助力乡村全面振兴、建设农业强国具有十分重要的意义。深入观察新型农业主体，特别是多角度研究农业企业发展，对于回应农业农村现代化发展需求，破解当下农村发展的一些疑难问题具有重要现实意义。对中国农业企业发展进行全方位研究并形成报告，是"三农"战线工作者、研究者回应现实需求而做出的努力，也是时代使命和职责担当。

　　该报告是由农民日报社、全国农业企业发展联盟共同完成的。为了更好地完成报告的写作，写作组广泛征求了相关方面意见，农民日报社专家智库和"中国乡村振兴（青年）40人论坛"诸多专家作出了重要贡献。本书听取了农民日报社党委书记、社长何兰生，北大荒农垦集团有限公司党委书记兼董事长、全国农业企业发展联盟主席王守聪，农民日报社副总编辑詹新华，北大荒农垦集团有限公司党委委员兼总会计师、全国农业企业发展联盟秘书长陈有方，农业农村部农村经济研究中心副主任杨春华，原农业部农村经济体制与经营管理司副司长黄延信，北大荒集团北京分公司党委书记吴向东，全国农业企业发展联盟执行秘书长王大洋，中国社会科学院副研究员曹斌，商业干部管理学院研究员王军，中国农业科学院研究员陈秩分，副研究员张宁宁、任育锋、钱静斐等领导和专家的意见。

本报告背景分析部分由中国农业科学院副研究员韩昕儒、农民日报社三农发展研究中心主任高杨、中国人民大学博士研究生魏广成共同撰写；中国农业企业500强分析报告由农民日报社副研究员郭芸芸、中国社会科学院研究员胡冰川、北大荒集团北京分公司副总经理王景伟、江苏大学讲师王允、农民日报社编辑王振东、北京大学国家发展研究院博士后周晓时共同撰写；粮油行业与企业分析报告由农民日报社经济部主任杨久栋、中国人民大学副教授田晓晖共同撰写；畜牧行业与企业分析报告由中国社会科学院副研究员刘长全撰写；水产行业与企业分析报告由水产科学院副研究员刘子飞撰写；农资行业与企业分析报告由北京农学院教授赵海燕撰写；流通行业与企业分析报告由中国农业大学副教授陆继霞撰写；中国农机社会化服务发展历程、问题与展望由江苏大学研究员张宗毅撰写；中国农业企业社会责任报告由中国社会科学院助理研究员芦千文、农民日报社副研究员郭芸芸共同撰写；中国农业企业科技创新报告由中国农业科学院副研究员韩昕儒撰写；中国农业企业品牌建设报告由中国社会科学院助理研究员芦千文撰写；政策汇编部分由农研中心助理研究员郑庆宇、农民日报社编辑关仕新、农民日报社编辑王振东、中国进出口银行博士谢金丽、中国人民大学博士研究生孙艺荧共同完成。农民日报社编辑王斌、中国农业出版社编辑刘佳玫、中国社会科学院农村发展研究所硕士研究生王怡雯等同志参与编辑、校对工作。

在写作过程中，本报告收集、借鉴了许多专家、学者的优秀成果。农民日报社诸多同志也参与了大量的组织工作。在此一并表示感谢。

　　从 2022 年起，该报告成为年度报告，旨在为理性认识新发展格局大背景下我国农业企业面临的新发展机遇、新历史任务、新环境条件提供参考，为社会各界观察农企改革发展和乡村产业振兴提供重要窗口，为地方政府和相关企业提供工作参考，为广大"三农"学者提供研究借鉴。由于研究体系还在不断完善中，有些地方难免出现纰漏，欢迎各位同仁和广大读者批评赐教。

农民日报社　全国农业企业发展联盟

2023 年 3 月

目 录
CONTENTS

综 合 篇

背景分析
乡村振兴背景下的农业产业与农业主体

　　党的十九大报告提出实施乡村振兴战略，要坚持农业农村优先发展，按照"产业兴旺、生态宜居、乡风文明、治理有效、生活富裕"的总要求，建立健全城乡融合发展体制机制和政策体系，加快推进农业农村现代化。党的二十大报告在"加快构建新发展格局，着力推动高质量发展"部分着重强调"全面推进乡村振兴"，提出"加快建设农业强国，扎实推动乡村产业、人才、文化、生态、组织振兴"。习近平总书记在2022年底召开的中央农村工作会议上指出，全面推进乡村振兴、加快建设农业强国，是党中央着眼全面建成社会主义现代化强国作出的战略部署；全面推进乡村振兴是新时代建设农业强国的重要任务；产业振兴是乡村振兴的重中之重，向一二三产业融合发展要效益，强龙头、补链条、兴业态、树品牌，推动乡村产业全链条升级，增强市场竞争力和可持续发展能力。

　　产业振兴作为乡村振兴的重中之重，是解决农业农村问题的重要前提，反映了农业农村适应社会主义市场经济需求变化、加快优化升级、促进产业融合发展的新要求。可见，乡村振兴战略的提出对当前形势下我国农业产业和农业主体的发展提出了新的要求。"大国小农"是我国的基本国情，第三次农业普查数据显示，全国小农户数量占农业经营户数量的98.1%，小农户经营耕地面积占总耕地面积的70%，庞大的小农户数量、有限的耕地资源与农业生产效率提升之间的矛盾将是我国在未来农业生产长期面临的首要矛盾。农业主体是农业产业良性运作的重要参与者与实践者。因此，为充分推进乡村产业振兴、实现产业兴旺目标，需要加快培育新型农业经营主体，从而优化农业资源配置，实现小农户与现代农业的有效衔接，进一步夯实乡村振兴的产业基础。

一、我国农业农村现代化进程

　　习近平总书记强调，没有农业农村现代化，社会主义现代化就是不全面的。农业农村现代化是国家乡村振兴战略的最终目标，是"三农"理论的重大创新发展，是"五位一体"总布局在农业农村领域的具体体现。相对农业现代化而言，农业农村现代化具有更加丰富的内涵，既包含农业产业发展，又包含了农村生态、文化、治理和农民生活的协同发展，与实施乡村振兴战略的产业兴旺、生态宜居、乡风文明、治理有效、生活富裕总要求一脉相承。农业现代化的核心在于依靠技术和创新，改变农业生产方式，进而实现农业生产力的提升。农村现代化则通过农村地区生产方式使其适应经济发展，以达到不断缩小城乡差距之效果。

在全面建成小康社会、实现第一个百年奋斗目标，开启全面建设社会主义现代化国家的新征程的同时，我国农业农村现代化进程也取得了重大进展。

一是农业综合生产能力实现新突破。我国粮食产量连续8年站稳1.3万亿斤①台阶，初步完成高标准农田建设，农业综合生产能力进一步提升，为保障经济发展、社会稳定和国家粮食安全提供了重要支撑；棉油糖、肉蛋奶、果蔬茶、水产品生产水平不断迈上新台阶，肉蛋菜果鱼等产量稳居世界第一，人均占有量均超过世界平均水平。

二是农业科技支撑力量显著增强。进一步深化农业科技体制改革，推进科技与农业生产深入融合发展，加快农业发展由资源要素依赖转向创新发展，农业科技进步贡献率达到61%，农作物种源自给率超过95%，耕种收综合机械化率超过72%，良种覆盖率超过96%；农田有效灌溉面积占比超过54%，设施农业超过5 500万亩②，农业靠天吃饭的局面有了明显改观。

三是农业产业融合发展水平显著提升。农业产业已经突破了传统农业概念，产业结构更加优化，农产品加工业、休闲农业、农村电商竞相发展，农村一二三产业深度融合。2020年，全国规模以上农产品加工业企业完成主营业务收入23.50亿元，同比增长6.5%；农产品加工业产值与农业产值之比进一步升至2.5∶1，农产品加工转化率达到70.6%；全国休闲农庄、观光农园、农家乐等达到30多万家，年营业收入超过7 000亿元。

四是农业绿色发展取得新进展。农业资源利用的强度下降，农田灌溉水有效利用系数提高到0.57；全国化肥农药施用量连续六年负增长，粮菜果茶等绿色防控技术应用面积超过5亿亩，畜禽粪污综合利用率达到75%、秸秆资源综合利用率达到86%；农村厕所革命务实推进，截至2021年底，全国农村卫生厕所普及率超过70%；农村生活垃圾治理稳步推进，截至2021年底，全国范围内对农村生活垃圾进行收运处理的自然村占比稳定保持在90%以上。

---

① 斤为非法定计量单位，1斤＝500克。——编者注
② 亩为非法定计量单位，1亩≈667平方米。——编者注

五是农村改革持续推进。农村土地、经营制度等改革取得突破性进展，进一步激发农村要素活力。我国出台了《中国共产党农村工作条例》，《乡村振兴促进法》全面实施，建立起中央统筹、省负总责、市县乡抓落实、五级书记抓乡村振兴的领导体制和工作机制；审慎稳妥推进农村土地制度改革，并分类实施农村土地征收、集体经营性建设用地入市、宅基地制度改革试点；城乡融合发展体制机制初步建立，城乡居民养老保险基本实现对农村适龄居民全覆盖，建立了统一的城乡居民基本医疗保险制度；全国农村集体产权制度改革取得明显成效，截至 2020 年底，完成产权制度改革的村有 53.1 万个，占全国总村数 94.9%。

六是农民收入实现新提升。2021 年全国居民人均可支配收入为 35 128 元，比 2012 年增加 18 618 元，年均名义增长 8.8%，扣除价格因素，年均实际增长 6.6%；2021 年城乡居民人均可支配收入之比为 2.50（农村居民收入＝1），比 2012 年下降 0.38，城乡居民收入相对差距持续缩小，农民获得感、幸福感显著提升；脱贫攻坚取得全面胜利，现行标准下 9 899 万农村贫困人口全部脱贫，832 个贫困县全部摘帽，12.8 万个贫困村全部出列，区域性整体贫困得到解决，创造了人类减贫史上的奇迹。

二、新型农业经营主体发展现状

在坚持农村基本经营制度基础上，大力培育发展新型农业经营主体和服务主体，不断增强其发展实力、经营活力和带动能力，是关系我国农业农村现代化的重大战略，对推进农业供给侧结构性改革、构建农业农村发展新动能、促进小农户和现代农业发展有机衔接、助力乡村全面振兴具有十分重要的意义。

近年来，各级政府积极响应号召，纷纷出台政策以支持和鼓励新型农业经营主体的发展和壮大，推动新型经营主体数量快速增长，农业多种形式适度规模经营水平不断提升。截至 2021 年底，我国家庭农场数量超过 390 万个；农民合作社总量达到 220 多万家，辐射带动 1 亿小农户；全国县级以上农业产业化龙头企业 9 万余家，其中国家级重点龙头企业 1 959 家；全国培育 95 万多个农业社会化服务组织，服务面积近 17 亿亩次，带动小农户超过 7 800 万户，实现了高效的服务规模化。各类新型经营主体进一步推动了小农户与现代农业的有效衔接，正在成为推动农业农村现代化的中坚力量。

同时，新型农业经营主体的发展质量不断提升，对农民收入、农业生产转型的拉动作用显著。以农民合作社为例，截至 2022 年 5 月底，全国依法登记的农民合作社达到历史最高，且已经连续四年数量保持在 200 万家以上，将近 222.7 万家。根据农民日报评选的 500 强农民合作社统计数据，2021 年，500

强农民合作社规模化经营趋势明显，平均经营收入为 2 822.6 万元，比 2019 年增长 22.1％，连续两年实现正增长；服务带动能力处于发展前列，社均服务带动农户数达 2 201 户；成员年均收入 4.1 万元，比同村居民高出 26.0％。而合作社通过土地流转等方式改善土地碎片化生产、实现土地规模经营，通过返还盈利、分红等方式加强与参与合作社农户的利益联系，引领农业适度规模经营，成为农民收入增长的来源之一。

农业龙头企业是引导乡村振兴和带动农民增收的重要主体，主要通过合同联结、股份联结、合作联结等方式连农带农，与农户加强利益联结。以 2021 年中国农业企业 500 强数据为例，2021 年 500 强农业企业带动农户总数 2 114.95 万户（有效样本 320 家），较 2020 年增长 4.76％，企均带动数量为 6.61 万户。其中，通过合同联结的农户共计 1 550.46 万户，占全部带动农户总数比例 73.31％；合作联结增速最快，从 2019 年的 271.65 万户增加到 2021 年的 551.06 万户，增长了 102.86％。2021 年，500 强农业企业（有效样本 320 家）与农户建立利益联结，均与农户形成良好利益互动，累计带动农户增收金额 1 528.23 亿元，相比于 2020 年增加 19.89％，平均每家企业带动农户增收 4.78 亿元。

三、发展环境优化

农业产业与农业主体的蓬勃发展均离不开外部环境的优化改善。一方面，党和国家高度重视新型农业经营主体的引导和培育。习近平总书记指出"要将加快培育新型农业经营主体作为一项重大战略""加快构建以农户家庭经营为基础、合作与联合为纽带、社会化服务为支撑的立体式复合型现代农业经营体系"。党的十八大以来，一系列支持农业新型经营主体的政策陆续出台，2017 年中共中央办公厅、国务院办公厅印发《关于加快构建政策体系培育新型农业经营主体的意见》明确对各类主体的政策扶持；2019 年中央农村工作领导小组办公室等 11 部门印发《关于实施家庭农场培育计划的指导意见》；2020 年农业农村部印发《新型农业经营主体和服务主体高质量发展规划（2020—2022 年）》的通知，从意义、成效等多角度阐述培育新型农业主体的必要性和重要性。

另一方面，智慧农业、农业机械、数字遥感等创新型农业技术的发展和应用，为农业规模化经营奠定了技术基础。智能农用航空实验全域大规模应用。农业农村部、中央网络安全和信息化领导小组办公室印发《数字农业农村发展规划（2019—2025 年）》，启动实施数字农业建设试点，适合农业观测的高分辨率遥感卫星"高分六号"成功发射并正式投入使用。遥感等信息技术在动植物疫病远程诊断、轮作休耕监管、农机精准作业、无人机飞防等领域加快推广应用，农业生产智能化、经营网络化、管理数据化、服务便捷化取得明显进展。同时，国家通过高素质农民培育工程和高素质农民学历提升计划，加快培育了一批具备专业技能的职业农民，为新型农业经营主体提供了一批骨干力量。2020年，全国范围内高素质农民数量超过1 700万人，其中具备高中以上文化水平的占比超过三分之一。

四、外部约束与挑战

当前，虽然我国新型农业主体在发展数量和速度上已经取得不错的成绩，但依然存在整体实力偏弱、发展不充分、利益联结机制松散、稳定性不足、可持续性偏弱等诸多问题，无法适应乡村振兴背景下农业农村现代化进程的发展需要。《2021年中国新型经营主体发展分析报告》显示，我国新型农业经营主体总体实力偏弱。我国家庭农场县级以上示范家庭农场仅占3.6%，年经营收入5万元以下的家庭农场却占到一半以上，县级以上农民合作社数量仅占7.1%，农业企业发挥主体带动作用的能力仍有待进一步提升。同时，新型农业经营主体经营者与作为参与者的小农户往往通过一次性买卖或者土地租赁建立生产联系，二者之间存在松散的利益关系，产业链融合发展经营度处于较低水平，不利于实现农业产业发展转型。

从农业主体经营者的角度看，大部分经营者以当地农民为主，受教育程度偏低，存在经营理念落后、管理不规范问题，无法实现科学决策，一定程度上加大了经营失败的风险；或是由于抗风险能力弱、产业链条不完整等原因无法实现规模经营，进而丧失产品或服务的市场竞争力。而普通农户作为土地转出者，在合作过程中与农业企业、家庭农场主等处于弱势地位，使得双方合作关系表现出高度的脆弱性。

从发展外部环境看，农业主体承受了土地流转、资金、人才等压力。培育新型农业主体的主要目的是通过土地流转实现土地规模经营，进而提高农业生产效率。但当前农村市场却存在一定的土地流转障碍。部分农户由于传统观念影响仍将土地作为家庭收入来源的保障之一，选择保留土地不愿流转。或者由于土地流转效益不明显，农户不愿进行土地流转。土地流转障碍会通过影响经营规模，进而对农业主体的经营决策和活动产生影响。同时，为实现获取最大化利润，新型农业主体往往需要通过投入大量资金购入农机设备、支付劳动力工资等，但由于农业生产的利润水平有限、回收资金缓慢等特点导致金融贷款存在门槛，相关方面的贷款支持不足，进而无法扩大经营规模。

涉农企业是农业科技创新主体，也是乡村振兴的重要推动力量。面对百年未有之大变局，农业企业经营环境更加复杂，在创新发展过程中面临着更多的外部约束和更强的挑战。一是融资难，农业企业利润水平偏低、抗风险能力弱、资金回收周期长等特点造成其市场化投资风险大。二是容易受到政策影响，国家与地方政策对农业企业的生产经营有重大影响，如生猪养殖政策等，政策调整会对农业企业经营产生重大影响。三是新冠疫情进一步加剧了农业企业的经营难度，农业企业面临内部经营成本上升和外部市场波动加剧的双重压力，正常经营活动受到严重影响。

从总体上看，乡村振兴的重中之重是产业振兴，而推动产业振兴迫切需要加快新型农业经营主体的培育。培育新型农业经营主体是进一步深化农业供给侧结构改革的客观要求，也是推进小农户与现代农户有效衔接的迫切需要。当前，随着我国新型农业经营主体发展环境的不断优化，其已经处于蓬勃发展时期，但依然面临土地、资金、人才等方面的约束。因此，破除约束条件限制，增强新型农业主体发展的稳定性与可持续性十分必要。

中国农业企业 500 强分析报告

新冠疫情的反复延宕和世界地缘政治环境的日益严峻对我国 2022 年经济发展造成不利影响，在此背景下为了适应国内农业结构性改革稳定发展趋势，广大农业企业坚定信心，沉着勇毅，踔厉奋发，在宏观经济下行和各方不稳定性不确定性异常突出的压力下逆势上行，充分展现出蓬勃旺盛的生命力、支撑全局发展的生产力、持续锐意进取的创新力、履行社会责任的贡献力，彰显困难时刻的农企使命担当和农业企业家的家国情怀。

近三年来，广大农业企业顶住世纪疫情和百年变局的严峻挑战，以及需求收缩、供给冲击、预期转弱的多重压力，按照"疫情要防住、经济要稳住、发展要安全"的目标要求，高效统筹疫情防控和企业经营发展，全力紧抓农业生产保供给，拓宽产业格局促就业，紧跟调控步伐稳物价，不仅实现生产经营平稳有序、企业规模明显提升、科技创新步伐加快的自身发展目标，有力践行了吸纳农村劳动力就业和联结带动小农户发展的社会责任，更是为做好"六稳""六保"工作和支撑国民经济社会全局发展作出了积极贡献。实践证明，我国农业企业发展不仅是推动农业高质量发展、建设现代农业产业体系和繁荣农村经济的生力军，还是有效应对外部冲击、稳定经济运行的可靠力量。农民日报社《2022 新型农业经营主体发展评价》课题组根据农业企业填报数据，结合企业经营规模、产业类型、区域分布等，对农业企业基本情况、经营现状、科技创新、品牌建设、联农带农等方面做了分析，综合研判农业企业发展的外部环境、内生动力和演化趋势，研究形成《2022 中国新型农业经营主体发展分析报告（一）——基于中国农业企业的调查》。

一、基本概况

截至目前，全国县级以上农业产业化龙头企业 9 万余家，其中国家级重点龙头企业 1 959 家。本次调研采取自愿申报和组织推荐相结合的方式，重点就营业收入超过 11 亿元的全国前 500 强农业企业进行了分析评价。总体来看，全国 500 强农业企业有了长足发展，在经营规模、科技创新、品牌建设、联农带农、市场竞争力等方面都有显著提升，日益成为乡村产业发展的"领头雁"和推动乡村全面振兴以及建设农业强国的重要力量。

（一）500 强农业企业半数以上分布在东部地区，鲁粤两省最多

从区域分布数据看（图 1），全国 500 强农业企业数量从多到少依次是东部地区、西部地区、中部地区、东北地区。其中，位于东部地区的入围企业共有 271 家，占总数的 54.20%；位于西部地区的为 86 家，占总数的 17.20%；位于中部地区的 78 家，占总数的 15.60%；位于东北地区的 64 家，占总数的 12.80%。香港特别行政区有 1 家企业入围（位列第四名）。从省际分布看，入围企业前三名的省份分别为山东（76 家）、广东（62 家）、黑龙江（44 家）。此外，500 强农业企业数量超过 15 家（不含 15）的省份共有 12 个。

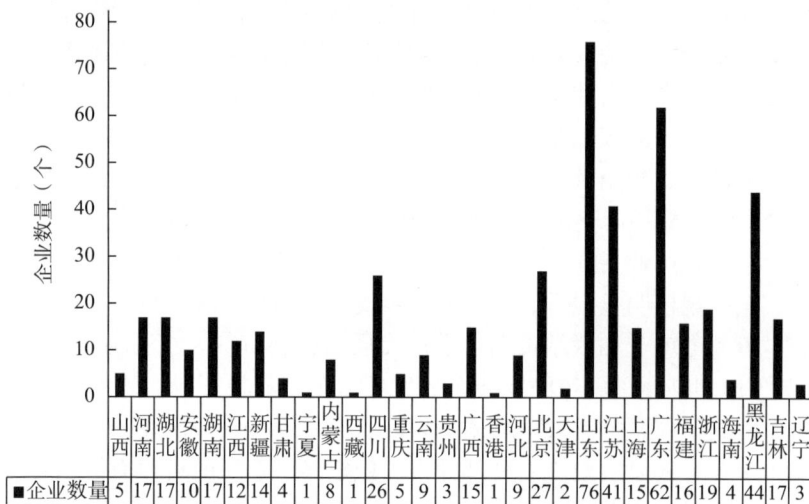

	山西	河南	湖北	安徽	湖南	江西	新疆	甘肃	宁夏	内蒙古	西藏	四川	重庆	云南	贵州	广西	香港	河北	北京	天津	山东	江苏	上海	广东	福建	浙江	海南	黑龙江	吉林	辽宁
■企业数量	5	17	17	10	17	12	14	4	1	8	1	26	5	9	3	15	1	9	27	2	76	41	15	62	16	19	4	44	17	3

图 1　全国 500 强农业企业区域分布

（二）500 强农业企业覆盖行业更加多元，但仍以食品粮油为主

全国农业企业生产经营粮油生产、食品加工、畜牧养殖、水产、饲料生产、饮料和酒类、农业投入品及农产品流通等各行各业，覆盖农业全行业及全产业链。从具体类别看，从事食品加工与粮油行业的农业企业仍然是全国 500 强农业企业的主体。其中，食品加工类的农业企业数量最多，为 117 家，占总数的 23.40%；其他为粮油生产类农业企业（16.20%），农产品流通类农业企业（14.20%），饲料生产类企业（11.20%），畜牧养殖类企业（10.60%）。与

往年相比，入围企业呈现行业多元化分布格局，饮料和酒类、农业社会化服务类企业入围数有所增加，说明农业企业产业类别进一步拓宽，产业结构逐步优化，产业链条不断完善。

（三）500 强农业企业营收能力进一步增强，营收分布呈纺锤形

2021 年 500 强农业企业营业收入总额为 61 793.37 亿元，企均营业收入为 123.59 亿元，相比 2020 年增长 62.20％。营业收入排名前十位的 500 强农业企业营业收入共计 19 060.53 亿元，占总额的 30.85％。从营业收入分布来看，农业企业营收分布呈现中间大两头小的纺锤形分布（图 2）。其中营业收入超过 200 亿元的大规模 500 强农业企业有 68 家，占总数的 13.60％。营业收入低于 50 亿元的 500 强农业企业有 308 家，占总数的 61.60％。营业收入高于 50 亿元不足 200 亿元的有 124 家，占总数的 24.80％。从区域分布来看，营业收入超过 200 亿元的大规模 500 强农业企业主要集中在山东（7 家）、江苏（6 家）、北京（6 家）和广东（5 家）。从行业分布来看，营业收入超过 200 亿元的 500 强农业企业主要为食品（11 家）、饲料生产（8 家）、畜牧业（8 家）和农产品流通（7 家）行业。

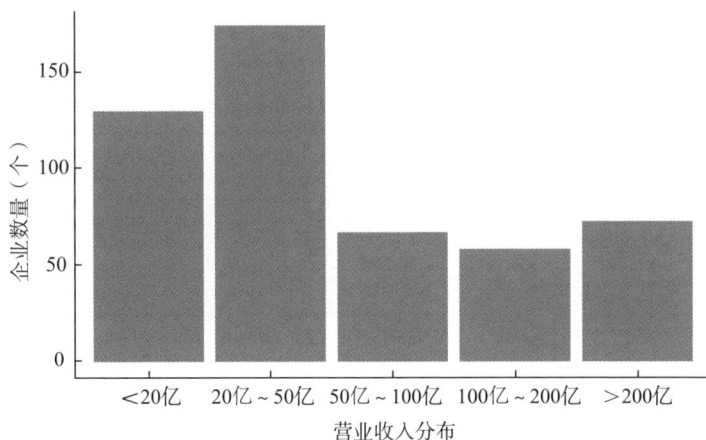

图 2　2021 年 500 强农业企业营业收入分布情况

二、主要特征

（一）企业经营状况稳中向好，头部企业所占份额大的情况有所改变

1. 500 强农业企业资产总额稳中有增，资产周转率处于合理水平。从资产

总额来看，500 强农业企业 2021 年合计资产总额为 31 241.85 亿元（有效样本 379 家），企均资产总额 82.43 亿元。其中排名前十的 500 强农业企业资产总额共计 11 521.98 亿元，占全部资产总额的 36.88%。从分布上来看，近一半 500 强农业企业资产总额低于 50 亿元，超过八成 500 强农业企业资产总额低于 100 亿元，仅有 32 家 500 强农业企业资产总额超过 200 亿元，可以看出极少数头部农业企业对全部 500 强农业企业资产总额平均值的拉动作用。

2021 年 500 强农业企业的资产周转率平均值为 2.27，其中有 101 家企业资产周转率高于平均值，这些企业资产周转率平均值为 5.26。整体而言，均值以上全国 500 强农业企业的资产周转率大于 3，均值以下企业的资产周转率也大于 1，可以认为 500 强农业企业普遍运营良好，具备较强的销售能力。但相比于 2019 年和 2020 年，农业企业整体的资产周转率均值出现一定下降，说明农业企业因受到疫情等因素影响，运营和销售能力略有下降。结合企业的资产规模来看（表 1），资产规模较小的农业企业具有较高的资产周转率，资产规模较大的农业企业其资产周转率偏低，这符合企业的一般发展特征。结合企业所处的行业来看（表 2），农业投入品企业平均资产周转率最低，为 0.899，农产品流通企业资产周转率最高，达到 4.44，资产周转率行业差距明显。此外，值得注意的是民营农业企业的平均资产周转率要高于国营企业和其他企业（表 3）。

表 1　不同资产规模 500 强农业企业的资产周转率均值

企业资产规模	平均资产周转率
>100 亿元	0.942
50 亿~100 亿元	0.920
10 亿~50 亿元	1.79
1 亿~10 亿元	5.10

表 2　不同行业 500 强农业企业的资产周转率均值对比

企业从事行业	平均资产周转率
农产品流通	4.44
水产	3.04
粮油	2.18
饮料和酒类	1.9
饲料	1.83
食品	1.66

（续）

企业从事行业	平均资产周转率
奶业	1.52
畜牧	1.52
农业社会化服务	0.90
农业投入品	0.89

表 3 不同性质 500 强农业企业的资产周转率均值对比

企业性质	平均资产周转率
国企	1.45
民企	2.62
其他	1.73

2. 500 强农业企业行业利润率略有下降，但仍处于合理区间。500 强农业企业 2021 年的企均净利润为 2.39 亿元，较 2020 年增长了 47.59%；500 强农业企业的平均利润率出现下降，2021 年为 3.55%，相比 2020 年下降 1.10 个百分点。从各行业情况来看（图 3），2021 年饮料和酒类、奶业、食品、水产和农业投入品行业企业的平均利润率高于均值，其中饮料和酒类企业平均利润率最高，达到 9.99%，粮油、饲料、农产品流通和畜牧行业企业利润率皆低于平均值，畜牧业中的养殖企业利润率在各行业中最低，仅为 0.30%，由此可见各行业间利润率水平差异显著。结合农业企业的资产规模来看，不同规模的农业企业其平均利润率也存在显著差异，资产总额 200 亿元以上的农业企业平均利润率为 8.36%，资产总额在 100 亿～200 亿元的农业企业平均利润率为 1.01%，资产总额在 50 亿～100 亿元的农业企业平均利润率为 4.00%，资产总额在 20 亿～50 亿元的农业企业平均利润率为 2.70%，资产在 20 亿元以下的农业企业平均利润率为 3.65%。

3. 头部企业营业收入和资产总额在全行业占比有所减少，呈现企业间均衡化发展趋势。从营业收入来看，前十位的 500 强农业企业营业收入共计 19 060.53 亿元，占总额的 30.85%，近三年排名前十位的 500 强农业企业营业收入占比呈现下降趋势，相比 2020 年和 2019 年分别下降 0.05 和 3.85 个百分点。前文已指出，从资产总额来看，2021 年 500 强农业企业中排名前十的农业企业资产总额占全部资产总额的 36.88%，较 2020 年前十的农业企业总资产占全部资产总额的比例（38.86%）有所下降。可以看出头部农业企业所占份额大的情况有所改变。

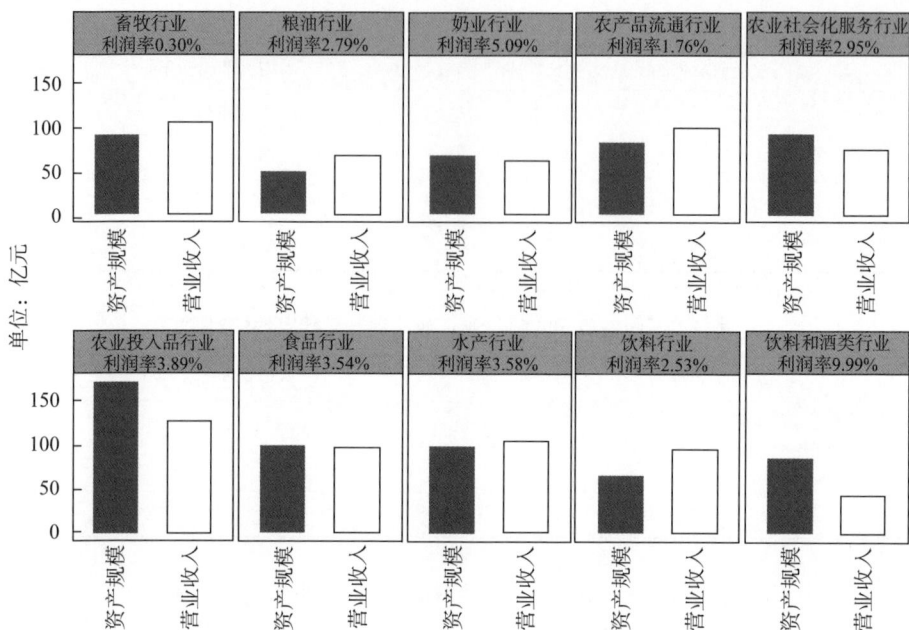

图 3　500 强农业企业行业经营状况对比

（二）农业企业持续加大科研投入，数字化转型速度加快，推动全行业经营效益稳步提升

1. 农业企业科研投入持续增长，全行业平均投入金额为 7 372.11 万元。在科研投入方面，2021 年 500 强农业企业科技研发与推广投入平均为 0.74 亿元，表现出以下特征：一是研发投入总额增长速度较快，科技投入强度逐年加大。2021 年 500 强农业企业研发总金额相比 2020 年增长 30.60%，2019 年至 2021 年的年均增长率为 20.63%；2021 年的平均投入金额相比 2020 年增长 29.72%，2019 年至 2021 年的年均增长率为 19.61%。但 2021 年 500 强农业企业研发投入总金额占全部营业收入总额比例仍然较低，仅为 1.29%，与全国规模以上企业科技研发 2.71% 的投入强度相比仍有一定的差距。二是企业间科技推广与研发投入不均衡，研发投入排名前十的 500 强农业企业科技推广与研发投入金额共计 87.12 亿元，占 500 强农业企业科技推广与研发投入总额的 39.93%，其均值为 500 强农业企业均值的 11.82 倍。有 62 家农业企业科技推广与研发投入额高于平均水平。三是行业间投入差异明显。平均科技推广与研发投入金额最高的是水产业企业（1.94 亿元），其次为农业投入品行业（1.24 亿元）和饲料（1.12 亿元）行业企业，粮油行业企业科技研发投入最少，企均金额仅为 0.33 亿元。

为保障科技研发投入在企业运营中的持续有效投入，农业企业一方面坚持把科技创新摆在重要位置，把加快科技进步作为企业未来高效发展的有效推动力，通过产学研结合的方式增强企业研发实力，另一方面通过制定企业科技研发专项资金制度保障资金的可持续投入。呼伦贝尔农垦集团有限公司作为一家典型畜牧业龙头企业，先后搭建了 6 家院士专家工作站，建设了中国首个"生态草牧业试验区"，合作共建了中国农业大学草地农业试验站，努力打造呼伦贝尔生态草牧业科技示范样板，同时规定每年度安排用于研发方面的投入原则上不低于上一年度的研发投入，每年度将销售收入的 0.5％以上资金应用于农牧业生产中的生物育种、项目开发、技术改造、成果转化、科研基地、信息化平台建设等工作。康普森生物技术有限公司与中国科学院、中国农业科学院、中国农业大学等众多学术机构和研发企业建立了广泛的合作关系，完成多项基因育种平台建设，同时规定每年研发费用不低于当年总投入的 10％。

2. 农业企业电子商务交易额大幅提升，近半数企业启动和正在推进数字化建设。农业企业中电子商务的应用对其扩大销售半径、推动提质增效、转型升级具有重要作用。从统计数据看，农业企业电子商务交易额主要呈现以下两个特征：一是采用电子商务交易渠道的农业企业数量逐渐增加。2021 年 500 强农业企业中采用电子商务交易的企业数量为 187 家，占总数的 37.40％，较 2019 年和 2020 年分别增加了 2.20 和 3.00 个百分点。2021 年 500 强农业企业采用电子商务交易额年均金额为 4.69 亿元，较 2020 年增长了 12.99％。二是农业企业电子商务交易存在明显地区差异。农业企业电子商务交易总额最多的省份为广东、山东、北京、浙江和江西，共占 2021 年全国 500 强农业企业电子商务交易总额的74.70％，其余省份加总仅占 25.30％。农业企业电子商务的区域差异与当地基础设施建设、科技环境、政策支持关系密切，主要集中在农业大省。由此可见，推进农业电子商务是完善农产品市场机制的重要举措，是促进现代农业发展的重要途径。

农业企业数字化建设进程明显加快，持续保持较高增速。2021 年进行数字化投资的 500 强农业企业较 2019 年增加了 8 家，企业数字化建设投资总金额为 68.52 亿元（有效样本 328 家），较 2020 年增加了 40.87％。500 强农业企业平均投入金额为 2 089.17 万元，较 2020 年增长了 67.25％。从数字化建设程度来看，2021 年实现全程数字化的企业为 214 家，占比 42.80％；实现部分环节数字化的企业为 43 家，占比为 8.60％；没有进行数字化建设的农业企业为 243 家，占比为 48.60％。从数字化环节看，农业企业生产环节的数字化建设企业数量为 236 家，占总体比例为 47.20％；商业环节的数字化建设企业为 221 家，占总体比例为 44.20％，说明农业生产企业更注重提升生产效率，力图通过增强生产环节的信息化、数字化水平提升竞争实力。

3. 农业企业品牌建设投入稳中有升，但行业间品牌投入差异较大。农业企业品牌建设还处于起步阶段，主要表现为：一是农业企业品牌建设投入不足。2021年，500强农业企业品牌建设与广告投入总额为120.60亿元（有效样本297家），相比2020年增长11.48%；平均每家农业企业品牌建设与广告投入为4 060.57万元，相比2020年增长406.81万元，增幅为11.13%。但从品牌投入与营业收入的比值看，全行业品牌投入与营业收入总额之比仅为0.78%，并且较2020年下降0.02个百分点。二是不同农业企业品牌建设投入严重不均衡，依然呈现头重脚轻状况。品牌建设与广告投入排名前十位的农业企业共计投入69.17亿元，占全部500强农业企业投入总额的57.35%，企均投入为全部500强农业企业投入均值的17.03倍。三是行业间品牌建设投入差异大。品牌建设和广告投入平均金额最多的是饮料和酒类行业企业，为2.07亿元，其次为奶业（0.69亿元）和食品（0.63亿元）行业企业，投入金额最少的是粮油（0.11亿元）行业企业，投入最多与最少行业之间相差17.82倍，说明饮料和酒类容易施行差异化策略，树立鲜明的品牌，而粮油作物差异化较小，投入较少，品牌化发展较为困难。

在品牌建设方面，农业企业以标志认证和推广宣传为主要抓手，积极塑造企业良好形象和提升企业软实力。海露控股集团加强标准化建设，目前拥有10个商标和17项专利，同时强化农业流通型标杆企业品牌建设，助力解决地方农产品滞销、疫情时期保供稳价等问题，大大提升了企业品牌知名度和美誉度。诺邓火腿积极参与地理标志认证和品牌评价工作，2016年获农业部认定，2018年在地理标志产品品牌价值评价中获排第68名。九三集团则加大品牌宣传力度，通过采用广告投放、跨界营销、品牌联名、短视频等宣传手段，加大"九三"品牌消费人群中的声音响度，大力发展"大电商"体系，加深与京东、天猫、阿里、拼多多等平台的合作，在抖音、快手进行直播带货提高品牌知名度。

（三）农业企业联结带动小农户发展能力明显增强，统筹自身发展和社会责任履行深入人心

1. 农业企业联农带农能力增强，联结方式更加多元。联农带农既是农业企业社会责任的一部分，也是其自身发展需要的必然选择。从样本数据来看，500强农业企业主要呈现以下特点：一是带动农户数量持续增长。2021年500强农业企业带动农户总数2 114.95万户（有效样本320家），较2020年增长4.76%，企均带动数量为6.61万户；季节性用工平均数量为996人，较2020年增长23.67%。虽然受到国内外一系列不确定因素影响，农业企业联农带农数量仍然持续稳中有升。二是农业企业带动农户收入不断提高。2021年500强农业企业（有效样本320家）累计带动农户增收金额1 528.23亿元，相比2020年增加19.89%，平均每家企业带动农户增收4.78亿元。三是不同行业

农业企业联农带农特征明显，食品企业、饲料企业和农产品流通企业带动农户增收最多，粮油企业、食品企业、农业社会化服务企业和农业投入品企业带动农户数量最多（图 4）。四是联农带农方式多元，合同联结仍是最主要方式。2021 年通过合同联结的农户共计 1 550.46 万户，占全部带动农户总数比例 73.31%；其次为合作联结，共有 551.06 万户，占比 26.06%；通过股份合作联结的农户数量最少，共计 13.43 万户，占比仅 0.63%。从各联结方式的变化趋势上看，合作联结增速最快，从 2019 年的 271.65 万户增加到 2021 年的 551.06 万户，增长了 102.86%。

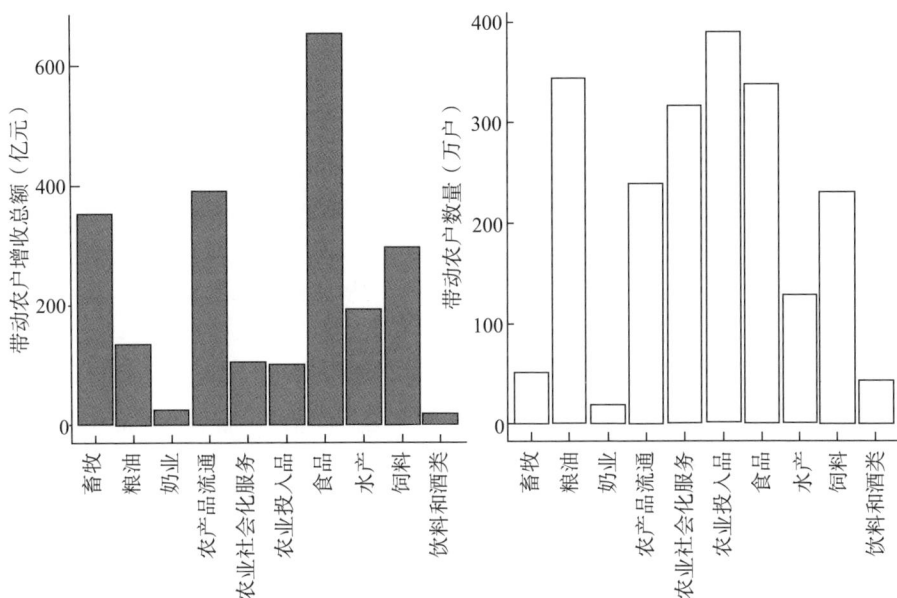

图 4　500 强农业企业带动农户增收与就业情况

2. 农业企业与其他农业经营主体建立的联结机制更加稳健。农业企业与其他农业经营主体建立联结机制有利于充分发挥农业企业的龙头带动作用，加快培育以农户家庭经营为基础、合作与联合为纽带、社会化服务为支撑的立体式复合型现代农业经营体系。从数据来看，500 强农业企业与新型经营主体的联结特征表现为：一是联结数量不断增加。2021 年 500 强农业企业共联结农民合作社和家庭农场 74.47 万家（有效样本 323 家），较 2020 年增加了 3.53%；农业企业平均联结农民合作社和家庭农场 2 305 家，较 2020 年增加了 3.22%。问卷调查显示，有 48.47% 的农业企业最愿意与农民合作社进行合作，说明农业企业通过农民合作社发挥桥梁作用，这更有利于解决和农户之间的纠纷。二是联结关系更加多元。500 强农业企业中加入农业产业化联合体的数量增加，2021年在500强农业企业中共有137家加入农业产业化联合体，占比27.40％。农业企业通过社会化服务来强化联结机制，既有农业企业自己提供生产、销售、加工服务，又有雇佣或者购买第三方服务农户，二者分别占比74.24％和25.76％。现阶段500强农业企业提供最多的农业社会化服务内容为病虫害统防统治和有机肥施用，企均提供社会化服务的金额为0.14亿元。三是联结具有区域和行业特色。从区域发展来看，东部地区的农业企业加入农业产业化联合体最多，食品行业加入农业产业化联合体的比例最高。

农业企业积极响应实施乡村振兴战略的号召，将农民利益与企业利益相结合。一是形成以龙头企业为主的生态农业产业化联合体，推进农村一二三产业融合。例如，从事肉鸭饲养的樱源公司，成立了肉鸭养殖、蔬菜合作社等，采用"一扶、双保、五统一"的模式，先后带动200余户农户从事肉鸭的标准化养殖及绿色种植，种养结合，通过建立"订单保价收购＋利润二次分红"的利益联结机制，带动农户平均增收7万多元。二是通过为农户提供高质量社会化服务促进农户增产增收和农业提质增效。作为一家农业服务型企业，金丰公社农业公司则是与村集体（村党支部领办合作社）合作，由村集体负责"拼地"再交由金丰公社托管种植，即村集体先与农户签订相关土地入股协议，金丰公社再与村集体签订农业生产托管服务协议，对村集体组织起来的地块进行规模化、专业化、机械化服务，促进农户玉米、小麦每亩增收80元以上。

（四）农业企业生产经营风险抵御能力明显提高，但对补贴、金融、品牌、用地等支持政策仍有较高需求

1. 农业企业营业收入和生产成本与外部环境影响正相关。新冠疫情以来，多重压力和外部环境冲击，农业企业发展面临风险和挑战。调研结果显示，有80％的500强农业企业认为自己收入受到新冠疫情的负面影响（有效样本229家），其中有40.17％的500强农业企业认为自己受到影响较大，有83.41％的企业认为对成本造成了负面影响。对比农业企业经营成本上升的情况，发现新冠疫情造成农业企业经营成本大幅上升，2021年500强农业企业平均营业成本为49.63亿元，相较于2019年农业企业平均经营成本年均增长率为17.65％，其中2021年比2020年增长了18.65％，高于2020年16.65％的增速。另一方面，疫情也降低了农业企业的盈利能力，2021年500强农业企业平均利润率为3.55％，相比2020年和2019年分别下降了1.10和1.19个百分点。从行业受影响程度来看，营业成本受影响最大的行业分别为畜牧、食品和粮油等对外依存度较大的行业，平均营业成本均上升10％以上；盈利能力受影响最大的行业为畜牧、食品和奶业，平均利润率较2019年均下降1个百分点以上。

2. 农业企业恢复发展仍需要更完善的政策支持体系。对不确定因素的冲

击，农业企业和政府部门采用多种措施，取得积极成效。农业企业一方面通过积极发展电子商务，拓宽农产品销售渠道，2021 年农业企业平均电子商务交易额相比于 2019 年增长近一倍；另一方面深化与农民合作社、家庭农场等主体合作，加入农业产业化联合体，稳定交易渠道，降低经营风险，2021 年 500 强农业企业加入农业产业化联合体的数量相比于 2019 年增加了 7.56%。为给农业企业发展营造良好环境，政府积极出台税收减免以及财政补贴政策，2020 年平均为每家 500 强农业企业减免税收 1 457.62 万元、提供财政补贴 1 485.85 万元；2021 年政府支持力度持续加大，平均为每家 500 强农业企业减免税收 1 720.03 万元、提供财政补贴 1 361.67 万元，合计为每家农业企业降低成本 3 081.70 万元。

当前，500 强农业企业认为，参与农业生产存在最多的问题（图 5 左），分别是政策支持体系不完善（20%）、人才短缺（19%）、招工用工成本高（18%）、农业生产投资风险问题（17%）和农企合作关系不稳定（9%）等。在政策如何支持农业企业复工复产方面（图 5 右），农业企业的需求依次为财政补贴（29%）、税收减免（25%）、银行贷款（18%）、品牌扶持政策（14%）以及农村建设用地审批和土地流转政策支持（10%）等。

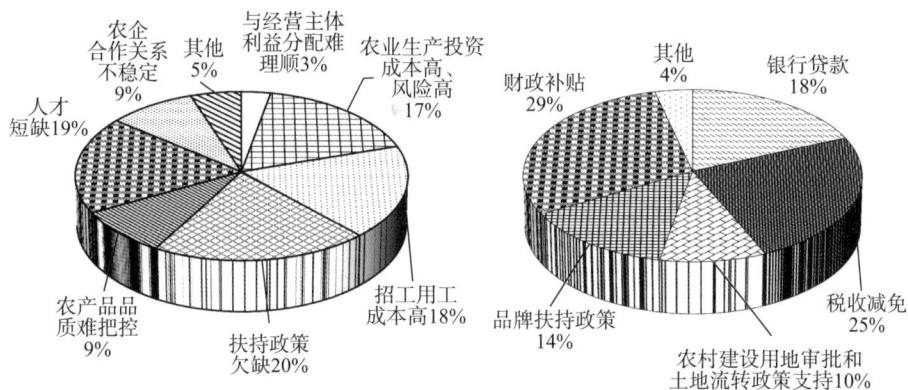

图 5 当前农业企业面临的问题与政策需求

三、结论和展望

当前，我国农业企业已经进入高质量发展的新阶段，500 强农业企业在区域、行业、规模分布上更加均衡，发展动力更加强劲。同时也要看到，农业企业在发展中还存在经营成本持续上升、品牌建设不足等问题，还有待解决。

2023 年是全面贯彻落实党的二十大精神的开局之年，面对全面推进乡村振兴和加快建设农业强国的历史重任，要继续发挥农业企业作为农业产业化经营的关键推动者、农民就业机会的重要提供者、小农户对接大市场的重要联结者的使命职责，正视和帮助农业企业纾解经营困难，加大政策支持力度，持续改善投资营商环境，支持其发挥提升农业生产效率、促进农业科技进步、助推农村产业融合发展和带动农民增收致富等积极作用。

一是完善农业企业的政策支持体系。优化政府服务，构建诚信社会，进一步帮助农业企业降本提质，改善农业企业参与乡村振兴的营商环境。鼓励农业企业参与现代农业产业园、农业产业强镇等农业产业融合项目建设，对联农带农效果明显的农业企业进行财政补贴倾斜，支持当地农业龙头企业参与农业全产业链标准制定，培育一批农业企业标准"领跑者"。

二是加大农业企业金融支持力度。引导和协调各类金融机构创新供应链信贷产品，加大信用贷款投放力度，加大对农业企业及全产业链主体的金融支持，对联农带农效果明显的农业龙头企业确保优质金融服务全覆盖。大力发挥农业保险在农业产业安全体系中的职能和作用，帮助农业企业抵御各类风险。

三是引导农业企业数字化转型。推动农业企业在建设高端健全的农业产业链中实现自身发展，引导农业企业在农业产业链延链、补链、壮链、强链中发挥更加重要的作用，尤其注重布局加工产能和冷链物流；促进农业企业品牌化、数字化赋能，进一步发挥农产品电子商务流通的重要渠道作用。

四是健全农业企业与相关主体的利益联结机制。积极推动农业企业与小农户、家庭农场、农民合作社、农村集体经济组织等主体建立紧密型利益联结关系，持续优化产业链运行效率，通过各环节经营主体间的战略合作和有序衔接，促进农业供需信息匹配，加快建设与现代农业相协调的高质量农业经营体系。

五是支持农业企业拓展全方位对外合作。鼓励农业企业特别是大型农业企业"走出去""引进来"，支持有条件的企业开展跨国经营，开拓海外市场，建立稳定的粮源基地，着力培育具有国际竞争力的大粮商，促进全球农业资源合理流动互补，畅通国内外的现代农业流通体系，提升粮食安全的保障能力和抗风险能力。

行业报告篇

粮油行业与企业分析报告

一、粮油行业提振实现良好开局

（一）粮食产量高位增产

2021 年是"十四五"开局之年，我国粮食产量再创新高，且连续 7 年保持在 1.3 万亿斤以上，粮食播种面积、粮食单产水平和粮食总产量实现了同步提升，粮食生产喜迎十八连丰。2021 年全国粮食播种面积 117 632 000 公顷（176 448 万亩），比 2020 年增加 863 000 公顷（1 294.5 万亩），增长 0.7%；全国粮食单产小幅上升，全国粮食作物单产 387 公斤/亩，每亩产量比上年增加 4.8 公斤，增长 1.2%；全国粮食总产量 13 657 亿斤，比上年增加 267 亿斤，增长 2%。分季节看，夏粮、早稻、秋粮均实现增产。其中，夏粮产量 14 582 万吨，比上年增加 296.7 万吨，增长 2.1%；早稻产量 2 802 万吨，增加 72.3 万吨，增长 2.7%；秋粮产量 50 890 万吨，增加 955 万吨，增长 0.68%。分品种看，稻谷、小麦、玉米产量均增加，大豆产量减少。其中，稻谷产量 21 284.3 万吨，比上年增加 88.3 万吨，增长 0.47%；小麦产量 13 694.6 万吨，增加 269.6 万吨，增长 2.01%；大豆产量 1 640 万吨，减产 320 万吨，下降 16.33%；玉米产量 27 255.2 万吨，增加 1 190 万吨，增长 4.57%。

（二）政策补贴升级

稳定和加强种粮农民补贴力度，提升收储调控能力。坚持完善最低收购价政策，维持粳稻最低收购价格不变，稳步提高小麦、早籼稻和中晚稻最低收购价格。2021 年生产的小麦（三等）最低收购价为 1.13 元/斤，同比提高 0.01元/斤；早籼稻（三等，下同）、中晚稻最低收购价分别为 1.22 元/斤、1.28元/斤，同比均提高 0.01 元/斤；粳稻最低收购价为 1.30 元/斤。三大粮食作物完全成本保险和种植收入保险覆盖面扩大到 496 个产粮大县，有效对冲了农资价格大幅上涨对农民种粮积极性的不利影响。取消夏粮和秋粮收购粮食收购资格许可相关规定，强化事中事后监管，严禁变相审批，对各类参与收购的企业督导检查实现全覆盖，消除监管盲区。

（三）粮食购销活跃

粮食市场化程度明显提升，收购量数据分化，市场各类主体价格博弈程度加深。截至 2021 年 12 月 31 日，全年各类粮食企业共收购玉米、粳稻、中晚籼稻、早籼稻、大豆及油菜籽 17 791.1 万吨，同比增长 3.7%。在国内粮食政策库存下降的背景下，市场收购主体看好粮食后市行情，积极入市收购，粮食企业商品库存大幅增加，国内粮食逐渐从"藏粮于库"向"藏粮于市"转型。小麦收购不仅完全市场化，而且收购价格持续走高，集中收购数量高于上年；稻谷市场供应总体宽松，行情持续偏弱运行，除早籼稻上市后价格高开高走、走势较为独立外，新季中晚稻上市后，为了稳定市场，主产区大范围启动了最低收购价收购预案，中晚稻政策收购量较上年大幅增加；玉米和大豆由于种植成本增长，农户惜售情绪普遍较重，新粮收购进度较往年偏慢，加之大豆、玉米总体维持高价，且大豆下游需求持续不振，粮企收购也偏向谨慎，不敢大量增加库存。

（四）拍卖底价分化

粮油政策拍卖成交分化，临储小麦成交好转。2021 年国家有关部门合理安排政策性粮油竞价销售的投放量，调整小麦、稻谷拍卖底价，小麦销售底价较上年上调了 60 元/吨，稻谷销售底价较上年下调了 30 元/吨。引导饲料企业购买存储时间较长的小麦，小麦成交情况较上年好转；稻谷市场持续偏弱，叠加政策性粮食持续投放和各级地方储备稻谷轮换，各级粮源供应充足，稻谷拍卖成交持续清淡。国家粮食交易中心数据显示，2021 年通过国家粮食电子交易平台累计拍卖成交政策性粮油 3 410.6 万吨，同比减少 8 135.3 万吨。其中，稻谷成交 542.2 万吨，同比减少 2 249.2 万吨，同比降幅 80.58%；小麦成交 2 868.4 万吨，同比增加 106 万吨，同比增幅 3.84%。

（五）保供稳价持续进行

居民消费价格指数（CPI）涨幅回落，粮价温和上涨。国家统计局数据显示，2021 年全年 CPI 上涨 0.9%，较上年涨幅回落 1.6 个百分点。消费价格指数中粮食类价格指数上涨 1.1，较上年涨幅下降 0.1 个百分点。基于月度走势，粮食价格指数全年呈现头尾高、中间低的走势，基本在 0.7%～2.0% 的窄幅区间震荡。玉米和大豆价格涨幅较大，稻谷和小麦价格涨幅相对较小。玉米、大豆生产者价格分别上涨 25.5％和 12.8％，涨幅逐季回落；小麦价格上涨 6.6％，稻谷价格略涨 1.9％。

（六）进口局面分化

谷物进口大幅增加，食用植物油进口略减。海关总署数据显示，2021 年我国累计进口粮食 16 453.9 万吨，同比增加 2 617.3 万吨，增幅 18.1％；累计进口食用植物油 1 039.2 万吨，同比减少 39.8 万吨，降幅 3.7％。大豆进口量出现下降，玉米、小麦和稻米进口量均超出了 2021 年进口关税配额总量，创出了历史新高；大麦和高粱进口量也均实现了同比增加。海关总署数据显示，2021 年全年进口大豆 9 651.8 万吨，同比减少 379.7 万吨，同比减幅 3.8％。2021 年我国进口玉米 2 835 万吨，进口量首次超过全年关税税率配额 720 万吨，同比增长 152.2％；全年进口大麦 1 248 万吨，同比增长 54.5％；全年进口高粱 942 万吨，同比增长 95.6％；全年进口小麦 977 万吨，同比增长 16.6％；全年进口稻米 447 万吨，同比增长 53.08％。粮食出口方面，2021 年我国粮食出口量较上年进一步缩减，全年出口粮食 331 万吨，同比减少 4.6％。

（七）油料价格攀升

国内植物油价格整体保持震荡上行走势，在全球通胀、生物柴油炒作以及原油价格不断攀升的背景下，国内三大植物油价格表现强劲，纷纷创下数年来的新高。2021 年，中国进口主要油料 0.93 亿吨，同比下降 10.65％，占全球主要油料进口贸易总量 52.73％，中国油料市场进口油料占比降为 59.67％。中国消耗主要油料 1.24 亿吨，同比下降 9％左右。国内进口大豆和豆油库存均处于历史低位，截至 2021 年 12 月底，全国港口大豆库存为 345.21 万吨，较上年同期减少 327.11 万吨，降幅 48.65％，全国重点地区豆油商业库存为 81.94 万吨，较上年同期减少 13.895 万吨，降幅 14.49％。国内进口菜油数量明显提升，2020/2021 年度国内菜油进口总量达到 222.39 万吨，较 3 年前增加 111.3％。2021 年底，中国棕榈油进口总量为 638 万吨，略低于 2020 年的 646 万吨，连续第二年下降。马来西亚棕榈油产量下降导致其出口量大幅下滑，推动 2021 年棕榈油价格大幅上涨。国内库存持续处于低位，市场价格整体上涨，2021 年 1—12 月，中国棕榈油市场价格均在 7 000 元/吨以上，并在 11 月行至最高点，达 10 386 元/吨。

二、企业积极转型共促高质量发展

根据申报材料，严格按照标准评分比对，最终对多家国内粮油企业进行了行业内排名，筛选出了粮油行业 20 强企业，按照排名依次是：益海嘉里金龙鱼粮油食品股份有限公司、北京粮食集团有限公司、山东渤海实业集团有限公司、云南农垦集团有限责任公司、西王集团有限公司、香驰控股有限公司、鹏都农牧股份有限公司、新疆利华（集团）股份有限公司、东方集团粮油食品有限公司、山东三星集团有限公司、金沙河集团有限公司、湖北省粮油集团有限公司、江苏省农垦农业发展股份有限公司、济宁长江冷链物流有限公司、益海（连云港）粮油工业有限公司、九三集团长春大豆科技股份有限公司、益海嘉里（武汉）粮油工业有限公司、江苏银宝控股集团有限公司、江苏金洲粮油集团、金健米业股份有限公司。其中，国营企业 8 家，占比 40%，分布在北京、云南、新疆、湖北、江苏、吉林、湖南等 8 省（自治区、直辖市）；民营企业 9 家，占比 45%，分布在山东、湖南、黑龙江、河北、江苏 5 省，相对集中于山东省；外资企业 3 家，占比 15%，3 家均为丰益集团在中国投资的全资子公司益海嘉里旗下分公司。

（一）成本持续攀升，企业增收难

20 强企业中，13 家企业的资产总额较 2020 年增加，其中涨幅超过 10% 的企业 7 家，东方集团粮油食品有限公司涨幅最大，高达 69%，其次是江苏省农垦农业发展股份有限公司，涨幅为 63%。6 家企业资产总额较 2020 年减少，其中北京粮食集团有限公司跌幅最大，为 38%，其次是九三集团长春大豆科技股份有限公司，跌幅为 36%。济宁长江冷链物流有限公司 2022 年资产总额较 2022 年基本持平。从资产总额来看，益海嘉里金龙鱼粮油食品股份有限公司以 2 072 亿元的总额居于榜首，其次是西王集团有限公司，为 512 亿元，前者在 2021 年创造了 2 262 亿元的营业收入的同时，获得了 41 亿元的净利润，后者在创造了 337 亿元的营业收入的同时，亏损了 14 亿元。总体来看，绝大多数企业在 2021 年都处于盈利状态，但成本利润率相较于 2020 年均处于下降状态，成本费用利润率是一定期间利润总额与成本费用的比率，反映企业每付出一元成本费用所能带来的利润，体现了企业投入产出情况，成本利润率下降说明企业成本费用的增幅高于收入或利润的增幅。结合国内外形势可以得到良好解释，一方面，由于新冠疫情、俄乌战争、能源危机等事件的影响，粮油行业原料价格持续在高位运行，面粉、原料油、生奶、奶粉等主要原材料价格上涨，叠加包装材料及配送成本等也呈现一定幅度增长，粮油企业生产成本急剧上升；另一方面，从下游需求端来看，受新冠疫情影响，餐饮业受到严重冲击，消费者需求疲软。粮油企业受成本上涨和需求疲软两方面的影响，利润空间进一步被压缩，不少粮油企业净利润水平出现下滑甚至亏损。从行业上看，金龙鱼仍是粮油行业"霸主"，香驰、江苏农垦、新疆利华、金沙河、湖北粮油、鹏都农牧 6 家企业实现"双增"。面对净利润下滑，由于原材料成本同比大幅上涨，部分企业上调了产品的价格仍难以覆盖成本上涨，叠加经济疲软、消费不振、市场竞争加剧等因素，利润同比有所下降。为了提升净利润水平，倘若 2022 年粮油行业原材料价格仍旧保持高位，在成本压力下，或将有更多的企业加入涨价大潮。

（二）财政紧缩，政府补贴逐渐减少

面对新冠疫情以及动荡的国际形势，许多粮油企业经营状况面临下行压力，国家出台税费减免和财政补贴政策帮助企业纾困，以实现"六保""六稳"目的，其中包括减免疫情期间作出公益的企业的税额，提高进出口退税率，大宗商品仓储设施用地减半征税等政策，直接或间接降低了企业成本，以此提高企业净利润。20 强企业中，大部分的企业税费减免总额较上年有一定增长，但超过半数的企业财政补贴总额减少。政府推动税费优惠政策直达快享，做精做细税费服务，努力为粮油企业减负增效，推动其高质量发展。科技创新是企业持续发展的不竭动力。近年来支持科技创新的税收优惠政策持续加码，对于帮助企业降低成本、提升科技创新底气有着重要的支持作用。有越来越多税费政策支持企业发展，直接增加了企业现金流，为粮食保供稳价提供了助力。政府对企业的补贴是最常见的产业政策之一，虽然政府补贴无法显著改善企业的经济绩效，但可以在短期内提高企业的研发水平。而税收优惠降低了企业的营业成本率，通过给予企业退税、税收减免、税费返还、纳税奖励等降低了企业的营业成本，改善了企业经营状况。

（三）产业融合发展，联结农户增收

为响应国家号召，积极推动乡村振兴，各个企业分别以合同、合作、股份合作、联结合作社和舰艇农场等方式联结带动农户，并在自己的领域发挥了企业的特色与优势。西王集团、金健米业、山东渤海实业分别以 513 万、100 万、28 万的数量以合同联结的方式带动农户。西王集团与山东供销社深度合作，全市供销社系统与农民之间的联结，完善为农服务功能，努力打造玉米全产业链，不断夯实产业振兴基础，以企兴村，以企管村，激活农业产业融合发展，打造真正能使农村实现自我"造血"的动力引擎，让农民真正富起来。云南农垦、北京粮食、江苏金洲分别以 116 万、5.14 万、4.96 万的数量以合作联结的方式带动农户。云南农垦集团 2021 年 1 月与大理市政府签订《大理市洱海流域绿色种植基地项目合作协议》，深入推进垦地合作，持续推动垦地合作向全方位、多领域、高层次发展，主动以符合当地经济及自身发展的创新模式，整体推进农垦融入区域发展步伐，以共赢为目标，实现由"垦地合作"向

"垦地融合"发展，全力推进农业增产、农民增收。江苏省农垦农业发展股份有限公司在 2021 年总共联结带动了 92 413 家合作社和家庭农场，积极创新农垦产业链供应链，促进农垦家庭农场与市场的有效对接，发挥大型企业集团的产业化龙头引领带动作用，带动示范引领现代农业发展。新疆利华集团积极收纳采用季节性用工达 17 451 人次，季节性用工工资福利总金额达 73 260 元，2021 年企业与农户商量后，采取"一主一辅一订单"模式，促进了棉花提质增效。通过土地流转和实现机械化生产，使众多的农民从小规模土地经营中解脱出来，从事其他生产经营或外出务工，拿到"双薪"有稳定的收入，推行"一站式"办公、"一条龙"服务、"零距离、保姆式"工作机制，加快沙雅县实现一二三产融合发展，推进脱贫攻坚与乡村振兴有效衔接。

（四）科技赋能产业，粮油行业转型发展

科技创新是提升企业竞争力的有力支撑，能有效推动粮食产业高质量发展。粮油企业中，西王集团、云南农垦、香驰科技推广和研发总投入分别为 53 097 万元、20 746 万元、19 796 万元。西王集团自主研发的多项先进技术，涉及高端装备制造、新材料新工艺新技术、健康营养产品等产业领域，技术水平均达到国内领先，同时以推进供给侧结构性改革为总抓手，围绕主业、聚焦创新，立足玉米深加工和特钢两大产业，与中国科学院金属研究所、国家粮科院全面合作，产学研用结合联合创新，突出关键核心技术、产业共性技术，大力研发新技术、新工艺、新产品、新材料，成果丰硕，产出了一批技术创新点明确、科技含量高、对提升产业链协同创新具有示范作用的技术项目。伴随着数字经济的迅猛发展，粮油产业近年呈现出云计算、物联网、大数据、人工智能、区块链等技术工程化推广应用的良好态势，带动了粮油全产业链的数字化转型，为优质粮食工程和国家粮食安全提供了保障。大部分粮油企业的数字化建设投资额逐年增加，其中增幅最高者为西王集团，高达 17 836 万元。超过一半的企业生产环节数字化建设比例和商业环节数字化建设比例超过 50%，部分龙头企业如益海嘉里、渤海实业、西王集团等公司实现了生产环节和商业环节数字化建设百分百覆盖。在疫情防控常态化、国际形势复杂多变、全球粮食供应紧张的大背景下，粮食行业和各类粮食企业创新商业模式，借助数字技术打造了网上粮店、预约售粮、粮食银行、质量追溯、云端监管、云端协同等创新模式，实现了粮油行业资源整合、网络贯通和应用贯通，我国粮油产业以现代信息技术为基础日益走向全产业链数字化，充分发挥数字科技作为新动能在粮油产业转型发展中的作用。在电子商务方面，随着互联网行业的兴起，各行各业纷纷涉足电商领域，而粮油产品做电商和营销相对比较滞后，但近几年来电子商务交易额呈现大幅度上升趋势，山东省永明粮油 2021 年电子商务交

易总额为 199 820 万元，较上年增加了 124 180 万元，涨幅高达 164％，是粮油企业中的佼佼者。企业越来越倾向于对员工进行互联网相关培训，其中西王集团 2021 年参与互联网相关培训的员工数量高达 8 200 人次。金健米业积极适应时代潮流，充分利用互联网的发展趋势，依托与芙蓉兴盛新零售平台的合作，大力拓展社区电商渠道，经营规模与范围不断扩大，形成线下线上互融的多渠道、复合多元的渠道网络格局。

（五）联合体引领新动能，产业园促三产融合

企业积极参与农业高质量发展，约半数粮油企业加入了农业产业化联合体，四分之一企业入驻现代农业产业园，依托"农业产业化联合体"载体，在龙头企业与家庭农场、合作社及农户之间搭建"利益链"，一方面将散落的农业生产组织起来，以龙头企业对接市场，发挥品牌农业的影响力，另一方面通过与村集体经济构建利益共享机制，进一步提升村民在农业生产中的主体作用和积极性。作为国家首批农业产业化龙头企业，金健米业在多年的农业产业化经营过程中形成了"科技作动力、利益为纽带、公司加农户、企业联基地"的优质稻基地建设模式。湖北省粮油集团与安陆市多家合作社形成农业产业化联合体，通过"企业＋合作社＋基地＋农户"与订单农业相结合的模式，种植航天玉米稻，形成了集"生产、收购、储运、烘干、销售"于一体的产业链新格局。联合体内部统一品种，统一种植基地，在收购价格的指导和资金的支持等方面，打造出抱团发展的模式。益海嘉里在齐齐哈尔富裕县，建设现代农业产业园，依托当地丰富的农业资源，从事玉米、大豆、小麦等农产品的精深加工，以绿色循环经济等先进技术和生产模式，提高农产品的附加值，推动一二三产业融合发展。

（六）绿色转型共筑高质量发展

企业在绿色转型中实现共同发展，是双碳格局下贯彻新发展理念、构建新发展格局、推动经济高质量发展的内在要求。在粮油企业中，绝大部分企业建立了自己的质量管理制度，超过半数的企业的产品获得"三品一标认证"。益海嘉里持续实践生物质能循环综合利用、环保清洁能源进厂、生产包装体系循环可持续、植树造林与产业扶贫新路径等行动，努力成为保护环境、造福社会、责任担当的企业公民。在深圳证券交易所指数机构推出的国证 ESG[①] 评价中，益海嘉里金龙鱼获评最高等级 AAA 级，在食品饮料与烟草行业排名第二。此外，在中证指数、金融数据和分析工具服务商（Wind）等机构 ESG 评

---

① 环境、社会和公司治理称为 ESG（Environmental，Social and Governance），从环境、社会和公司治理三个维度评估企业经营的可持续性与对社会价值观念的影响。

级中，公司均获得较高评级，显示出市场对于公司 ESG 发展的肯定与认可。2021 年，益海嘉里金龙鱼的整体环保投入达 9.6 亿元，并创新研发出多种新型产业模式。

三、粮油行业发展的对策建议

2021 年为"十四五"打下了良好的开头，粮食高位增产，政策补贴升级，粮食购销活跃，虽然企业仍面临着由国内外多方面因素造成的成本上升，利润下降的经济压力，但由于国家积极的保价稳供政策，国内粮油市场仍然较为稳定，起伏波动控制在一定范围内。粮油企业面对不利形势，在国家的引导下，在政府的帮助下，积极推动绿色转型，农业高质量发展，产业现代化，用科技赋能，实现数字化全产业链发展，进一步促进一二三产业融合，通过多渠道联结农户，助其增收增产，积极推动乡村振兴。但目前我国粮油行业仍面临着原料供应减少、成本不断攀升、粮食安全亟待保障、绿色转型迫在眉睫、产业融合程度不够、补贴落地难等问题与挑战。

由此，对于国家相关部门和粮油企业提出以下几点建议。

（一）切实保障粮食安全，确保原料供应充足

粮食行业应该树立"大粮食""大产业""大市场""大流通"理念，充分发挥粮食加工转化引擎作用，推动粮食仓储、物流、加工等粮食流通各环节有机衔接，以利益联结为纽带，培育全产业链经营模式。加快由分散经营向"产购储加销"一体化的转变，进一步提高优质精深加工能力。把粮食资源优势转化为产业优势，形成粮食兴、产业旺、经济强的良性循环。实现粮食生产发展和经济实力增强有机统一，保护和调动原料供给端产粮抓粮积极性，为构建更高层次、更高质量、更有效率、更可持续的国家粮食安全保障体系提供强力支撑。

（二）大力发展新主体新业态，促进绿色转型

企业应当发挥龙头作用，创新主体模式，拓展新型产业，发展新型业态，紧密与农户间联系，持续助力农民增产增收。同时，发挥企业农业产业化联合体的引领作用，形成产业融合、功能拓展、技术渗透、多业态复合等多元融合发展路径，培育一批融合发展的园区和示范主体，让更多农户、农业经营主体充分受益。企业应当积极打造优质粮油产品及品牌，构建全产业链经营模式，推动一二三产业深度融合发展，增加绿色优质粮食供给，满足城乡居民消费升级的需求，实现粮食行业转型升级，推动粮食产业由注重规模扩张向注重质量

提高转变。

（三）精准落实补贴政策，更好惠及企业农户

在国家实施供给侧结构性改革和提倡实现经济高质量发展的背景下，政府补贴应当精准施策。针对不同行业、不同企业在不同的发展阶段，制定不同的补贴政策，减少"一刀切"的补贴标准。科学评估补贴的政策效果，避免寻租行为。减少无效补贴，贯彻"让市场在资源配置中起决定性作用，同时要更好发挥政府作用"的理念。重视补贴与其他政策的配套作用，如减少无效补贴能够有效弥补减税降费空间越来越小的问题。国内的补贴政策要和国际补贴规则，特别是与世界贸易组织（WTO）规则实现对接，在扶持国内产业提高竞争力的同时，树立良好的大国形象。

畜牧行业与企业分析报告

一、畜牧业产业发展现状、特征与变化趋势

我国畜禽产品供应能力稳步提升，肉类、禽蛋产量持续保持世界首位，奶类产量位居世界前列，畜产品质量安全持续多年保持较高水平。但在非洲猪瘟疫情、新冠疫情以及国际贸易摩擦等复杂因素影响下，近年来畜牧业发展呈现波动性显著增大的特征。

（一）畜牧业总产值及主要畜产品生产变化

2021 年畜牧业总产值达 39 910.8 亿元，比上年下降 0.88％。长期来看，畜牧业总产值增速处于下降态势，且波动较大。从增速的变化趋势看，自 2005 年左右开始，畜牧业总产值增长速度较快，按不变价格计算，2005—2010 年，畜牧业总产值增长 27.0％，年均增长 4.9％；其后增速放缓，从 2010—2015 年，畜牧业总产值增长 12.6％，年均增长 2.4％；2015—2020 年，畜牧业总产值增速迅速下降，这期间只增长了 4.8％，年均增长 0.94％。从畜牧业总产值占农林牧渔业比重来看，畜牧业总产值占比由 1978 年的 15.0％开始快速上升，在 2005 年前后开始徘徊，在 2008 年达到最高值 35.5％，随后开始逐年下降，当前仍处于下降通道，2021 年下降至 27.2％。

在畜产品产量方面，总体来看，肉类总产量经过持续快速增长后，2000 年前后也进入低速增长阶段，期间出现剧烈波动。2005—2010 年时期的肉类总产量年均增速分别为 2.7％，2010—2015 年，肉类总产量年均增长 1.3％。2018 年以来在非洲猪瘟疫情以及新冠疫情的影响下，肉类产量明显下滑，与 2015 年相比，2020 年肉类总产量减少了 11.4％。2021 年以来由于疫情得到有效控制以及重要农产品稳产保供政策有效实施，肉类产能快速恢复，2021 年肉类产量为 8 989.9 万吨，达到历史最高水平，其中猪肉增幅较大，增长

28.8%。从各品种肉类产量的比重来看，尽管猪肉产量占肉类总产量比例呈现下滑趋势，尤其在 2015 年之后下滑速度加快，但其占比一直保持在 50% 以上，占据主导地位。伴随居民消费水平不断提升，肉类消费结构也逐步优化，牛羊禽肉消费增长明显。从产量变化趋势看，牛肉和羊肉产量呈现波动上涨趋势，禽肉在肉类总产量中的占比呈稳步增长趋势。在肉类进口方面，根据中国海关统计数据，2021 年猪肉进口量大幅下降，降幅为 15.5%；牛肉、羊肉进口量增长明显，分别增长 10.1%、12.5%；禽肉进口量稳中有降，降幅为 4.7%。

牛奶产量方面，在经历 1999—2007 年的高速增长阶段之后，因为 2008 年三聚氰胺事件与消费者信心不足，牛奶产量进入了一段较长的徘徊期，2010—2015 年期间牛奶总产量年均增幅只有 1.0%。2018 年后产量增速加快，2021 年牛奶产量达到历史最高值 3 683 万吨，2018—2021 年牛奶总产量年均增幅达 6.2%。2021 年乳制品进口量增长幅度较大，比 2020 年增长了 18.7%。

经济增长过程中，食物消费营养水平趋于提高的同时，以动物源蛋白和热量等在膳食蛋白、热量中所占比重衡量的营养结构也趋于上升。猪肉因在营养方面具有明显的价格优势成为畜产品消费的绝对主体。但是，随着经济进一步增长，在基本的动物源蛋白和热量消费需求得到满足的基础上，肉类消费必然向多元化结构转变。在此过程中，猪肉消费所占比重下降，牛肉、羊肉和禽肉的比重趋于上升，禽肉因价格优势增长更加明显，而牛奶在提供动物源蛋白和热量方面同样具有明显的优势。

（二）主要畜产品市场变化

在畜产品价格方面，2018 年以前猪肉价格较为平稳，2015 年为 24.7 元/公斤，至 2018 年略降至 22.5 元/公斤，期间有小幅波动。2018 年后，受非洲猪瘟及环保政策影响，猪肉供求关系趋紧，2019—2021 年，猪肉价格大幅上升，2020 年高达 52.3 元/公斤，此后逐渐回落，2021 年为 33.1 元/千克，2022 年前 10 个月猪肉平均价格进一步下降为 29.2 元/公斤。

牛肉、羊肉价格高位稳定增长，2015 年、2016 年均有小幅下降，但在 2018 年以后有较大幅度的增长，2022 年前 10 个月牛肉平均价格为 87.4 元/公斤，羊肉价格为 82.7 元/公斤。禽肉价格方面，以鸡肉为代表，2015 年鸡肉价格为 18.9 元/公斤，2018 年、2019 年有较快增长，此后价格逐渐回落，2021 年为 21.7 元/公斤。牛羊肉和鸡肉价格波动主要受猪肉产能和价格变动的影响，由于猪肉产能快速下降和价格的上涨，作为猪肉的重要替代品，市场对其他肉类的需求快速上升，直接拉动了其他肉类价格。随着牛羊肉和鸡肉产能扩张、猪肉产能快速恢复以及新冠疫情对消费的影响，2020 年以来鸡肉、羊肉和牛肉价格逐步下降或增幅减小。

乳制品消费需求继续增长，2015年国内原料奶价格在低位徘徊后略有回升，2021年价格有较大的增幅，达到4.3元/公斤。2022年国内原料奶价格仍保持高位运行，2022年前10个月原料奶平均价格略有下降，为4.2元/公斤。

（三）畜牧养殖业盈利状况

畜牧业养殖盈利情况波动较大，且不同畜种之间的波动趋势具有显著差异。在经历2019年和2020年高盈利阶段后，2021年生猪养殖盈利水平开始快速下降，猪粮比为7.0，比2020年低52.1%。这主要是生猪产能快速恢复带来市场供给快速增加的结果，同时玉米、豆粕等饲料原料价格快速上涨，直接导致生猪成本增加，拉低了生猪养殖业的盈利水平。2021年，国内奶牛养殖效益也略有下降，从反映奶牛养殖经济环境的奶饲比来看，与2020年比较，2021年奶饲比年度平均值有所下降，由1.5下降到1.4，同比下降6.7%。影响奶牛养殖效益的主要原因是生产成本上升，2021年每千克生鲜乳综合饲料成本平均值为3.2元，同比上涨21.3%。

二、畜牧业农业企业发展现状、特征与结构

本报告的样本企业为畜牧业500强企业中的84家企业，其中奶业企业21家，其他畜牧业企业63家。这些企业以民营企业为主，占76.2%，其次是国企，约占15.5%，私企占2.4%，中外合资及外资企业占2.4%，其他类型占3.5%。

（一）投资规模继续增长，但增速放缓

2020年，样本企业投资规模增长较快，84家企业拥有资产总额8 081.1亿元，比上年增长47.9%。2021年企业资产总额继续增长，达9 139.9亿元，但投资规模增长速度明显放缓，仅比上年增加13%。其中奶业企业资产总额增速低于其他畜牧业企业，2020年奶业企业资产总额增长34.7%，至2021年资产总额出现下降，比上年减少了9.9%。

（二）企业营收和利润出现较大波动，奶业企业总体平稳

总体来看，畜牧业企业营业收入波动较大，但奶业企业却呈现平稳增长的态势。2020年样本企业营业收入增长较快，为7 483.9亿元，比上年增长25.4%。2021年营业收入增幅大幅下降，仅增长9.8%，比上年减少15.6个百分点。2021年奶业企业营业收入增长明显高于其他企业，为14.1%，高于上年3.6个百分点。

从净利润来看，畜牧业企业近年来仍然出现剧烈波动。2020 年 84 家企业中有 51 家企业与上年相比净利润实现了增长，但 2021 年只有 22 家企业实现了增长。2020 年 84 家畜牧业企业净利润总额为 834.2 亿元，比上年增长 36.8％，亏损企业只有 6 家；至 2021 年净利润为－228.6 亿元，比上年减少 128.4％，其中利润亏损企业上升到 22 家，主要集中于饲料、猪肉、禽类生产企业。奶业企业的情况好于其他企业，2020 年 21 家奶企净利润总额比上年增长 83.1％，远高于其他畜牧业企业；2021 年奶企净利润总额虽然与上年相比减少了 12.1％，但降幅小于其他企业。

成本利润率反映了企业在当期发生的所有成本所带来的收益，数据显示，2021 年企业的盈利能力远低于 2019 年及 2020 年。2019 年样本企业平均成本利润率为 14.1％，2020 年上升为 17％，至 2021 年成本利润率骤降至 2.7％。从样本企业内部来看，企业之间的盈利差距比较大。2019 年成本利润率居前十位的企业平均水平为 57.1％，居后十位的企业平均水平为－0.45％；2020 年成本利润率前十位和后十位企业之间的差距进一步拉大，分别为 91.7％和－6.4％；2021 年成本利润率前十位和后十位企业之间的差距大幅收缩，且平均水平都明显降低，分别降至 23.7％和－16.8％。虽然从畜牧业整体来看经济收益波动较大，但奶业企业的发展比较平稳。2019 年、2020 年奶业企业的平均成本利润率为 6.1％和 9.7％，比其他畜牧业企业平均水平低 7—8 个百分点；2021 年奶业企业平均成本利润率回归至 3.8％，高出其他畜牧业企业 4 个百分点。

（三）企业带动作用逐年上升，小规模企业与农户利益联结更加紧密

企业与农户的利益联结以合同制和合作制为主，二者带动农户的数量占全部带农数量的 97％左右，以股份合作联结带动农户占比约 3％。2019—2020 年，以合同联结带动农户占比从 51.7％降至 42.7％，以合作联结带动农户占比从 45.3％上升至 54.3％。平均每家企业带动农户数量逐年上升，从 2019 年的 1.16 万户上升到 2021 年的 1.33 万户。企业联结合作社和家庭农场的数量也在逐年上升，平均每家企业联结合作社和家庭农场的数量从 2019 年的 1 402 家，上升到 2021 年的 1 652 家。

从企业带动农户增收情况看，2021 年企业每万元营业收入带动农户增收 1 142 元，略高于 2019 年、2020 年。从企业规模与带农增收的关系来看，样本企业中主营收入规模最大的 10 家企业平均每万元主营收入创造的带农增收金额从 2019 年的 1 820 元上升到 2020 年的 2 076 元，至 2021 年略降至 1 984 元。主营收入规模最小的 10 家企业平均每万元主营收入创造的带农增收金额

基本不足规模最大 10 家企业的一半。

然而从营业收入与带农增收的关系来看（图 1），2019 年样本企业中营业收入规模最大的 10 家企业平均每万元营业收入创造的带农增收金额从 2019 年的 2 150 元逐年下降，至 2021 年已降至 1 131 元，降幅达 47.4%。此外，营业收入规模最小的 10 家企业平均每万元营业收入创造的带农增收金额从 2019 年的 1 122 元，上升至 2021 年的 2 059 元，增长了 83.4%。数据显示，从 2020 年开始，小规模企业每万元营业收入的带农增收金额已经接近大规模企业，至 2021 年已高出大规模企业 82.1%。

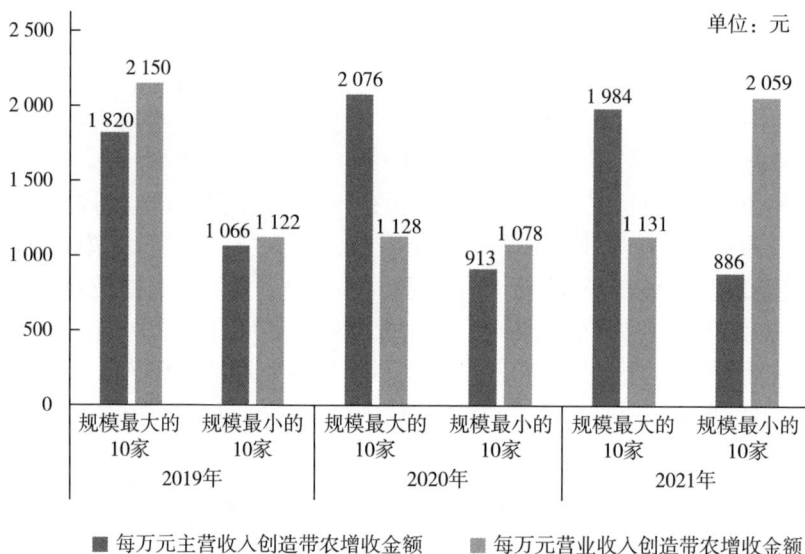

图 1　2019—2021 年企业营业收入与带农增收金额

（四）科技投入整体偏低且波动较大，较小规模企业投入稳步增长

2019 年畜牧业企业平均科技推广和研发投入为 10 229 万元，2020 年骤降至 5 646 万元，减少了 44.8%，至 2021 年略有回升，达 6 586 万元。而奶业企业的投入却呈逐年上升的态势，2021 年达到 6 337 万元，是 2019 年的 2.8 倍。企业之间的科技研发投入差距很大，2019 年科技推广和研发投入最高的 10 家企业平均投入达 6.1 亿元，2020 年降为 2.8 亿，2021 年略升至 3.0 亿元；但投入最少的 10 家企业平均投入仅为 0 元、0 元、2 万元。

平均来看，畜牧业企业科技推广和研发投入占企业营业收入的比重近年来一直保持在 1% 左右，但这一指标在不同规模企业之间差距较大。2019 年，营收规模最大的 10 家企业平均科技投入占其营业收入比重为 3.3%，是营收规模最小的 10 家企业平均值的 3 倍左右；2020 年这一数值降到了 0.6%；2021 年与上年基本持平。而营收规模最小的 10 家企业的科技投入占营业收入比例从 2019 年的 1.2% 上升至 2021 年 2.2%，比例已超过大规模企业。出现这种情况的主要原因是：一方面，2020 年大企业研发投入骤减，从 2019 年平均投入 8.4 亿元，下降到 2020 年的 3.1 亿元，减少了 63%，2021 年略有回升；同期小规模企业的研发投入增加，2020 年平均投入 846 万元，同比增加 361.2%，2021 年增加 21%。另一方面，2020 年大企业营业收入增长迅猛，平均营收 506.7 亿元，同比增长 40.2%，营业收入增幅远高于科技投入增幅；而小规模企业 2020 年营业收入平均为 4.6 亿，比上年增加 174.7%，其营业收入增幅不及研发投入增幅，由此造成小规模企业研发投入占营业收入比例高于大企业。

（五）奶企品牌建设和广告投入明显高于其他畜牧业企业

2019 年畜牧业样本企业品牌建设和广告投入平均为 1 908.3 万元；2020 年下降至 1 612.8 万元，下降了 15.5%；2021 年又恢复至 1 968.1 万元。奶业企业品牌建设和广告投入明显高于其他畜牧业企业，2019—2021 年奶业企业在该类投入分别是其他畜牧业企业的 3.6 倍、4.0 倍及 3.9 倍。2019—2021 年品牌建设和广告最高的 10 家企业的平均投入分别为 1.1 亿、0.9 亿、1.1 亿元，而投入最少的 10 家企业平均投入分别为 0 元、0 元、0.1 万元。

2019 年样本企业品牌建设和广告投入占企业营业收入的 0.7%，2020 年及 2021 年这一数值均略高于 0.5%；其中奶业企业 2019—2021 年这一数值分别为 2.1%、1.5%、1.7%，均高于其他畜牧业企业的投入。小规模企业的品牌建设和广告投入占企业营业收入的比例较高，对于营收金额最低的 10 家企业来说，该占比 2019—2021 年分别为 1.3%、0.6%、0.7%，而营收金额最高的 10 家企业约为 0.1%。

（六）企业数字化建设快速发展，不同行业、不同规模企业差距较大

近年来，数字化转型已经成为畜牧业产业发展的重要趋势。畜牧业企业电子商务交易额逐年上升，从 2019 年的平均 2.9 亿元上升到 2021 年的 3.9 亿元，增加了 31.0%。奶业企业电子商务交易额的水平较低，2019 年平均 1.0 亿元，2021 年为 2.5 亿元，但其增速较快，2020 年同比增长 98.7%，2021 年同比增长为 22.8%，而其他畜牧业企业在 2020 年和 2021 年的电子商务交易额增速分别只有 0.3%、20.7%。

在数字化建设投入方面，2019 年企业平均数字化建设投资额 1 554 万元，

至 2021 年升至 1 887 万元，增长了 21.4%。奶业企业数字化建设投入明显更高，2019 年为 3 582 万元，2020 年为 3 608 万元，2021 年升至 3 878 万元，分别是其他畜牧业企业的 3.9 倍、2.6 倍和 3.1 倍。2019 年有 2 家企业平均每年的投入超过 1 亿元，2020 年、2021 年这一数值分别上升到 4 家。

在数字化建设程度上，生产环节的数字化比例逐年上升，从 2019 年的 41.9% 上升到 2021 年的 49.4%，增幅达 17.9%。商业环节的数字化程度虽然低于生产环节，但增速更快，从 2019 年的 33.1% 上升到 2021 年的 40.5%，增幅达 22.4%。根据企业上报的数据显示，奶业企业无论在生产环节还是商业环节，其数字化建设程度相对偏低，且二者数字化比例基本相当。2019 年生产环节数字化比例为 28.1%，2021 年升至 34.2%，均比其他畜牧业企业低近 20 个百分点。但奶业企业数字化建设较快，生产环节数字化比例 2019—2021 年的增幅为 21.6%，高于其他畜牧业企业。

值得注意的是，依据营收规模对比前十位和后十位企业的数字化建设程度（图 2），可以发现二者在生产环节的差别并不大，2019 年分别为 49.3% 和 48.4%，2021 年大企业平均为 66%，高于小规模企业 10.8 个百分点；但二者在商业化数字建设程度上的差距较大，且近年来逐年扩大。2021 年营收规模前十位企业商业化数字建设达 64.9%，而后十位企业只有 26.9%；前十位企业 2020 年、2021 年商业化数字建设分别增长 18.7% 和 7.0%，而后十位企业只有 10.4% 和 3.3%。

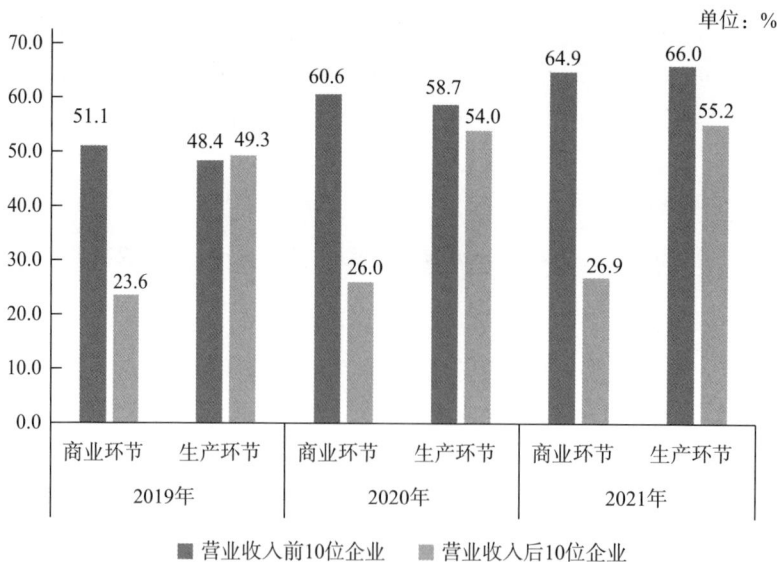

图 2　2019—2021 年企业在商业环节和生产环节的数字化建设比例

三、畜牧业农业企业发展面临的问题与挑战

（一）宏观环境与政策影响大，产业增速回落，企业盈利水平波动大

第一，在国家"口粮绝对安全"的粮食安全政策下，政策扶持与资源配置都向粮食生产，特别是谷物生产倾斜。给定资源供给的约束，粮食总产实现连续十二年增产，畜牧业发展必然受到限制。第二，进口畜产品的竞争与消费需求低迷对畜牧业生产产生双重挤压作用。一方面，在托市收购价格不断提高等因素的推动下，包括饲料粮在内的粮食价格不断上升，大幅提高了畜产品生产成本，低价进口畜产品的竞争压力与日俱增；另一方面，畜产品消费需求因宏观经济放缓增长乏力，甚至因不合理消费持续被挤压而下降。第三，养殖过程中的环境污染问题降低了地方政府发展畜牧业的积极性。

（二）大企业多元化发展后的联农、带农能力有所弱化

近年来大企业出现了单位主营收入带农增收能力强，而单位营业收入带动增收能力不及小规模企业的现象。其可能的原因是，大企业在畜牧业等主导产业发展上继续保持着优势，与农户联结更紧密，但近年来开展的多元化经营，在主导产业之外的其他经营业务与畜牧业、农业关联不大，因此无法带动农户增收。而小规模企业在主营产业之外的其他拓展性经营，仍然与畜牧业、农业关系紧密，从而能够有效地带动农户增收。因此，应关注规模最大的一类企业在多元化发展过程中联农、带农能力的弱化状况，不只是单纯地从营业收入去评价龙头企业的发展，更重要的是要关注主营业务的发展及与产业链上的关系。

（三）畜牧业企业科技推广和研发投入重视不足

畜牧业企业科技推广和研发投入整体偏低，样本企业平均研发投入占企业营业收入比例近年来一直保持在1%左右，即使在2020年高营收、高利润的情况下，大企业科技投入仍出现了绝对值和占比均减少的现象。而小企业却出现科技投入的绝对值和占比均上升的趋势。

（四）中小企业数字化建设不足，在网络环境下生存发展面临更大挑战

当前宏观经济形势和新冠疫情对企业发展带来巨大挑战，但也给畜牧业企业的数字化转型带来前所未有的机遇。数字化建设的积极作用表明，提升企业

全产业链数字化水平、推动传统产业数字化转型对于企业的发展至关重要。生产环节的数字化建设对于企业降低成本、改进流程、提高生产效率、提升产业链管理、优化物流管理等具有显著优势，这也是2020年新冠肺炎疫情在全球范围内爆发、中国和世界经济受到巨大冲击的背景下，畜牧业企业的数字化建设投入和建设程度仍逆势而上的重要原因。而商业环节的数字化建设在创新商业模式、拓展网络销售渠道方面具有优势。头部企业由于品牌效应和受信任程度更高，更容易得到关注和吸收流量，其优势更大；而小规模企业在网络环境下，其原本具有的本土优势反而受到削弱，其竞争环境更加不利，这也是小规模企业商业环节数字建设水平较低且增长缓慢的重要原因。另外，资金约束也是影响小规模企业的商业环节数字化建设缓慢的重要因素。

四、畜牧业农业企业发展的对策建议

（一）加强风险防控能力建设

非洲猪瘟疫情及新冠疫情以来的市场波动凸显了风险防控能力建设的重要性和必要性，在产业内外及国内外经济与经贸关系的不确定性日益增加的情况下，这一问题显得重要。在政策体制层面，要加强市场监测预警体系建设，重点监测国内外宏观经济、产业政策、经贸关系、重大疫病等方面重大事件，及时发现影响产业发展的重大风险因素，并评估风险因素和市场波动对产业发展的影响。同时，要完善畜产品政策性储备制度，通过储备的收放抑制畜产品价格在短期大幅波动。在企业层面，要加强自身风险防控机制建设，加强对企业自身面临的疫病风险等的管控，在企业发展中合理采取逆周期举措，避免过度的扩张或收缩行为。对于采取公司加农户模式的畜牧企业，应探索建立由企业和养殖户共同出资的稳定基金，在面临重大风险冲击时，主要用于支持养殖场户流动性资金的融资需求。

（二）加强产业链利益联结机制建设

完善利益联结机制，加强对农户的带动作用，不单纯是承担社会责任的需要，也是巩固产业发展基础、提升产业链质量的要求。只有养殖环节利益得到必要保证，养殖户才有可能在完善设施、改善环境效应等方面增加更多投入。畜牧企业要完善产业链利益联结机制、提升联结农户带动农户能力，首先是要完善价格形成机制，避免利用买方垄断权利过度压缩畜产品收购价格，引入分级定价、优质优价机制，引导养殖户提高畜产品品质和养殖管理水平。通过参股和二次分红等方式与养殖户建立更紧密的利益关系，让养殖户分享产业增值收益。其次，加强养殖户组织建设，通过合作社等组织加强养殖户在融资、技术服务、粪污资源化利用等方面的支持力度。

（三）加快以技术进步为基础的内涵式发展

在资源不足的硬约束下，中国畜牧业发展必然要靠以技术进步为基础的效率提升、节本增效和产出增长来解决两个问题，一是提高竞争力与稳定自给率问题，二是稳产保供，满足最广大的消费者对质优价廉、营养安全的畜产品的需求。在技术进步的具体方向上，一要加强优良畜禽品种的繁育，破解种业"卡脖子"问题，积极与育种企业、科研机构合作构建育种组织，加大产业数据采集力度并提升产业数据在我国数字育种体系中的作用；二要加快畜禽精准营养技术及低蛋白营养技术的发展和应用，特别提高饲料利用效率和营养转化效率，降低对国外蛋白饲料的依赖；三要加强疫病与生物安全防控技术的发展和应用，提升畜禽疾病诊断能力，规范免疫制度，强化应对突发动物疫情的能力，加强重大传染病的防控和净化等。

（四）提升信息化、智能化水平，加快向智慧畜牧业转变

数字成为日益重要的生产要素，推进信息化、智能化是中国畜牧业现代化发展的必然要求。一方面要加快物联网、云计算和人工智能等技术的应用，实现更加智能、精准、高效地对养殖场和畜禽个体信息的采集、分析和应用，充分发挥数字要素在提高管理精度、管理效率和指导生产经营决策中的作用。另一方面，通过应用数字技术更加紧密地链接营养、繁育、疫病管理等畜牧业产业链的各个环节，通过产业技术体系的协同加快品种改良等各方面的技术进步速度。畜牧业企业自身要重点推进大数据可视化云平台、牧场数据智能分析与决策系统、牧场生产管理系统、精准饲喂管理系统、智能识别管理系统、发情与行为监测系统等信息化技术的研发和应用。同时，提升以信息化、智能化为重点的社会化服务能力，提供基于牧场生产管理、畜禽养殖科学和人工智能算法等为链接的养殖户大数据分析服务和牧场决策支持。

水产行业与企业分析报告

水产行业是人类最传统的生产活动和现代农业最重要的组成部分之一，同时也是中国式现代化中最为典型和最具基础的产业之一。经过改革开放，我国水产产业主体由集体合作向家庭承包转变，同时水产企业迅速崛起和发展壮大。近年来，随着渔业现代化建设，规模化、组织化、产业化加快了水产企业演化，使它们在水产行业转型升级中发挥重要作用，水产企业等新型经营主体正成为推动水产行业绿色高质量发展的重要力量，改变着我国传统的"散、小、乱、差"小渔户为主体的水产经营格局。在新发展阶段，水产企业发展的机遇与挑战并存，应顺应产业绿色、融合、高质的发展趋势，加大水产企业培育力度，引领行业着力新发展阶段、贯彻新发展理念、构建新发展格局，加快渔业现代化进程，服务海洋强国、乡村振兴、健康中国，助力农业强国。

一、水产行业发展形势

（一）绿色高质量发展

进入新时代以来，我国水产行业加快转型升级，绿色高质量发展趋势明显，"生态优先"的政策体系和实践路径逐步构建。

1. 政策转向趋势

第一，首次提出"生态优先"发展方针。在 2013 年我国首次提出"坚持生态优先、养捕结合"生产方针和水产行业明确包含水产养殖、增殖、捕捞、加工和休闲等现代渔业五大产业的基础上，2019 年农业农村部等十部委印发《关于加快推进水产养殖业绿色发展的若干意见》（农渔业〔2019〕1号），这是中华人民共和国成立以来经国务院同意公开印发的第一个针对水产养殖业的文件，为今后一个时期的水产养殖绿色发展指明了方向并做出了具体部署。

第二，首次提出"减量"目标。2016 年全国渔业渔政工作会议上，首次提出了渔业"减量"目标，明确了"提质增效、减量增收、绿色发展、富裕渔民"政策目标，并要求推进渔业供给侧结构性改革。"十三五"期间要求逐步压减国内捕捞能力，实行捕捞产量负增长，逐步实现捕捞强度与渔业资源可捕量相适应。2021年底，"十四五"渔业发展规划进一步明确提出"稳产保供、创新增效、绿色低碳、规范安全、富裕渔民"的二十字渔业发展方针，为新发展阶段发挥渔业多功能性提供了思路与方向。

第三，我国渔业发展主要矛盾已转变。根据党的十九大报告提出的对我国社会主要矛盾转变的判断，2018年渔业转型升级推进会上明确提出，渔业发展的主要矛盾已经转化为人民对优质安全水产品、优美水域生态环境的需求，与水产品供给结构性矛盾突出、渔业资源环境过度利用之间的矛盾。根据渔业发展主要矛盾，我国提出加快推进转方式调结构，切实将渔业从高速增长转到高质量发展上来。2019年，渔业高质量发展推进会进一步强调了"提质增效、减量增收、绿色发展、富裕渔民"的政策目标，并提出要围绕实施乡村振兴战略和坚持以渔业供给侧结构性改革为主线。

第四，渔业支持政策导向调整。针对2006年以来渔业燃油补贴带来的过度捕捞及其导致的资源衰退问题，从2015年开始，中国政府明确提出"至2019年渔业燃油直接补贴减少至2014年的40％"的要求，开始进行减少直接补贴的改革。2021年《关于实施渔业发展支持政策　推动渔业高质量发展的通知》明确提出"取消成本直补，改变补贴方式"。渔业发展补助资金主要支持纳入国家规划的重点项目，以及具有外部性的基础设施更新升级，如国家级海洋牧场的人工鱼礁、近海渔船设施配备、深远海养殖设施、水产品加工仓储设施、渔港基础设施等，其他一般性转移支付主要用于统筹推动各地渔业高质量发展，主要包括近海渔船渔业资源养护补贴、渔民减船转产、水产养殖绿色发展、执法船艇配备、渔业信息化等。总体来看，渔业燃油补贴的调整方向是绿色、生态、高质量发展。

2. 实践行动趋势

养殖业方面，深入推进绿色健康养殖模式与技术。一是一批生态养殖技术模式得到示范推广，包括陆基工厂化循环水养殖、稻渔综合种养、池塘流水槽循环水养殖、盐碱地绿色养殖、鱼菜共生生态种养、集装箱式循环水养殖、大水面生态养殖、多营养层级立体综合养殖（IMTA）、深远海设施养殖、增殖型海洋牧场技术等绿色水产养殖典型技术。二是自2020年以来，农业农村部及省市县各层级相关部门，连续3年部署和开展了水产绿色健康养殖"五大行动"，包括生态养殖技术模式推广、养殖用药减量、饲料替代鲜幼杂鱼、养殖尾水治理、水产种业质量提升等重点行动。三是水产健康养殖示范场数量不断增加，仅2020年公布的第十四批国家级水产健康养殖示范场就达945个，

2021 年创建的国家级水产健康养殖和生态养殖示范区达 65 个，其中以县级政府为主体的有 19 个，它们将在区域水产养殖绿色养殖转向上起到示范引领作用。

捕捞业方面，中国通过延长近海伏季休渔、推行捕捞限额试点和资源总量控制、压减机动渔船数量和功率等实践行动，实现减量目标。在 1999 年我国三大海域实施伏季休渔制度和从 2003 年起长江实行春季禁渔期制度等基础上，我国于 2017 年通过延长近海伏季休渔期实施"史上最严休渔制度"，2018 年内陆七大流域实现禁渔期制度全覆盖，2020 年长江流域重点水域正式实现"十年禁渔"，2022 年黄河流域实行禁渔期制度等。在休禁渔以降低捕捞强度的同时，我国还通过增加和调整水生生物保护区、水产资源保护区、加强"三场一通道"养护，以及水生生物资源增殖放流等措施，扩大水生生物资源的自然种群规模，促进了捕捞资源恢复与养护目的的实现。"十三五"期间，国家累计投入 120 多亿元大力推进海洋捕捞渔民减船转产，全国累计压减近海捕捞渔船总数超过 4.5 万艘，压减总功率超过 208 万千瓦，超额完成了 2 万艘、150 万千瓦的压减任务。

（二）产业融合发展

我国水产经济持续增长，近年来呈现一二三产加快融合的趋势。2021 年，我国渔业经济总产值达 2.98 万亿元，其中渔业产值 1.52 万亿元、渔业工业和建筑业产值 0.62 万亿元、渔业流通和服务业产值 0.84 万亿元，三个产业产值的比例为 51.0∶20.8∶28.2。其中，作为我国渔业第三产业的新兴产业，休闲渔业产值快速增长至 835 亿余元（图 1），成为一二三产融合发展的重要抓

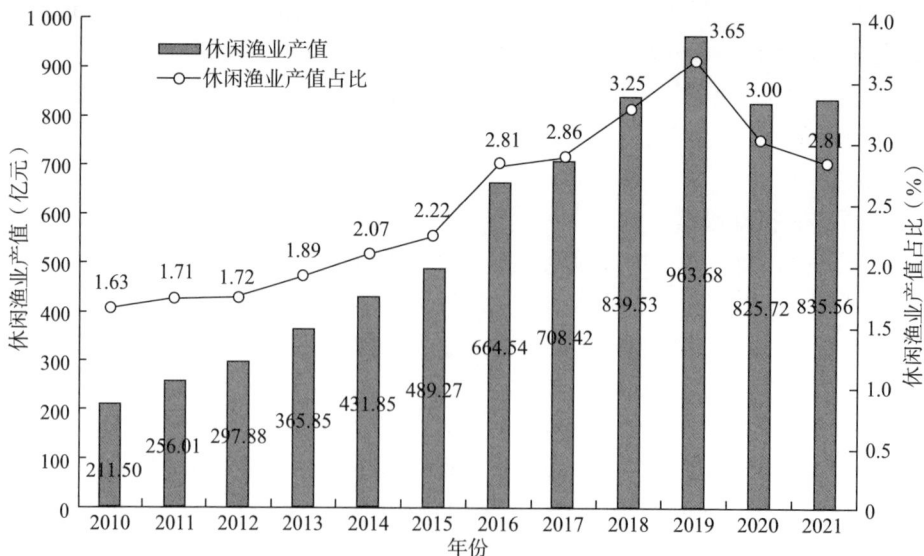

图 1　作为产业融合发展抓手的休闲渔业产值及增长率

手。受新冠疫情影响，近两年休闲渔业产值有所下降，但正呈现恢复性增长势头。此外，产业融合发展还体现在水产企业业务内容的融合化发展，包括水产企业产业链的纵深发展（如养殖企业的饲料、育苗等前向一体化，以及加工、流通、销售等的后向一体化）和水产行业与其他产业的融合发展（如海洋牧场＋光伏，渔光一体，渔业与旅游、餐饮业的融合等）。

（三）养殖在水产品供给中的贡献持续增加

1. 全球渔业视角

据联合国粮农组织（FAO）《世界渔业和水产养殖状况（2022）》数据，2020 年全球水产品产量为 1.78 亿吨，其中水产养殖产量为 8 750 万吨，占总产量的 49.2％，创历史新高，分别较 21 世纪前 10 年、20 世纪 90 年代增加了近 17 个百分点和 30 个百分点。另一方面，水产养殖产量超过捕捞产量的国家或地区数量也呈增加态势。据 FAO 预测，到 2030 年，全球水产品产量将增加至 2.02 亿吨，增量将主要来源于水产养殖，预计 2030 年水产养殖产量、捕捞产量将分别达 1.06 亿吨、0.96 亿吨，养捕比 52.48：47.52。

2. 国内渔业视角

改革开放之初，水产养殖产量占我国水产品产量的比重仅为 28.86％。在经过争鸣和论证后于 1985 年确定的"以养为主"发展方针的作用下，我国水产养殖业快速发展，至 2000 年，水产养殖产量在我国水产品产量中所占比例超过 60％，2016 年增加至 74.51％。"十三五"以来，在近海渔业资源养护和远洋渔业有序发展的前提下，我国水产养殖业成为水产品产量增长的主要来源，2020 年达到了 5 224 万吨，占全国水产品产量（6 549 万吨）的近 80％，2021 年已经高达 81％（图 2）。预计到 2035 年我国水产品产量需要增加至 8 000 万吨左右才能满足国内消费需求（赵明军等，2020），而考虑到我国近海捕捞产量近年刚降至最大可持续捕捞量（MSY）（1 000 万吨以内），以及远洋渔业受捕捞限额限制，增长可能性较小和内陆长江十年禁捕、黄河禁渔期等情况，未来我国水产行业增长的来源主要在于水产养殖，预计水产养殖产量比重将达到 85％以上。

（四）经营主体规模化趋势

我国水产行业呈现"散、小、乱"的个体经营主体逐步退出，规模化经营主体增加的趋势。一方面，我国渔业从业人员数量连年下降，至 2021 年我国渔业从业人口数为 1 634.24 万人，较 2017 年的 1 931.85 万人下降了 15％以上（表 1）；渔业从业人员数量及构成也呈现类似特征，即 2017—2021 年我国渔业专业、兼业和临时等三种类型的从业人员数量均连年持续下降。另一方

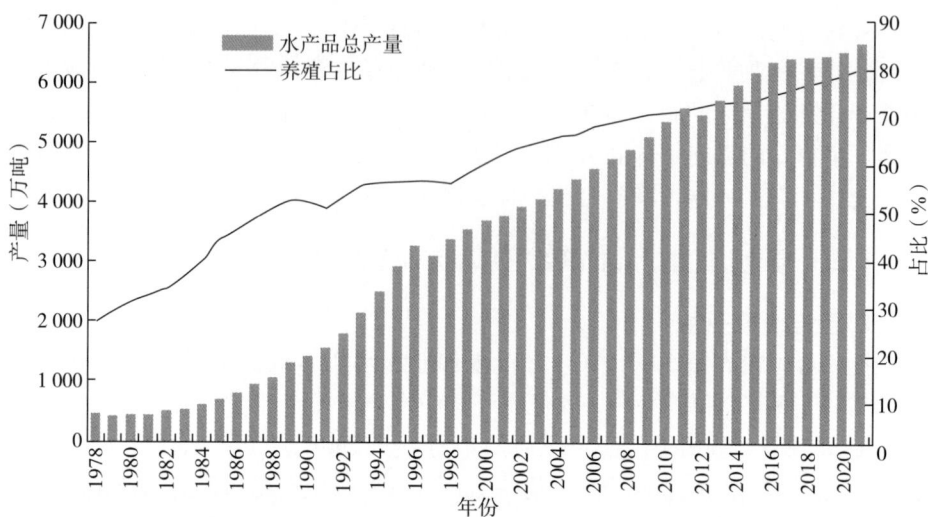

图 2　1978—2021 年中国水产养殖的份额增长趋势

面，企业化、公司化和规模化的经营主体数量则呈相对稳定态势。2021 年，我国水产加工企业 9 202 个，其中规模以上加工企业 2 497 个，较 2017 年和 2012 年没有显著或大幅下降。此外，我国近海捕捞渔船大型化、规模化趋势明显，个体或传统生计渔民数量在转产转业、资源衰退和比较效益等综合作用下显著减少。在水产养殖方面也出现了"企业＋基地＋养殖户""合作经济组织"等发展模式，提高了水产行业的组织化、规模化、产业化程度等。

表 1　2012—2021 年我国水产行业主要经营主体数量变化

年份	渔业人口数量（万人）	专业从业人员（万人）	兼业从业人员（万人）	临时人员（万人）	水产加工企业（个）	规模以上加工企业（个）
2012	2 073.81	1 444.05	495.69	158.01	9 706	2 737
2017	1 931.85	745.04	458.42	155.93	9 674	2 636
2021	1 634.24	634.12	400.30	150.20	9 202	2 497

数据来源：《中国渔业统计年鉴》（相应年份）。

（五）水产产业智慧化

我国水产行业科技水平持续提升，2020 年渔业科技进步贡献率达到 63%，较 2015 年增长了 5 个百分点。这得益于近年水产行业技术与装备的研发及应用推广，尤其是在互联网和信息技术外溢作用下，水产养殖集约化、自动化、标准化的快速发展，对"互联网＋"的需求逐渐增多，近年来以"互联网＋"为主要特征的智慧化发展为水产行业升级发展提供了动力。其主要包括渔业传感器及采集器的研制、鱼类生长调控模型的模拟、智慧渔业大数据管控云平台的构建以及渔业数字化装备和渔业机器人的研发等，这些平台装备与设施技术大大提升了我国水产行业的智慧化水平。

（六）需求在水产行业发展中的作用趋强

根据供需基本理论，水产行业的产品供给与需求是在经济社会发展、偏好、替代品及不确定等因素作用下，围绕平衡线上下波动均衡的过程。然而，分阶段来看，相对于供给短缺阶段，当前水产品供给处于充足甚至相对过剩阶段，需求在促进产业发展和诱致产业变革中的作用正趋于增加，水产行业的供需情况先后经历了由卖方市场到买卖双方均衡，再到买方市场的转变。据国家统计局《中国统计年鉴》人均水产品消费量（仅指家庭消费，未包括社会消费）数据，自 2013 年以来，除 2018 年同比基本持平外，我国人均水产品消费均呈增加态势，至 2021 年，人均消费量超过 14 千克，较 2013 年每人的 10.4 千克增加了 36.54%。

需求消费升级正在引致水产品供给结构和适量维度的变化。这不仅体现在水产品产量中鱼、虾、蟹、贝、藻、参等产量的相对变化（供给由单一转向丰富多元，鱼类趋降，虾蟹贝等增加）上，还体现在水产品质量安全的提升，那居民对绿色、有机、高品质和安全营养的水产品需求明显增加。此外，还体现在供给形态的变化，即对鲜活或冷冻产品需求相对下降，对加工水产品、预制鱼品的需求明显增加，如小龙虾、烤鱼、佛跳墙、鱼丸鱼糜制品、"三去"鱼品、虾仁等加工或预制产品成为消费爆点。据估算，2021 年水产预制菜的产值近 900 亿元，预计至 2026 年将达到 2 600 亿元，水产品消费的便捷化趋势明显。

二、水产企业发展现状与趋势

水产行业发展的绿色高质量、融合化、规模化、智慧化和养殖业份额及需求端作用的提升等，是包括水产企业在内的我国水产经营主体共同作用的结果，同时也为我国水产企业发展创造了新环境与新机遇。本部分基于 32 家水产头部企业调查数据，通过经营效益、政策支持、用工就业、长期性投资、数字经济、产业链拓展、企业管理等六方面分析，考察我国水产企业发展的现状、环境及趋势等。

（一）经营效益总体向好

1. 营收好于往年

总体来看，2021 年水产企业总收入增势强劲。水产头部企业年度总营业收入平均为 32.03 亿元，较 2020 年（27.65 亿元）增长 15.84%，较疫情前的 2019 年（29.03 亿元）增加 10.33%。从营业收入增长的企业数量来看，2021 年的企业发展形势也好于上年。2021 年，32 家企业中的 27 家（占比 84.38%）

营业收入呈现增长趋势，2020 年仅为 18 家（占比 56.25％）。

从收入结构来看，水产头部企业的主营业务收入基本都集中于养殖或捕捞业，2021 年单个企业的平均主营业务收入约 31.70 亿元，较上年增长 18.84％，增长较快且扭转了上年受疫情严重冲击的下降势头（下降 6.76％）。增长的原因可能有两方面：一是上年基数较小；二是企业适应了疫情防控常态化的节奏。

2021 年，水产企业主营收入占总收入的 98.97％，分别较 2019 年（98.57％）、2020 年（96.48％）的水平增加了 0.4 和 2.49 个百分点。主营业务收入占比恢复至疫情前的水平，这在一定程度上表明，水产头部企业在疫情第一年开展多元化业务，以提升风险抵御能力，而疫情防控常态化后企业经营开始回到主营业务。

水产企业呈现一定的"扁平化"趋势。从营业收入的变异系数来看，2019—2021 年三年呈现递减态势（表 2），这表明水产企业有均等化发展的趋势，即水产头部企业间的规模差异缩小。这可能受到水产行业绿色发展、转型升级，以及疫情冲击下企业"抱团取暖"的影响。

表 2 水产企业营业收入情况及变异系数

年份	2019	2020	2021
平均营业收入（万元）	290 289.679	276 506.292	320 338.685
平均主营业务收入（万元）	286 138.105	266 781.252	317 032.635
主营收入占总收入（％）	98.57	96.48	98.97
营业收入变异系数	0.925 9	0.873 7	0.852 4

2. 年利润额增长显著，成本利润率趋降

2021 年水产头部企业年净利润平均为 3.823 亿元，较 2019 年的 1.892 亿元、2020 年的 2.813 亿元分别增长 102.00％、35.90％；从成本利润率来看，较前两年有所增长，但较疫情前下降较多。2021 年水产头部企业的成本利润率平均为 12.82％，虽然比 2020 年的 11.86％高近 1 个百分点，但是较疫情前的 2019 年的水平（14.13％）低了 1.31 个百分点（图 3）。

3. 水产头部企业经营能力提升

从水产头部企业的资产负债率指标来看，绝大多数的水产头部企业资产负债率集中在 20％～70％。2021 年水产头部企业的平均资产负债率为 46.73％，较 2020 年（46.98％）有所降低，而相较于 2019 年疫情之前（47.36％）下降了 0.63 个百分点（图 4）。资产负债率的连续下降，在一定程度上反映了水产头部企业的企业经营能力较强。

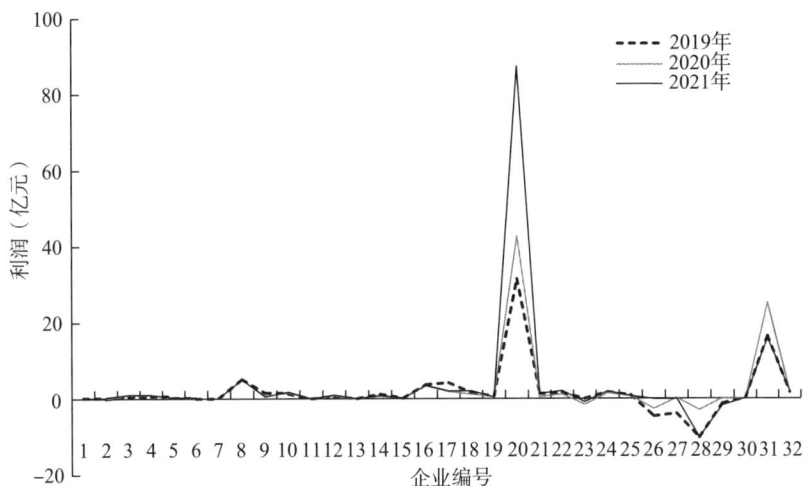

图 3　2019—2021 年水产企业利润

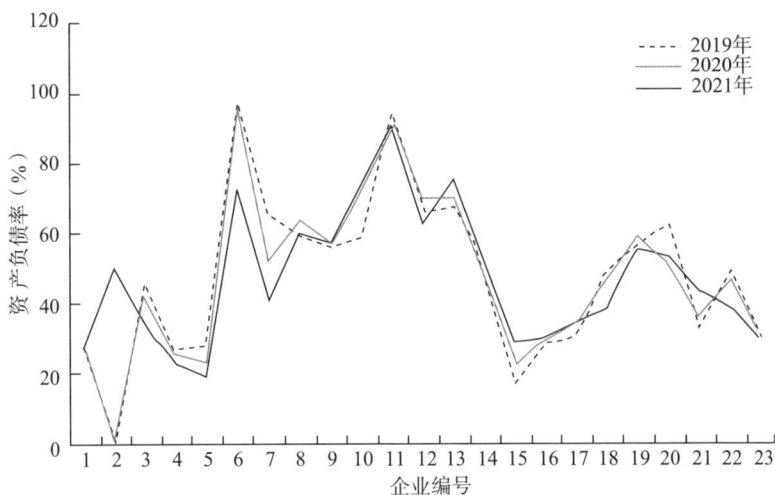

图 4　水产企业资产负债率及变化

注：由于个别企业的相关指标数据缺失或无相关业务，此处及后续有关统计分析的样本数为 23，而非 32。

（二）企业获得政策支持力度有所增加

得益于农业行业属性和国家"稳岗就业""稳产保供"及退减缓免税费政策等多重利好，我国水产企业获得了较有力的政策支持。

1. 税费减免总金额有所增加

2021 年我国全年减税降费金额约为 1.1 万亿元，占全国 GDP 的 1‰ 左右，同年我国水产企业减税力度也较大，且疫情以来减税金额呈上升态势。2021 年水产头部企业税费减免平均金额为 981.73 万元，2020 年为 946.78 万元，而 2019 年为 841.84 万元，2021 年较 2020 年增长了 3.69%（34.95 万元）、较 2019 年增长了 16.62%（139.89 万元）。近年来，新冠疫情对餐饮业和水产品消费产生较大影响，给我国水产行业带来了较大的冲击。为了促进水产企业等经营主体可持续发展和保障水产品等"菜篮子"稳定供给，我国出台了一系列的税费减免措施，这是我国水产头部企业税费减免金额不断增加的主要原因。

2. 财政补贴总金额较为稳定

2021 年，我国水产头部企业获得的财政补贴平均金额为 0.297 亿元，相比于 2020 年的 0.324 亿元减少了 270 万元左右，但较 2019 年的 0.247 亿元增加了 500 万左右。这与疫情之初财政充裕、对于企业主体的支持力度相对较大的现实基本一致。实地调研中我们也发现，政府对于水产企业的补贴在很大程度上对帮助水产头部企业度过困难时期，具有积极作用。

（三）富民增收效应显著

1. 季节性用工人数增加明显

2021 年，水产头部企业季节性用工数量平均数为 835.55 人，而 2020 年季节性用工数量平均数为 771.18 人，均较疫情之前（2019 年）季节性用工数量平均数 765.82 人有增长之势（图 5）。季节性用工数量增长的主要原因可能在于水产企业本就受渔业生产周期的影响而具有季节性，加上疫情等不确定因

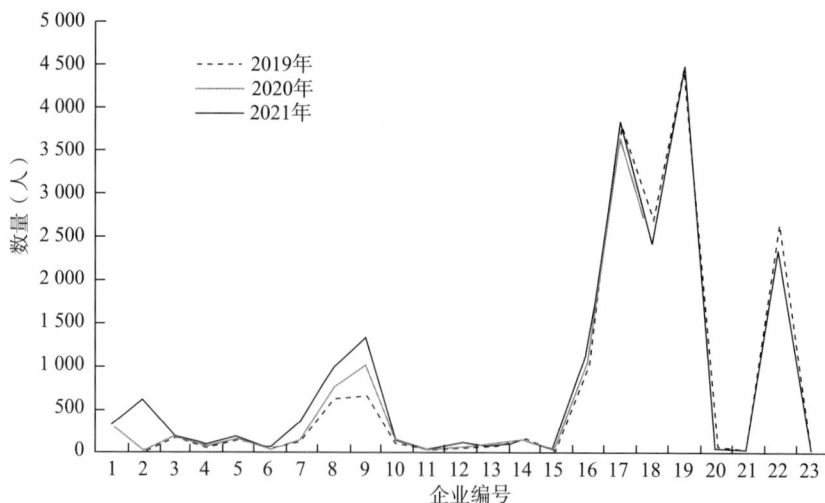

图 5　2019—2021 年季节性用工数量

素，导致周期内的出塘量、加工或销售量等数值波动加大。此外，如上所述，水产头部企业主营业务为捕捞与养殖，对于工人的熟练度有所要求，当水产集中上市时用工量也会随之增加。同时，从另一方面来看，季节性用工量增加，在很大程度上意味着市场上对于水产的需求量呈增长趋势。

2. 季节性用工工资福利总金额明显增加，带农增收总金额下降需关注

2021 年，水产头部企业季节性用工福利总金额平均为 0.291 亿元，较 2020 年的 0.266 亿元、2019 年的 0.242 亿元分别增长了 9.39％、20.25％，增幅显著。但是，平均带农增收总金额，较 2020 年有小幅下降，较疫情之前的 2019 年有大幅下降。2021 年带农增收总金额平均为 8.296 亿元，较 2020 年的 8.501 亿元、2019 年的 10.273 亿元分别下降了 2.41％和 19.24％。主要原因可能在于疫情对水产企业冲击较大，加上劳动力成本上升和"机器代人"的推进，季节性用工较多而常年性用工减少，最终导致带农增收的总金额下降。

3. 联农带农的模式增减分异

目前，水产头部企业联农带农模式大致可分为合同、合作、股份合作等三种。首先，合同联结模式规模下降。2021 年水产头部企业合同联结带动农户数量有所下降。2020 年合同联结带动农户平均数量为 52 951.091 户，而 2021 年合同联结带动农户平均数量为 52 794.68 户，相较下降了 3.00％，较疫情前的 2019 年合同联结带动农户平均数量 53 211.31 户下降了 7.82％（图 6）。其次，合作联结带动模式规模趋于增加。与 2020 年和 2019 年相比，2021 年有 12 家企业合作联结带动农户数量增加。2021 年水产头部企业合作联结带动农

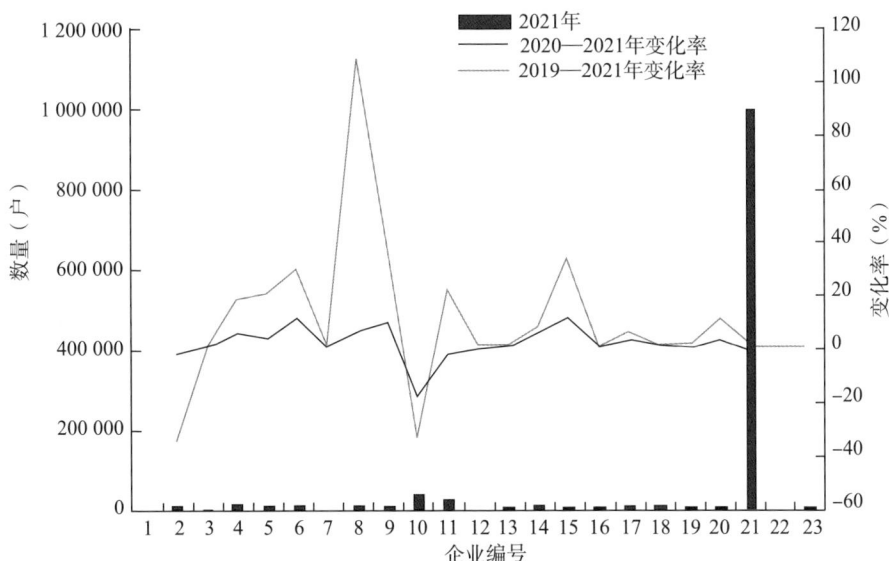

图 6　2019—2021 年合同联结带动农户数量

户数量平均为 3 995.39 户，较 2020 年的 3 816.87 户增加了 4.68%，较 2019 年（3 653.91 户）增长了 9.35%。最后，股份合作模式规模变动不大。水产头部企业数据中的 23 家企业中仅有两家通过股份带动农户，其中一家 2021 年带动农户数量为 4 380 户，另一家为 4 043 户，相较前两年有小幅度增加或者不变。联农带农模式规模的变化表明，近年来，合作模式在约束力上满足契约要求，同时可能存在更加便利、灵活和利益分享更充分等优势，因此相对增长较快。

（四）企业在可持续或长期性投入方面资金规模显著加大

1. 研发投入绝对值增加，但占营业收入的比例趋于下降

从绝对值来看，水产头部企业对于研发的投入增长明显，2021 年科技推广和研发的总投入平均为 1.204 亿元，较 2020 年的 0.793 亿元增加了 51.83%，而较 2019 年的 0.853 亿元，增幅也达到了 41.15%。受新发展理念支持和在党的二十大报告提出科技强国的背景下，创新已经被证实并将持续作为我国经济发展的重要动力，而水产头部企业加大研发投入的形势恰恰顺应了这一大势。从相对值来看，2021 年水产头部企业研发投入占营业收入的比例普遍降低，与 2020 年和 2019 年相比，23 家头部企业中研发投入占营业收入比例增加的分别仅有 9 家和 10 家，而增幅也普遍偏小（图 7）。

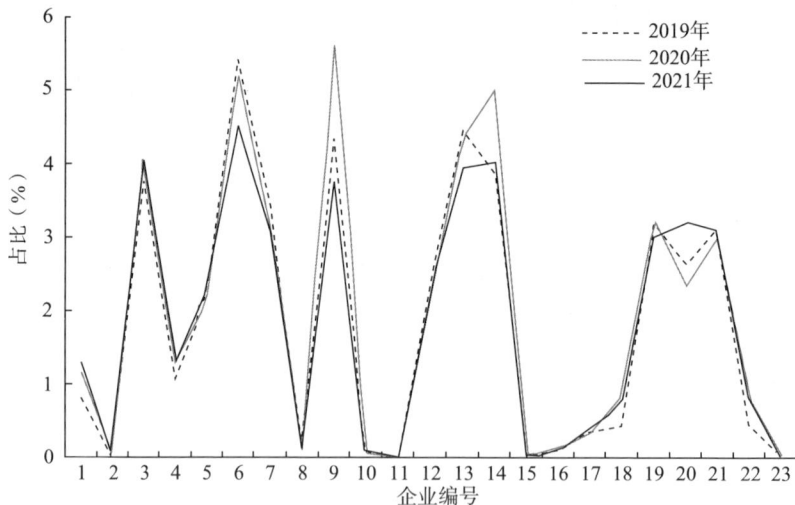

图 7　2019—2021 年研发占营业收入的比例

2. 品牌建设与推广投入的绝对值增加明显，占利润的比值比较稳定，未出现普遍提升

据调查，水产头部企业品牌建设与推广投入的绝对值增加明显，2021 年，23 家水产头部企业的相应投入平均额度为 0.332 亿元，受疫情冲击较严重的

2020 年的平均水平为 0.269 亿元，而疫情之前的 2019 年为 0.313 亿元，2021 年较 2020 年、2019 年的增幅分别为 23.42％、6.07％（图 8）。但是，从品牌建设与推广投入的绝对值占利润的比值来看，水产头部企业的投入比较稳定。在 23 家头部企业中，2021 年品牌建设与推广投入的绝对值占利润的比值，并未呈现普遍增加的态势（图 9）。出现以上情况可能由于品牌建设与推广是水产企业提升知名度和市场占有率的一个重要手段，但与市场营销理论、投入产出及边际效应理论一样，该方面的投入也存在一个平衡点。

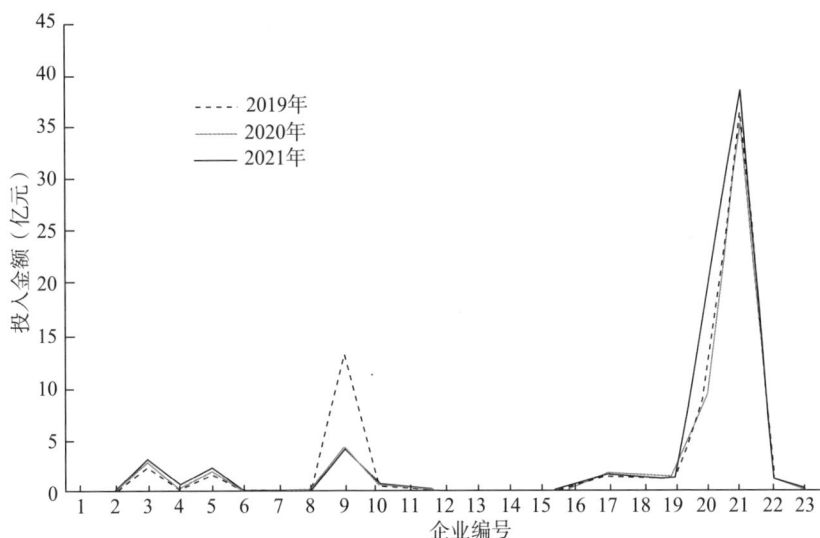

图 8　2019—2021 年品牌建设与广告推广投入

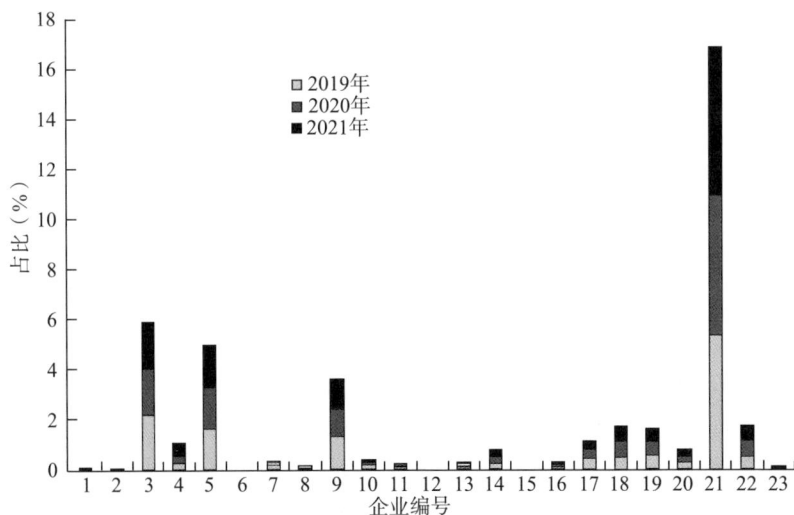

图 9　2019—2021 年企业品牌建设与推广投入的绝对值占利润比值

（五）数字经济快速发展

随着国家数字经济的不断推进，我国水产企业在数字经济方面的投入呈加大趋势，企业的产品流通、生产和商业环节的信息化水平大幅提升。

1. 电子商务交易额呈现明显增加

23家水产头部企业中，仅有5家企业没有通过电商平台进行交易。2021年电子商务交易额平均为2.578亿元，较2020年的1.870亿元增长了0.708亿元，增幅37.86%，而较2019年的1.915亿元增长了0.663亿元，增幅为34.62%（图10）。水产头部企业呈现的电子商务交易额的增加趋势，可能得益于互联网和数字经济的溢出效应，以及疫情冲击造成的居民线上消费习惯的养成，还有现代化冷链物流等带来的线上交易成本下降和效率提升等原因。可以预见，随着"90后"和"00后"成为家庭的主要劳动力，其对便捷化、多元化及线上消费偏好，将使电子商务或线上销售的营业额进一步增加。

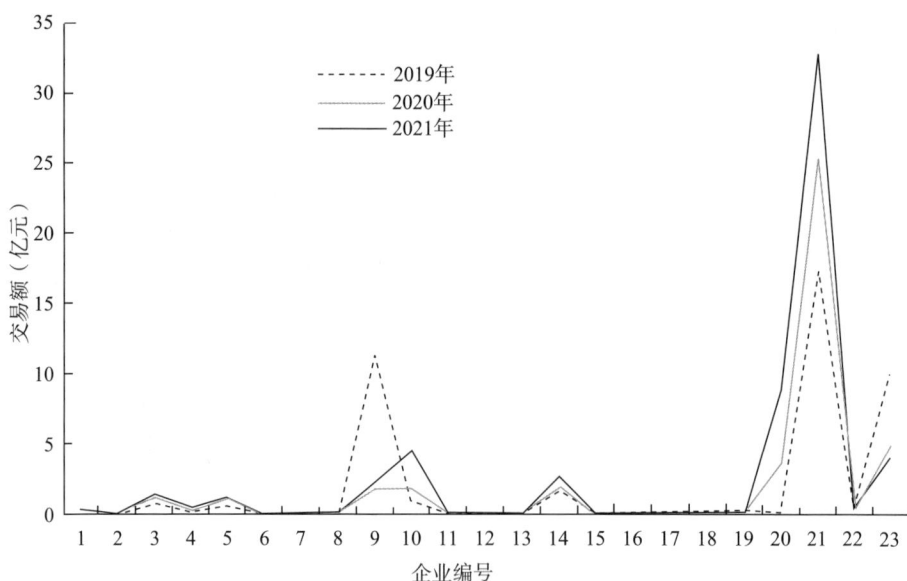

图10　2019—2021年电子商务交易额

2. 水产企业对数字化建设的投入呈逐渐加大趋势

2021年，水产头部企业数字化建设的投资额平均为439.567万元，而2020年数字化建设投资额平均为354.359万元，2019年数字化建设投资额平均为286.019万元（图11）。这可能表明，水产头部企业已经意识到数字化建设对于企业的长期发展有着重要的意义，并已经进行了多方面的实践，这也正如水产行业发展形势部分所述，行业在人工智能、大数据、物联网、地理信息系统、遥感、5G 技术等智慧化方面将快速发展。同时，实地调查也发现，养殖主体和捕捞主体的数字化、智慧化建设，确实对于生产效率提高、长期成本下降等具有重要促进作用。

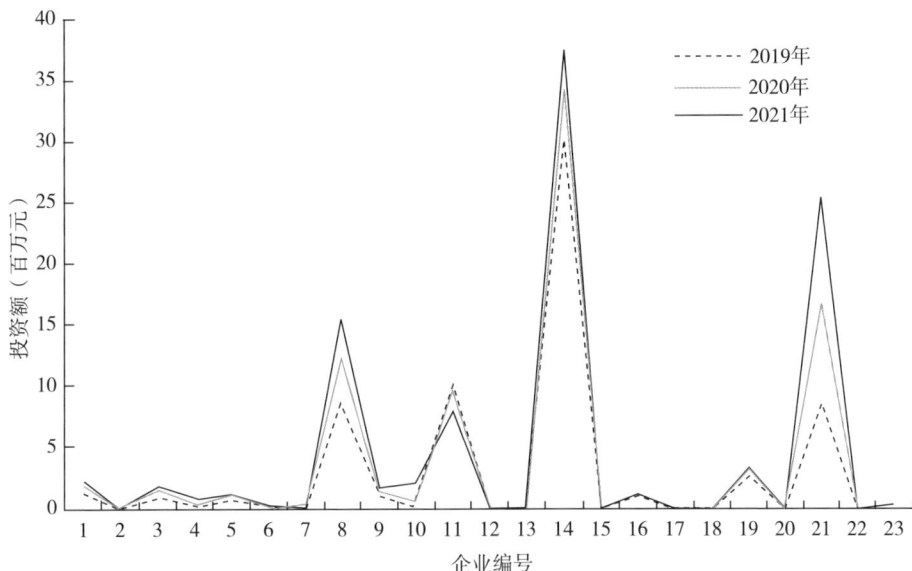

图 11　2019—2021 年数字化建设投资额

3. 企业数字化可分为生产环节数字化以及商业环节数字化两种

第一，5G 技术、物联网等技术的飞速发展正在促进水产行业生产环节的数字化建设，水产头部企业生产环节数字化逐渐深入。2021 年，调查中的水产头部企业都开展了生产环节的数字化建设，生产环节数字化程度平均水平为52.85%，高于 2020 年的平均水平（44.32%），增幅达 8.53 个百分点，较疫情之前的 2019 年的平均水平（39.96%）增长 12.89 个百分点。2021 年水产头部企业生产环节数字化建设比例最高达到了 100%。但仍有 4 家企业生产环节数字化建设比例不足 10%（图 12）。

第二，商业环节数字化程度也呈逐步加深态势。2021 年，水产头部企业商业环节数字化水平平均为 46.88%，较 2020 年的平均水平（40.99%）增长5.89 个百分点，较 2019 年的平均水平（35.83%）增长 11.05 个百分点（图13）。水产企业生产环节和商业环节数字化水平均呈连年上升的态势，其与水产行业智慧化大趋势，以及企业寻求生产效率提高、成本降低和适应消费者线上消费偏好的市场需求等趋势具有一致性。

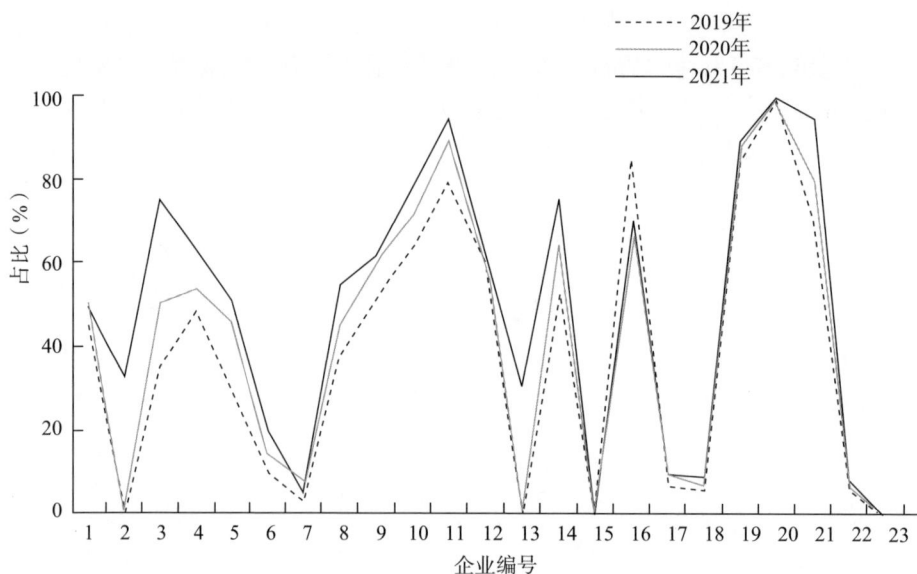

图 12　2019—2021 年生产环节数字化程度

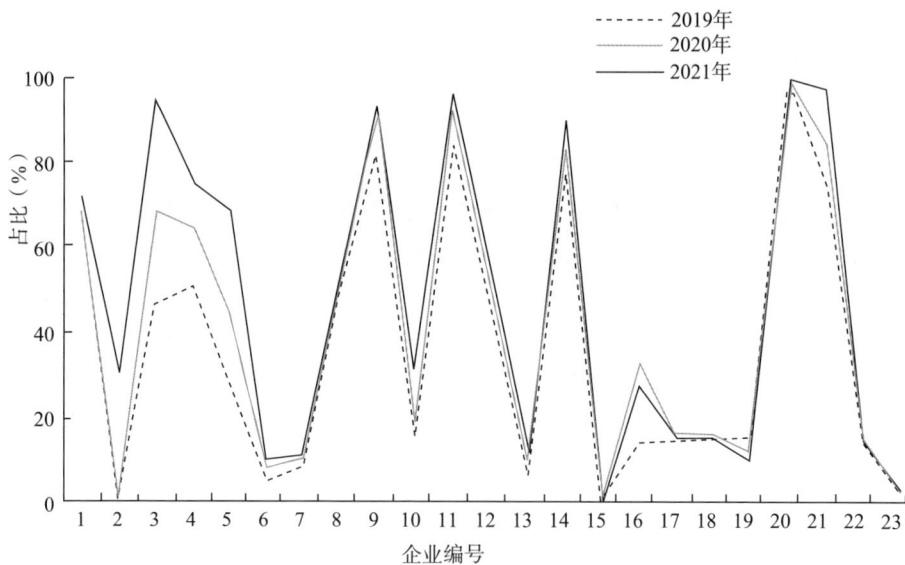

图 13　2019—2021 年商业环节数字化程度

（六）一体化发展势头良好

一体化发展是经营主体与利益相关者构建利益共享机制或延伸价值链的重要手段，水产企业一体化目前主要包括加入产业联合体、入驻现代产业园、联结其他经营主体等三类方式。

1. 加入产业联合体的企业数量略有增加

产业联合体可以通过各经营主体的交易联结、互助联结、资产融合及分工等方式，构建良好的利益联结和风险共担机制，进而降低生产成本、经营风险，优化资源配置，提高经济效益。2021 年，被调查的 23 家水产头部企业中，有 14 家（占总数比 60.87％）水产头部企业加入产业联合体，分别较 2020 年和 2019 年增加了 1 家和 2 家，呈现稳中有增的趋势。

2. 入驻现代农业产业园的企业变化不大

2021 年，调查的 23 家水产头部企业中，有 12 家入驻现代农业产业园，较 2020 年增加了 1 家，未呈现连续增加或显著增加的势头。水产企业入驻现代农业产业园可以加快水产企业的转型，符合当前渔业的绿色高质量发展、产业融合化发展等背景。同时，入驻现代产业园有利于享受相应的政策获得产业集聚、科技研发与应用等方面的支持，理论上可以促进水产头部企业的长期可持续经营。入驻现代农业产业园，对于水产企业，尤其是对于水产养殖集聚区的企业而言，将是重大利好和大势所趋。

3. 联结合作社和家庭农场的数量连年大幅增加

2021 年，被调查的 23 家水产头部企业联结合作社和家庭农场的平均数量为 141.52 个，分别较 2020 年（104.49 个）、2019 年（70.44 个）增加了 35％、100％以上，呈现连续两年大幅增加的势头。其主要原因可能在于，近年来得益于现代农业经营体系的建设，水产合作社、家庭农场（渔场）等新型经营主体快速发展，并且在经营效率、规范化等方面高于"小、散、乱"的个体渔户，成为水产头部企业在合作经营上的重要和优先选择。不过，在进行联结合作经营时，水产头部企业需要注意或评估的是，合作社、家庭农场在无相关政策支持下发展的可持续性问题。

（七）企业管理及产品质量安全水平较高

1. 2019 年以来所有企业均已建立了现代企业质量管理制度

现代企业管理制度是企业可持续经营的重要保障，不仅可以提升运营效率，还可以为产品质量安全、有效开拓市场打下基础。就所调查的头部企业来看，所有企业在 2019 年就已经全部建立和一直保持着现代企业质量管理制度，这些具有现代企业管理制度的经营主体及其创新能力，将为我国水产行业的转型升级和跃迁发展提供重要动力。

2. 水产企业"三品一标"无明显变化

"三品一标"是区域公用品牌的重要内容，是顺应当前和未来消费升级阶段更加关注质量、安全的形势，以及企业产品溢价需求的有效要素。不过，调查数据表明，我国水产企业的"三品一标"注册或授权数量近年来几乎未发生变化。2021年，23家水产头部企业中有11家获得了"三品一标"认证，与2020年、2019年持平。

三、水产企业发展面临挑战及其对策

新发展阶段，我国水产行业正在全面推进现代化建设，产业的绿色高质量、融合化、规模化、智慧化等发展趋势明显。对头部企业近三年的调查分析进一步验证了上述判断。与2020年受新冠疫情冲击，各项指标普遍不利于发展的情形相比，2021年我国水产头部企业呈现了较好的增长趋势，在营业收入、利润、资产负债率、可持续投入、联农带农等方面的有关指标上，甚至已普遍超过了疫情前的水平。这既得益于政府税费优惠政策，也得益于头部企业能及时抓住数字经济和电商大发展、产业供需转变等方面的机遇，以及企业推进开展的研发投入增加、品牌建设与推广、一体化发展、企业与质量安全管理等。作为市场化和开放度最高的行业之一，在构建新发展格局、推进乡村振兴战略和新征程上，水产行业面临着"走出去、引进来"、财税信贷优惠政策、居民消费升级和动力强劲、科技研发与推广溢出效应等重大发展机遇。

（一）面临的挑战

受新冠疫情冲击和全球百年未有之大变局影响，结合水产行业发展形势及对头部企业的调查分析，我们认为水产行业及其企业等经营主体面临着下面四方面的难题，需要受到关注或加以解决。

1. 资源环境约束趋紧

一是水产养殖方面，我国水产企业发展面临着行业内外部的环境污染风险。个别水产养殖企业或主体的粗放生产方式，带来较严重的"晕轮效应"，导致"十三五"以来"环保风暴"下网栏、网箱和许多养殖设施被拆除。同时，工业、生活等污水使得我国重点养殖区域的宜渔资源被挤占或水环境遭到破坏，一些区域出现了水产品质量安全事故（如贝类镉超标问题）。二是捕捞渔业方面，我国近海渔业资源情况虽然呈现局部好转趋势，但衰退的总体趋势未得到根本性扭转，未来我国将严格限制1 000万吨以内的年捕捞量，较曾经的约1 400万吨的限量大幅降低。同时，远洋渔业面临着捕捞配额被挤占、国际社会压力等问题，绝对概率只会减少不会增加。

2. 比较效益下降

近年来，中国水产行业生产成本不断上升，水产行业的劳动力、饲料、塘租等价格快速上涨，而水产品价格涨幅远低于投入品价格增长速度，使得作为我国水产品供给重要部分的水产养殖比较效益下降明显，出现了一定程度的挤出效应，如散小养殖主体的退出、渔业从业人员的大幅减少，以及水产加工企业数量略微下降等。

3. 市场开拓能力需加强

一是品牌方面，我国水产品品牌，尤其是区域公用品牌，与行业在大农业中的地位相比，在"三品一标"中的比重较低。而企业品牌，除 3～5 个头部企业外，没有更多叫得响、市场占有率较高的企业品牌。产品品牌方面，除虾类（如小龙虾系列、虾仁）和个别鱼类（罗非鱼、臭鳜鱼）做得相对成熟外，产量较大的产品市场接受度、认可度不高，行业急需开发新的菜品。二是居民消费潜力需挖掘。据《中国居民膳食指南》（2022 年）数据，我国人均水产品消费量为 28.81～47.95 千克，2021 年实际消费量为 35 千克，低于推荐的中值水平。其原因除居民收入水平需提升外，更主要的是受水产品的营养与健康科普不到位，方便、价廉的菜品开发不足等因素的影响。

4. 水产品出口形势不容乐观

新冠疫情冲击，叠加世界经济增速放缓，贸易保护主义抬头和 WTO 秩序面临严峻挑战，中美贸易争端未彻底解决，海洋利益争端频繁发生，全球水产品需求市场疲软，以上原因导致近年我国水产品出口增速明显下降，出口水产品平均单价下降趋势明显。同时，印度尼西亚、泰国、越南、印度、菲律宾等国与我国的同质竞争形势严峻，尤其是在欧美等主要目标市场上竞争激烈。传统的依靠粗放增长支撑的水产品国际竞争力减弱，压缩了我国水产品国际市场的增长空间。此外，以俄乌冲突为代表的政治或战争因素，不仅阻断了我国水产品出口的部分航运路线，还直接或间接地减少了我国水产品进口的来源（2020 年以前，俄罗斯是我国水产品第一大进口来源国）、出口市场需求（俄罗斯及欧盟地区是我国水产品出口的主要市场之一）。

（二）对策

为促进水产企业充分把握水产行业发展的机遇，破解经营主体发展面临的短期或中长期难题，结合水产企业主营业务现实，至少应从以下四方面进行应对。

1. 完善渔业经营制度，保护渔业经营主体合法权益

以《中华人民共和国渔业法》修订为契机，在《中华人民共和国民法典》关于用益物权的规定的基础之上，进一步规范养殖水域滩涂使用权益、捕捞许可证的效用，对因故征用、拆除水产养殖设施或渔民退出捕捞权的行为，给予相应的补偿，以稳定和激励企业等主体的中长期投资预期。同时，针对盐碱地、深远海水域等进行稻渔综合种养、养殖容量控制、立体多营养层级养殖

等，探索和示范推广其模式与技术，充分挖掘宜渔资源，拓展水产行业发展空间。

2. 加大政策支持，鼓励企业创新经营

企业和企业家及其具有的创新精神是经济发展的重要动力。水产行业应顺应国家和行业发展大势，在充分利用现有的减税降费政策基础上，加强对水产企业种苗繁育、配合饲料研发与鲜幼杂鱼替代、水产绿色健康养殖技术与模式采纳、养殖尾水治理等方面的支持。同时重点加强在水产先进技术与装备研发及应用方面的资金支持，如水质监测技术与设备的优化提升、巡护机器人、节能减排养殖装备研发、深远海网箱与工船等装备、海珍品采集和水产品分拣与加工环节的机械化等，通过科技创新与应用提升水产企业的经营效益和水产行业生产效率。

3. 加大宣传力度，培育国内市场

针对我国市场潜力巨大、居民消费升级，但现实消费水平较低的情况，应提升国内供给水产品质量，重点研发适合现阶段我国居民消费特点（方便、快捷、价格适中）的水产品菜品，还应开展水产品营养健康的科普公益活动，推进实施水产品进校园、进食堂等行动。此外，在国际贸易保护主义势头增强、国内水产品消费升级的趋势下，倡导及推进实施"三同"行动，推进和联合水产品出口企业对国内市场进行开拓与培育，可以降低对美国、加拿大等国的市场依赖度，同时满足国内市场高质量水产品消费需求。近年来，对虾、小龙虾等水产品销售已经在这条路径上取得较好成效，罗非鱼、蟹类、大黄鱼、石斑鱼、鳗鱼、鲈鱼等产品可以借鉴和吸收已有经验。

4. 优化贸易战略，充分利用"两个市场，两种资源"

出口战略方面，在巩固和加强"国内生产、国外销售"的传统出口形式基础上，拓展水产品出口内涵，即充分发挥国内水产养殖业技术优势，积极鼓励国内加工出口企业走出去，通过投资、入股、收购和与相关国家及企业的要素合作等形式，扩大"国外生产、国外销售"的出口规模。同时，在一般贸易方式的基础上，依托"一带一路"倡议、农业走出去等政策，广泛开展与沿线国家的渔业贸易合作，积极发展小额边境水产品贸易。进口战略方面，保持适度进口。适度进口具有稳定出口目标市场和渠道、缓解我国渔业资源环境压力、满足国内消费升级等作用，应适度增加捕捞类产品和高档水产品进口，包括鲑鳟类、鳕鱼、龙虾等，区域上应增加从美国、俄罗斯、加拿大、日本、挪威等渔业生产和消费大国的进口量。此外，还应提升我国渔业的国际谈判能力，包括加强重要目标市场研究、推进我国渔业标准的研发及推广应用，通过参与渔业国际事务、讲好中国渔业故事，提升我国渔业的国际形象等。

农资行业与企业分析报告

一、农资产业发展现状、特征与变化趋势

（一）农资产业发展现状与特征

农资作为农业生产的重要战略物资，长期以来受到了我国政府的高度关注。20 世纪 50 年代，我国政府便将农资作为重要管控对象，对此颁布的一系列政策也始终与农业生产的相关政策相配套。随着我国市场经济不断的发展和农业政策的不断优化，农资行业生产力和科研水平不断提升，农资行业的销售模式也不断优化，并从战略管控向全面市场化逐步转变。

从近两年的农业行业实际发展情况来看，目前我国农资产业的主要特点如下：

一是政策调控不断优化。如《到 2020 年化肥使用量零增长行动方案》《到 2020 年农药使用量零增长行动方案》等农资政策的实施，对于推进农资供给侧结构性改革，推进化肥减量增效、农药减量控害起到了很好的方向指引和政策兜底作用。

二是农资产品种类多、量足。众所周知，我国一直是化肥农药等农资的生产和消费大国，在农资的产品类别和产量上均优势明显。例如化肥，不仅仅有尿素、氯化铵、磷肥、钾肥等单质肥，还有复合肥、水溶肥、缓控释肥、有机肥等新型品种，而且随着生物科学技术的不断进步，更多的新型肥料正在研制和开发中。

三是农资产业现代化、信息化。不论是农资的上游生产环节，还是下游销售和物流环节，基本上实现"互联网＋"，并以现代化和信息化的手段为消费者提供越来越优质的服务。

四是农资销售专业化、大户化。在土地流转、规模种植的推进下，农资行业也受到了明显的影响，一些农资服务专业组织随之涌现，以解决农业生产者

的困难，促进农民增收。在农资主要销售对象上，也向种植大户、农民专业合作社倾斜。

（二）农资产业变化趋势

近几年，农资行业在疫情突袭、行业整合、价格战、新营销等多重因素影响下，呈现出波动态势。由于上游原料供给不稳定，整个行业原料价格走向了新高。但随着行业的不断调整和规范，原料价格渐呈平稳下行态势，期间虽有小幅上涨，但总体影响不大，行情趋向理性回归。总体来看，整个农资行业呈以下趋势：一是行业集中度提高，行业整合是大势所趋。农资流通市场呈现出"行业大、企业多、规模小、效益差"的局面，很大部分企业都具有规模小、资金实力和抗风险能力弱的现象。为整顿无序状态，国家鼓励企业做大做强，鼓励跨区域兼并等，尽快形成有强竞争力的农资大型流通企业，这也将带来整个行业的整合大潮，促进集中度的提高。二是网络扁平化，平台信息化。领先的农资流通企业积极建设以配送中心为节点的扁平化分销网络，由一级经销商通过配送网络直接对接门店等，同时需要配合强大的信息化系统提高效率。三是产品销售与农技服务一体化。由于农资产品使用不当造成的农产品安全事件以及环境污染，增加了农民的负担并带来一定的社会成本。因此，引导农民科学施肥用药，如测土配肥、统防统治等农技服务的实施，可以在提高土地产出率和肥料、农药利用率的同时，有助于加强生态建设和环境保护，控制和治理农业面源污染。四是农资电商发展兴起。近年来农村互联网普及率逐年上升，农村网民数量持续扩大，在农村地区推广互联网和提高在线商业应用程序的普及率为发展电商农资贸易提供了一个客观的基础。五是农资行业出现连锁经营。连锁经营有规模和标准化的好处，有利于改善终端销售渠道"小、弱、散"局面，净化农资市场。农资实行统一采购、统一配送、统一标识、统一经营方针、统一服务规范和统一价格等，能够提高经济效益、形成品牌效应、促进管理规范化以及有利于发展有机农业。

二、农资企业发展历程

（一）雏形期（1953—1997年）

20世纪初，化肥开始进入我国，之后的数十年，我国陆续开始发展化肥工业。中华人民共和国成立以来，我国农资流通体制是指令性计划管理，农资经营则是国营经营垄断经营，只能由省、地和县三级农资公司进行批发，然后由供销部门的乡镇网点进行零售。

（二）发展期（1998—2009 年）

1998 年国务院下发的《关于深化化肥流通体制改革的通知》（国发〔1998〕39 号）正式开启了农资行业的市场化改革，将农资销售规定为供销社农资公司、农业"三站"和生产企业 3 条渠道共同经营。

农资流通体制的改革，是从吃"计划饭""政策饭"到吃"市场饭"。此次改革的原因有思想观念的转变以及农资产业经济因素的变更，市场的力量变得不容忽视。自农资流通体制改革以来，农资市场从逐步放开到完全市场化，导致竞争更为激烈。

（三）规范期（2010—2017 年）

农资流通领域经过了前一阶段的探索与活跃，市场进入了爆发式的繁荣。与之伴生的是在农资行业里开始显现市场经济的固有缺陷：价格异常波动、市场恶性竞争等时有发生。

在市场力量的推动下，农资企业开始延伸产业链，改变单一的商业模式，以获取更多的市场和资源。一部分农资企业通过资本运作整合、获取产业链，以把控产业链条的各个环节。在全球经济一体化的背景下，更多国际大农资集团进入我国市场，意味着我国农资企业面临更加严峻的挑战，其中就囊括了从生产到流通再到技术服务的价值链的竞争，这就更加要求国内农资企业通过资本运作延伸产业链条，搭建一个互利互动共赢的产业平台。在这股资本运作浪潮中，一些效率低下、管理落后的企业逐渐被兼并、重组，农资行业实现了对有限的资源进行更加合理利用的目标。

（四）有序发展的新时期（2018 年至今）

在这个阶段中，我国农资行业的政策都是围绕"农业生产提质增效"制定的。在这个阶段，我国农资市场经历了改革和转型之后，走向了更加绿色和科学的发展方向，与此同时，广大农民对农资产品的要求也越来越高，甚至需要经销商提供更为配套的服务，农资行业的营销模式也面临新的挑战。

首先，受国家政策调整、土地流转加速、信息化等影响，消费者的需求在变，紧跟消费者需求的企业为更好地服务于消费者，同样需要跟紧形势的发展，做出相应的调整。农资企业的发展战略调整需要进一步深化，结合科技的发展，把自身的优势发挥到极致，是新阶段战略发展的方向。利用网络终端以及资源、营销、管理、服务的优势，顺应当前农资流通行业转型的形势，加快拓展农资经营服务网络，提升农技服务能力规模，全面推动企业转型，形成"农化服务和配送网络直接面对终端用户"的核心竞争力，打造以现代农技服务为先导、配送体系为支撑的农资综合服务企业，完成传统农资批发企业向现代农化服务企业转变的质的飞跃。

其次，农资企业需要通过整合上下游资源，同时在农业生产过程中结合数字化，以实现企业定位的进一步转变。综合服务商使农资企业的经营更加多元化，整合上下游资源后，农资企业综合竞争力加强，这为大型农资企业的转型提供了参考的方向。

最后，上市融资为农资企业募集资金提供了新的资本平台，可加快企业的发展速度。通过上市，农资企业从过去依靠利润扩张，发展为依靠资本市场融资扩张，企业发展实现了由加法向乘法的飞跃。

三、农资企业发展现状、特征与结构

（一）农资企业发展现状与特征

富有生命力和竞争力的农业企业是农业产业高质量发展的微观基础。为进一步了解农资产业整体发展概况，本报告运用农民日报社2022中国农业企业500强数据，以种植业农资企业和养殖业农资企业，即农业投入品企业和饲料企业为对象，从经营情况、科技创新情况、品牌建设情况、电子商务及数字化建设情况和财政支持情况五个方面对其发展现状进行概述。

1. 经营情况

如图1所示，从资产总额来看，农资企业2019—2021年资产总额逐年上升，其中农业投入品企业资产总额年平均增长率为9.54%，饲料企业为29.19%。从2021年资产总额分布情况来看，农资企业资产总额位于10亿～100亿元的居多。其中农业投入品企业平均资产总额为128.71亿元，高于平均值的企业有11家，占企业总数的24.44%，其资产平均值为428.42亿元；饲料企业平均资产总额为121.5亿元，高于平均值的企业有11家，占企业总数的18.33%，其资产平均值为549.68亿元。综上，从资产情况来看，农资企业中农业投入品企业资产总量较大但增速较缓，饲料企业规模相对较小但增速相对较快，且行业集中度较高。

如表1和表2所示，从赢利能力来看，农业投入品企业的平均成本利润率逐年上升，2021年，其成本利润率为8.63%，平均净利润为1.79亿元；饲料企业的成本利润率略有波动，2021年有所下降，为3.95%，且其净利润为负值。从偿债能力来看，农业投入品企业和饲料企业的平均资产负债率基本稳定在40%左右，企业偿债能力较强，信贷能力相对较强。从营运能力来看，2021年农业投入品企业的资产周转率均值为79.96%，饲料企业为176.62%。2020年500强农业企业资产周转率均值为279%，对比来看，农资企业的资产周转率水平不高。

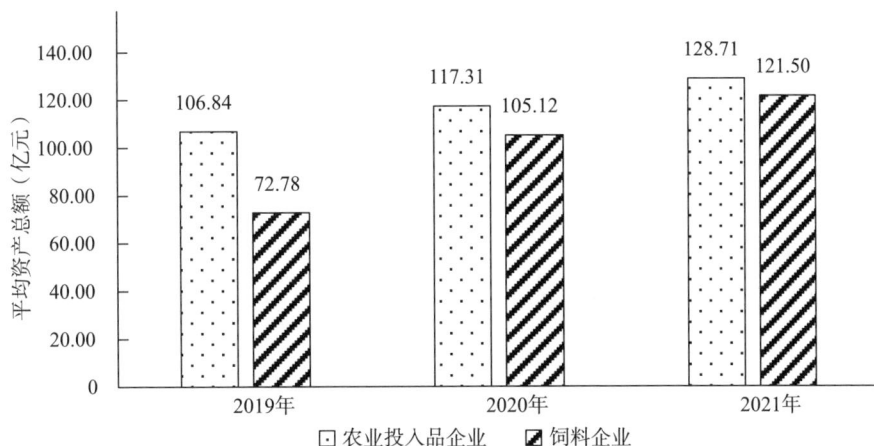

图 1　2019—2021 年农资企业资产情况

（数据来源：农民日报社 2022 中国农业企业 500 强数据。）

表 1　2019—2021 年农业投入品企业相关财务指标数据

单位：%

财务指标	2019 年	2020 年	2021 年
平均成本利润率	5.88	8.25	8.63
平均资产负债率	39.71	42.12	44.69
平均资产周转率	71.79	68.91	79.96

数据来源：农民日报社 2022 中国农业企业 500 强数据。

表 2　2019—2021 年饲料企业相关财务指标数据

单位：%

财务指标	2019 年	2020 年	2021 年
平均成本利润率	5.40	6.05	3.95
平均资产负债率	41.01	43.24	43.80
平均资产周转率	168.98	155.04	176.62

数据来源：农民日报社 2022 中国农业企业 500 强数据。

2. 科技创新情况

如图 2 所示，从科技推广与研发投入来看，2019—2021 年，农业投入品企业的年平均增长率为 44.58%，饲料企业的年平均增长率为 29.11%。根据政府工作报告数据，2021 年我国企业研发经费增长 15.5%，农资企业整体增长速度高于我国企业平均水平。2021 年，农业投入品企业中有科技推广和研发投入的企业共 17 家，总投入金额为 22.2 亿元，占企业营业收入的 0.47%，其中科技推广与研发投入排名前十的农业投入品企业投入金额共计 22.11 亿元，占投入总额的 99.57%；饲料企业中有科技推广和研发投入的企业共 45 家，总投入金额 52.64 亿元，占企业营业收入的 0.65%，其中科技推广与研发投入排名前十的饲料企业投入金额共计 41.36 亿元，占投入总额的 78.58%。此外，2022 年中国 500 强企业科技创新投入强度持续提高，研发投入总额占其营业收入总额的 1.81%。综上，农资企业科技创新投入主要集中于一些大型企业，在投入强度方面与国内顶尖企业有一定差距，有待后续提升。

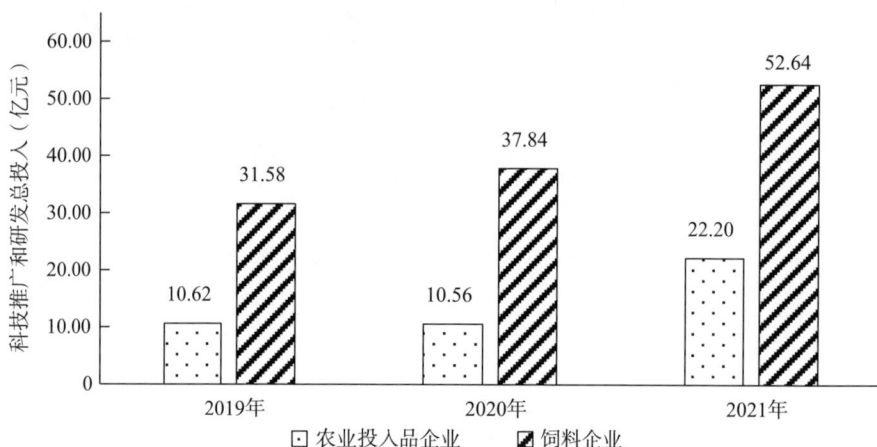

图 2　2019—2021 年农资企业科技推广和研发总投入

（数据来源：农民日报社 2022 中国农业企业 500 强数据。）

3. 品牌建设情况

如图 3 所示，从品牌建设与广告投入来看，2019—2021 年，农业投入品企业和饲料企业品牌建设与广告投入都处于上升趋势。图中农业投入品企业品牌投入中未计入北京汇源饮料食品集团有限公司和吉林敖东药业集团股份有限公司的品牌建设投入数据，饲料企业品牌投入中未计入新希望集团有限公司、通威股份有限公司的品牌建设投入数据。其原因为以上几家企业不以农业投入品和饲料业务为主营业务，且其品牌投入与农业投入品和饲料的相关性不大。除去上述几家企业的数据后，农资企业整体品牌建设与广告投入偏低。2021年，农业投入品企业品牌建设与广告总投入金额为 0.712 8 亿元，占营业收入的 0.015%，其中品牌建设与广告投入排名前十的农业投入品企业投入金额共计 0.708 2 亿元，占全部企业投入总额的 99.35%；饲料企业品牌建设与广告总投入金额为 2.64 亿元，占营业收入的 0.033%，其中品牌建设与广告投入金额排名前十的饲料企业投入共计 2.18 亿元，占全部企业投入总额的

82.58%。综上，农资企业中品牌建设与广告投入主要集中于少数几家企业，在品牌建设以及销售渠道拓展等方面的投入有待加强。

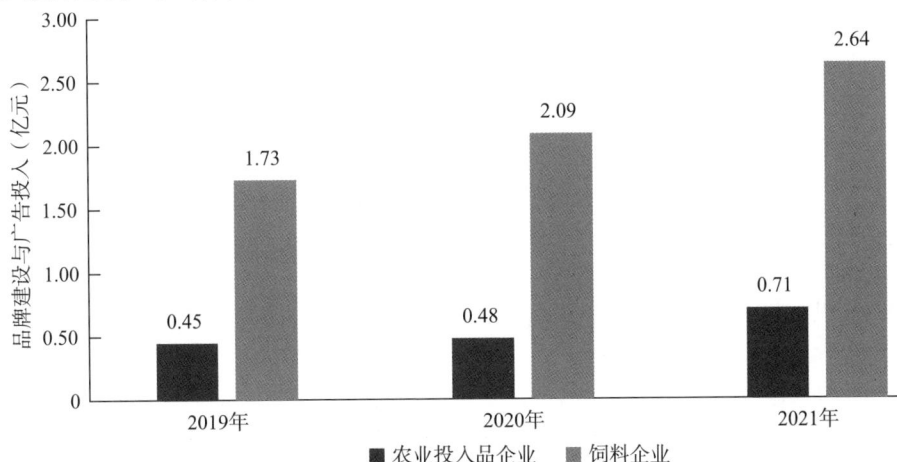

图3 2019—2021年农资企业品牌建设与广告投入

（数据来源：农民日报社 2022 中国农业企业 500 强数据。）

4. 电子商务及数字化建设情况

如图4所示，从数字化建设情况来看，2019—2021年农业投入品企业数字化建设投资额逐年上升，饲料企业投资额略有下降。2021年，农业投入品企业数字化建设投资额共计 2.89 亿元，饲料企业数字化建设投资额共计 4.81亿元，企业数字化建设投资额占营业收入比重均不足 0.1%。农资企业数字化建设仍处于起步阶段，转型进程缓慢，数字化建设投资力度有待加强。

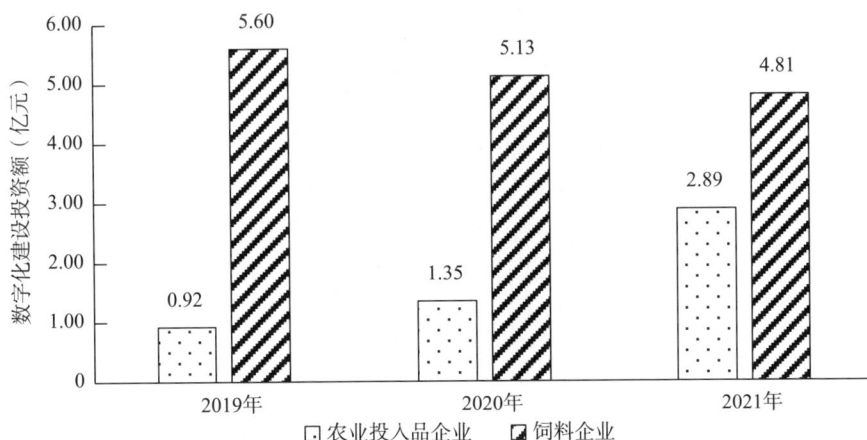

图4 2019—2021年农资企业数字化建设投资额

（数据来源：农民日报社 2022 中国农业企业 500 强数据。）

如图5所示，从电子商务交易情况来看，2019—2021年农资企业电子商务交易额呈上升态势，年平均增长率为16.68%。

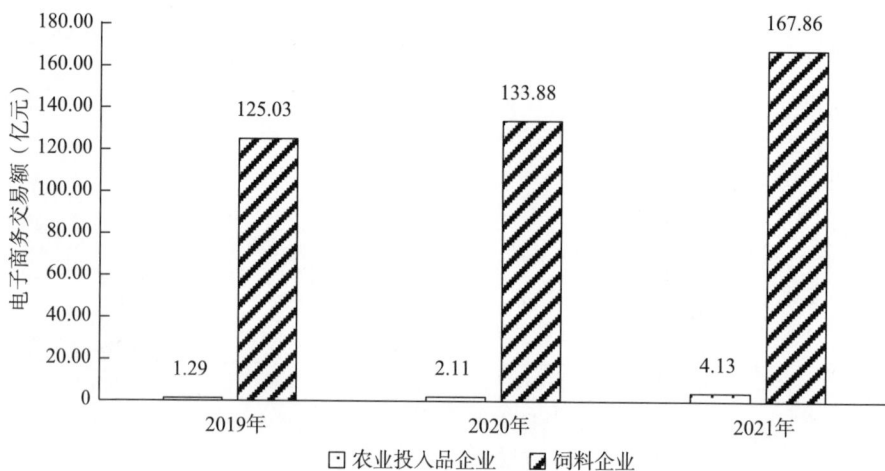

图5 2019—2021年农资企业电子商务交易额变化

（数据来源：农民日报社2022中国农业企业500强数据。）

如图6和图7所示，2021年农业投入品企业电子商务交易额共计4.13亿元，占营业收入总额的0.11%，饲料企业电子商务交易额共计167.86亿元，占营业收入总额的2.08%。

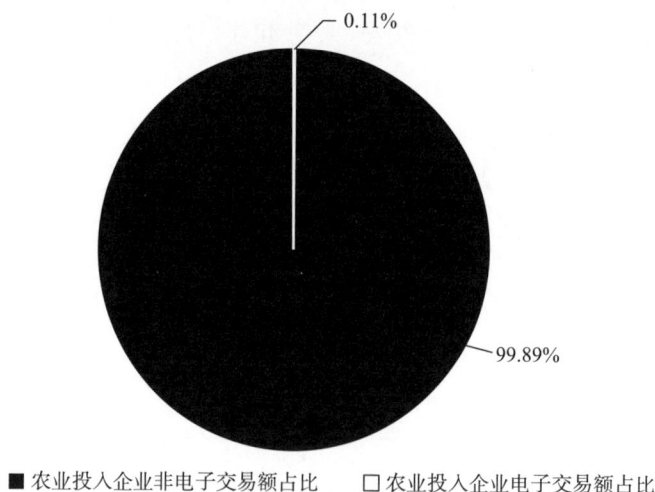

图6 2021年农业投入品企业电子商务交易额占比

（数据来源：农民日报社2022中国农业企业500强数据。）

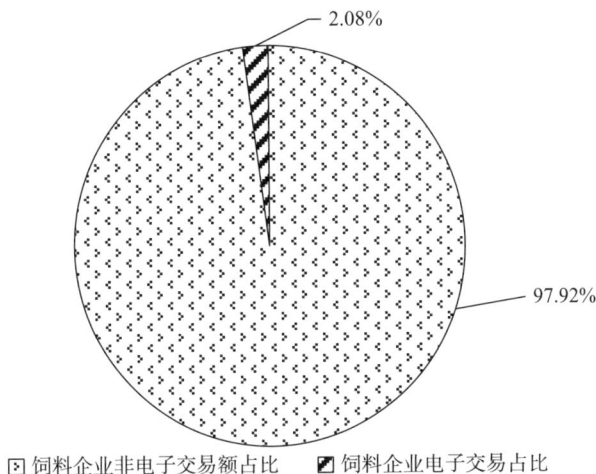

图 7　2021 年饲料企业电子商务交易额占比

（数据来源：农民日报社 2022 中国农业企业 500 强数据。）

综上，由于农资企业的数字化程度不高，数字化建设投资强度不高，农资企业电商渠道中的市场份额显示出较为集中的特性，少数几家农资企业的电商交易构成了整个农资电商市场的主体部分，伴随着企业数字化转型的大趋势，农资行业在电商销售渠道的拓展与使用上仍有大幅提升空间。

5. 财政支持情况

如图 8 和图 9 所示，从财政支持情况来看，农资企业的财政支持力度不断增强。2019—2021 年，农资企业税费减免额累计达 108.76 亿元，年平均增长率为 17.75％，农资企业财政补贴总额累计达 61.35 亿元，年平均增长率为 7.76％。其中农业投入品企业财政补贴总额有所下降，2021 年与 2019 年相比下降了 13.81％，饲料企业的财政补贴总额有所上升，2021 年与 2019 年相比上升了 34.26％。

（二）农资企业结构

1. 按资产规模分

如图 10 所示，将企业按照资产规模进行划分，大多数农资企业的资产规模分布在 10 亿～＜100 亿元，占比 59％；资产 1 000 亿元以上企业占比 3％；资产 100 亿～＜1 000 亿元企业占比 19％；资产 1 亿～＜10 亿元企业占比 13％；资产 1 亿元以下企业占比 6％。因此，企业资产规模分布符合正态分布，呈现出"中间大两头小"的状态。

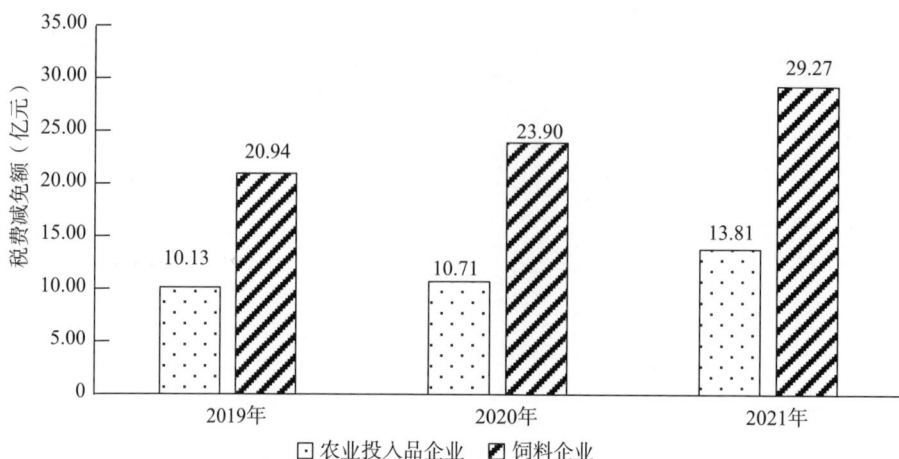

图 8　2019—2021 年农资企业税费减免额

（数据来源：农民日报社 2022 中国农业企业 500 强数据。）

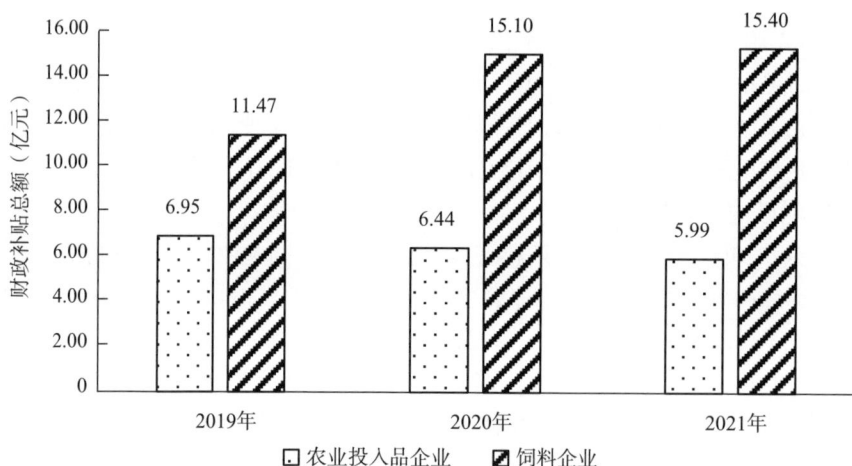

图 9　2019—2021 年农资企业财政补贴变化

（数据来源：农民日报社 2022 中国农业企业 500 强数据。）

2. 按企业类型分

如图 11 所示，将企业按照资产类型进行划分，农资企业分为农业投入品企业和饲料企业，作为农业产业链的上游企业，农资企业在提质降本、增产增收方面发挥重要作用，农业投入品企业主要生产、销售种植业的物质资料，饲料企业主要生产、销售养殖业的物质资料。在农资企业中，饲料企业占比相对较高，为 57％，农业投入品企业占比为 43％。

资产规模

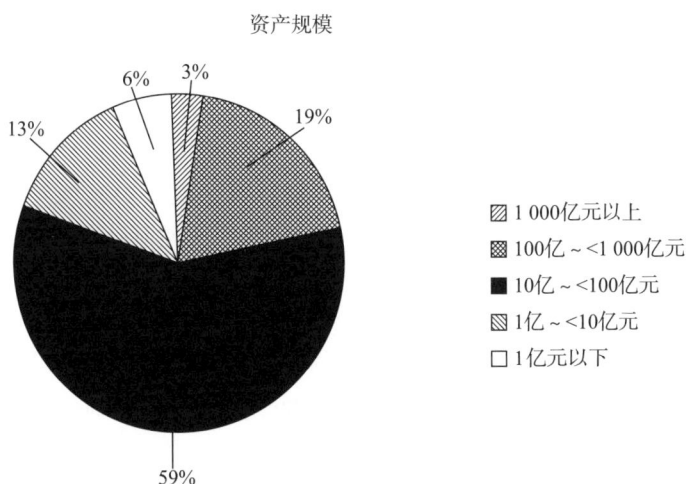

图 10 农资企业资产规模分布

（数据来源：农民日报社 2022 中国农业企业 500 强数据。）

企业类型

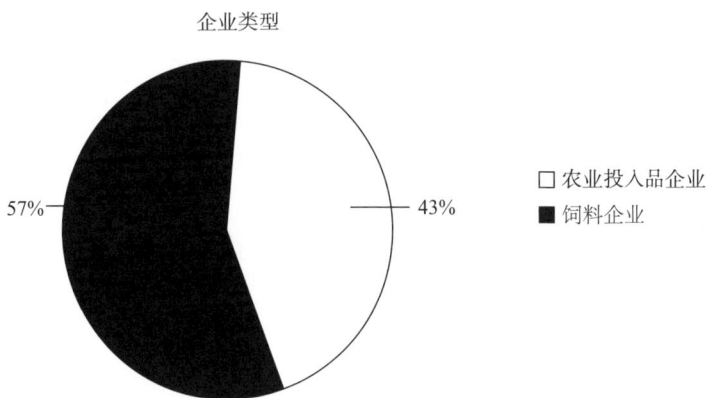

图 11 农资企业类型分布

（数据来源：农民日报社 2022 中国农业企业 500 强数据。）

四、农资企业发展面临的问题与对策

从品牌建设情况、科技创新情况、电子商务及数字化建设情况和服务体系情况等方面对农资（种业）产业进行分析。

（一）品牌需要建设

品牌传播是品牌拥有者通过各种传播手段持续地与目标受众交流，以提高品牌在顾客心目中的认可度。根据上文图 3 及数据分析可以得出，农业投入品企业和饲料企业的品牌建设与广告投入都处于上升趋势，但是品牌建设与广告投入主要集中在少数企业，更多的企业在品牌建设方面还有待大力加强和提升。一是缺乏品牌发展规划。大部分农资企业还没有意识到农资品牌的重要性，不仅对品牌定位缺乏战略层面上的考量，更是缺乏对品牌发展的长远规划。二是缺乏品牌推广和品牌保护意识。对已经形成的品牌，一方面缺乏统一化、规范化和个性化推广，极大地影响了品牌的传播效果；另一方面缺乏保护意识，导致企业没有形成来自品牌的差别利润和附加价值。三是缺乏对品牌网络的管控。如部分农资企业由于未能及时解决线上店铺未授权、投诉、线上产品价格管控等问题，导致品牌网络终端出现问题并波及整个品牌。

（二）科技需要创新

在绿色发展背景下，全国相关企业积极响应国家号召，纷纷开启了绿色生产改造升级，我国农资企业要在短时间形成绿色且强有力的科技实力，亟须改善以下问题：一是对科研投入的重视度有待提升。根据上文图 2 及数据分析可以看出，除一些大型农资企业非常重视科技创新投入外，其他众多企业在这方面还有较大的增长空间。二是科研投入的力度有待加强。由前述数据分析可以看到，总体而言，农业投入品企业和饲料企业的农业科技投入总额占企业营业收入比重较低。三是缺乏足够的科研人才。绿色环保型农资产品的生产对企业拥有的人才和研发团队技术要求比较高，但农资企业的技术和人才恰恰是比较缺乏的，企业自身研发力量的增长无法满足现代化研发需求的增长。由于农资产品创新耗时长、投入高、风险大，只有在科研投入上加大力度和强度，才能更好地推进产业链的质量提升，推进整个产业的发展。

（三）电子商务及数字化模式需要转变

农资电商是农资企业营销的创新模式，数字化建设能够推动农资企业运营模式的转变。但是从上述数据来看，农资电商和数字化建设都有待加强。一是数字化建设投入不足。由上文图 4 和数据分析可知，饲料企业数字化建设投入逐年递减，整体数字化水平有较大的提升空间，农资企业数字化投入力度还需加强。二是电商交易比重低。由上文图 5、图 6、图 7 和数据分析可知，农业投入品企业和饲料企业的电商交易总额占企业总营业收入的比重极低，分别占比为 0.11％和 2.08％。在数字化已经来临的新时代，农资企业如何充分发挥"互联网＋"的功能，以模式转变推动产业提质增效，需要引起高度重视。三是流通体系不健全。从传统销售方式来看，一方面，农资商品一般价高量大，现有物流基础设施无法满足农资物流量的增加和个别产品的运输要求；另一方面，农资物流管理系统标准化发展有待加强，如流程设计的标准化等尚非常匮乏。

（四）服务体系需要加强

健全的服务体系是农资企业发展的重要保障，能够促进农资企业的稳定发展。目前的问题主要有以下两点。一是缺乏技术服务。部分农资产品的使用技术要求高，大多数线下经销商和农资电商不能为其所出售的产品提供精准的技术服务，已有的运行机制缺乏对农资产品安全性以及售后技术服务的保障，不能够满足农资需求者的要求。二是缺乏销售引导服务。部分农资产品主要以预防为主，见效缓慢，而且大多数农民本身对农资产品的认知不足，加上缺乏有效的销售引导，使得农资产品市场更加信息不对称，农民作为消费者很难实现最优性价比。

五、农资企业发展对策及建议

（一）进一步完善品牌建设，提高农资企业增值点

品牌是农资企业发展的增值点。完善品牌建设一是增强农资品牌意识，充分认识建设品牌、创立品牌、维护品牌，对农资商品化的重要性。重视农资市场销售的质量和客户忠诚度，在树立并维护品牌形象的同时，运用法律武器，保护农资品牌。二是制定农资品牌规划。更多依托企业自主创新，设定品牌包含的内容，确定品牌传播形式以推动品牌成长，并有效提高农资企业品牌活动效率，提升品牌有效管理。三是提升农资品牌网络管理水平。通过多种渠道进行农资品牌网络建设和管理，特别是要注意对网络终端的有效控制，从端口维护农资品牌。

（二）进一步加大科技创新力度，提升第一生产力

科技是农资企业发展的第一生产力。加大科技创新力度一是增强农资企业创新的内生动力。如通过推动出台农资企业投入农资基础研究的税收优惠政策，鼓励企业自身多进行农资基础性重大研究和原始创新，降低企业创新风险。二是增效农资企业创新的科研效率。如落实和完善企业科技投入奖励政策，对年度研发费用连续增长的农资研发企业，给予一定的科研经费补贴，以奖励促进效率提升。三是加强科技人才的培养和引进。一方面可以与农业高校进行合作，通过提供与学生专业知识相关的实习岗位，加强校企合作，提升涉农高校人才培养的精准性；另一方面建立有效的激励评价和人才引进机制，为企业人才培养提供优质平台。

（三）进一步跟进"互联网＋"，提高农资企业经营效率

模式是农资企业经营效率提升的着力点。推进"互联网＋"一是加强数字化建设投入。应积极加强数字技术与农资产品生产、经营和服务等深度融合，推动农资企业数字化建设，提升企业运营效率。二是因地制宜发展电子商务。根据服务对象和服务地域的不同，充分利用"线上＋线下"销售的新营销模式，进行差异化销售。充分发挥电子商务的功能和作用，满足农民在农业生产中对农资产品的差异化需求。三是加快农资流通体系建设。一方面加强物流基础设施建设，提升硬件保障，另一方面遵循科学的运作程序，规范操作，形成标准化流程，提高农资物流组织化水平。

（四）进一步优化服务体系，强化农资企业发展要任

服务是农资企业发展的要任。优化服务体系一是加强技术指导服务。一方面加强对农资经销商的培训，通过提升经销商的专业水平，保障农资产品的安全性，提高售后技术服务水平；另一方面逐步完善农资电商的农业技术服务平台，健全互动机制，利用网络、App 等多种方式随时为农民用户答疑，提供技术指导。二是加强销售引导服务。农资企业可以联合当地政府，加强农民农资知识科普教育及农资产品使用技术的培训，提高农户的认知和技术水平，同时进行下乡促销宣传等，提升农户对农资产品的整体认知，使其重视和提升农资行为投入。

参 考 文 献

陈蕾，2022. 浅析农资企业试水电子商务 ［J］. 中国盐业（15）：47-49.

戴国宝，2019. 民营中小微农资零售企业商业模式创新路径探析：以北京 H 公司为例 ［J］. 农业经济（7）：143-144.

段禄峰，唐文文，2017. 中国农资电商的发展现状、模式及政策建议 ［J］. 世界农业（1）：204-209.

符纯华，2018. 农资行业改革发展回顾 农资行业扬帆再出发 ［J］. 中国合作经济（12）：29-30.

高超，2019. 基于 SIVA 理论的国有农资企业营销策略研究 ［J］. 现代商业（13）：36-37.

郭芸芸，胡冰川，谢金丽，2020. 中国新型农业经营主体发展分析报告：二 ［N］. 农民日报，10-31（4）.

何忠伟，赵海燕，等，2022. 农业企业经营管理学 ［M］. 北京：中国财政经济出版社：8.

胡家宝，2022. 黑龙江省密山市农资销售模式演化及改进研究 ［D］. 大庆：黑龙江八一农垦大学.

罗超，林玲，2021. 四川省果树农资市场现状分析及发展对策 ［J］. 中国果树（12）：

99-103.

钱韧，2007. 关于农资企业提升竞争力的若干问题探讨 [J]. 乡镇经济 (5)：61-64.

王西，2015. 吉林省农业生产资料物流企业发展路径研究 [J]. 农业与技术，35 (5)：134-136.

王义伟，2020. "天禾农资企业"战略转型研究 [D]. 广州：广东财经大学.

王媛媛，2018. 吉农农资公司发展战略研究 [D]. 长春：吉林大学.

王子西，2018. 农资电商发展的制约因素及对策分析：以黑龙江省农资龙头企业 A 集团为例 [J]. 黑龙江畜牧兽医 (4)：40-43.

薛城，2008. 农资行业商业模式十年演化路 [N]. 中华合作时报，06-12 (A01).

于琼，2021. 农资企业服务运营策略研究 [D]. 烟台：烟台大学.

于宏，王丽红，田志宏，2016. 中国农资连锁经营从数量扩张向质量提升转型：基于中国农资连锁经营现状、问题与对策的研究 [J]. 天津农业科学，22 (3)：31-35.

张利霞，2013. 我国农资企业发展网络营销分析 [J]. 社会科学家 (4)：83-85.

赵仕红，2010. 农资连锁经营的意义与对策 [J]. 企业经济 (12)：74-76.

郑碧莹，2022. 我国上市种业企业技术创新效率及影响因素研究 [D]. 北京：北京农学院.

朱婧，徐玲玲，2017. 农资 O2O 模式的崛起 [J]. 企业管理 (12)：72-74.

流通行业与企业分析报告

一、农产品流通行业概况

农产品流通是通过买卖的形式，将农产品由生产领域转向消费领域的过程，主要包括农产品的收购、运输、储存、销售等环节，是促进农业再生产的一种经济活动。广义的农产品包括农业（种植业）、林业、畜牧业、渔业和副业的产品；狭义的农产品仅包括种植业的产品，如粮、棉、油、麻、丝、茶、糖、菜、烟、果、药、杂等产品。从中国农产品流通行业产业链的结构来看，农产品流通行业的上游参与主体为农产品的供应商，主要包括农民专业合作社、农场、农产品生产基地等；行业产业链中游参与主体为农产品流通企业，包括农产品批发市场企业、其他领域企业；行业产业链下游参与主体则为零售终端，包括线下渠道（超市、农贸市场、餐饮）和线上渠道（电商）。

从中国农产品流通行业发展的阶段来看，可以将中国农产品流通行业的发展划分为 3 个阶段。第一阶段，起步阶段（1978—1984 年），受改革开放政策的影响，中国农产品流通行业逐渐萌芽、发展；第二阶段，发展阶段（1985—2012 年），全国多个农产品批发市场相继成立，中国农产品市场摊位数量逐年攀升；第三阶段，转型阶段（2013 年至今），受到电子商务发展的影响，盒马鲜生、叮咚买菜等线上农产品销售企业平台相继成立，实体商超依托美团外卖、饿了么等外卖平台或自建线上销售平台（如多点、永辉生活等 App 或小程序），逐渐实现线上与线下农产品销售网络。

近年来，党中央、国务院以及多个部门相继出台了多项政策，促进了农产品流通企业的发展。从与"三农"相关的大口径宏观政策来看，2018 年 9 月中共中央、国务院印发《乡村振兴战略规划（2018—2022 年）》，2019 年 6 月国务院发布《关于促进乡村产业振兴的指导意见》，2021 年 1 月发布的《中共中央　国务院关于全面推进乡村振兴加快农业农村现代化的意见》等，均对农业产业发展、农村现代化建设提出了具体要求，为农产品流通行业的发展奠定了基础。从针对农产品流通行业的具体政策来看，2020 年 6 月，国家发展改革委等 12 部门联合印发《关于进一步优化发展环境　促进生鲜农产品流通的实施意见》，从降低企业经营成本、加大金融支持力度、加大用地用房供给、营造良好营商环境、支持企业做大做强 5 个方面，提出了 12 条促进生鲜农产品流通行业发展环境的政策措施；2022 年 6 月，商务部等 8 部门发布《关于加快贯通县乡村电子商务体系和快递物流配送体系有关工作的通知》，明确了完善基础设施，优化网络布局；补齐冷链短板，提升冷链流通率；整合快递物流资源，提高配送效率；扩大电子商务覆盖面，提升服务能力；培育市场主体，促进协同发展；规范行业秩序，优化发展环境等为主要任务；2022 年 5 月，商务部、财政部印发《关于支持加快农产品供应链体系建设进一步促进冷链物流发展的通知》，决定以促进农产品冷链物流发展为重点，支持加快农产品供应链体系建设。

随着电子商务的发展，在国家涉农有关政策的大力支持下，近五年来，全国农产品网络零售额呈现快速增长趋势，从 2017 年的 1 723 亿元上升至 2021 年的 4 221 亿元，增长 144.98％。全国农产品网络零售的快速增长对农产品流通行业提出了更高的要求。同期，全国农产品物流总额实现逐年快速增长，从 2017 年的 3.7 万亿元上升至 2021 年的 5 万亿元，增长 35.14％。具体来看，农产品物流总额及其增长率在 2017—2020 年呈现逐年上升的态势，2021 年增长率为 8.70％，较 2020 年的 9.52％稍有下滑，但在总额上仍保持了强劲的增长势头（图 1）。

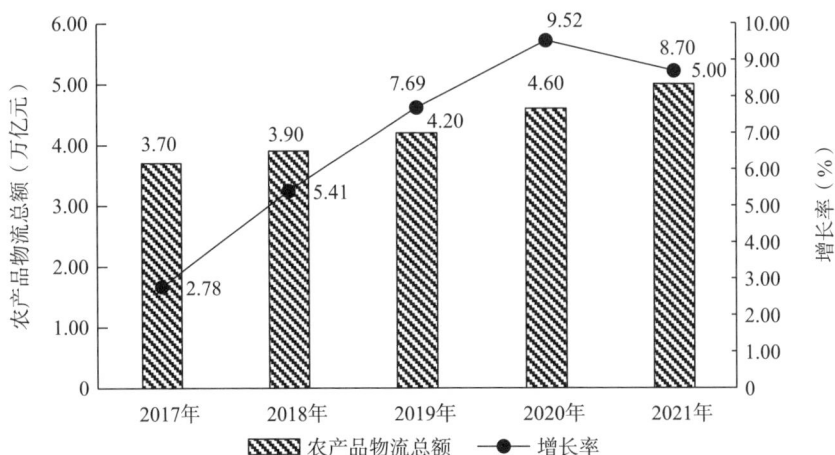

图 1　2017—2021 年农产品物流总额及增长情况

（数据来源：根据中国物流信息中心各年度全国物流运行情况通报数据整理。）

二、农产品流通（含贸易）企业的现状

通过整理申报 2022 年中国农业企业 500 强行业 20 强企业的相关数据，可洞察现阶段农产品流通企业的现状。在这些 20 强企业中，32.22％为国有企业，60％为民营企业，仅 7.78％为其他类型企业（含集体所有制、外资、中外合资等类型）。

就企业资产规模而言，农产品流通企业的规模正不断扩大，民营企业规模增长迅速。从时间维度来看，农产品流通企业平均资产总额从 2019 年的 40.28 亿元上升至 2021 年的 61.16 亿元，增幅达到 51.84％。其中，国有企业从 2019 年的 51.72 亿元上升至 2021 年的 71.66 亿元，增幅达 38.55％；民营企业平均资产总额从 2019 年的 27.41 亿元上升至 2021 年的 51.28 亿元，增幅达到 87.09％；其他类型企业平均资产总额从 2019 年的 88.44 亿元上升至 2021 年的 93.92 亿元，增幅达到 6.20％（表 1）。统计数据结果显示，现阶段，农产品流通企业资产规模呈现以下特征：一是从农产品流通企业整体角度来看，企业规模是在快速增长的；二是民营企业已经成为近年来企业规模增长速度最快的农产品流通企业类型；三是国有企业、民营企业虽然取得较快发展，但与集体、外资、合资企业等其他类型企业相比，资产总额仍有一定差距。

表 1 2019—2021 年农产品流通企业平均资产总额

单位：亿元

年份	全部企业	国有企业	民营企业	其他类型企业
2019	40.28	51.72	27.41	88.44
2020	54.90	62.41	45.03	97.04
2021	61.16	71.66	51.28	93.92

数据来源：根据申报 2022 年中国农业企业 500 强行业 20 强企业数据整理。

就农产品流通企业营业收入而言，从时间维度来看，2019—2021 年，每家企业平均三年累计营业收入达到 210.49 亿元，其中，2019 年企业平均营业收入达 60.13 亿元，2021 年较 2019 年提升 32.32％，达到 73.76 亿元。从不同企业类型维度来看，国有企业三年累计营业收入达到 218.60 亿元，2019 年企业平均营业收入达 61.45 亿元，2021 年较 2019 年提升 28.32％，达到 78.85 亿元；民营企业三年累计营业收入达到 181.57 亿元，2019 年企业平均营业收入达 51.80 亿元，2021 年较 2019 年提升 38.50％，达到 71.73 亿元；其他类型企业三年累计营业收入达到 399.93 亿元，2019 年平均企业营业收入达 116.55 亿元，2021 年较 2019 年上升 22.58％，达到 142.86 亿元（图 2）。

从营业收入规模来看，其他类型企业的营业收入明显高于民营企业，但民营企业在所有企业中仍保持最快的增长速度，与不同类型企业资产规模呈现相近的变化规律。

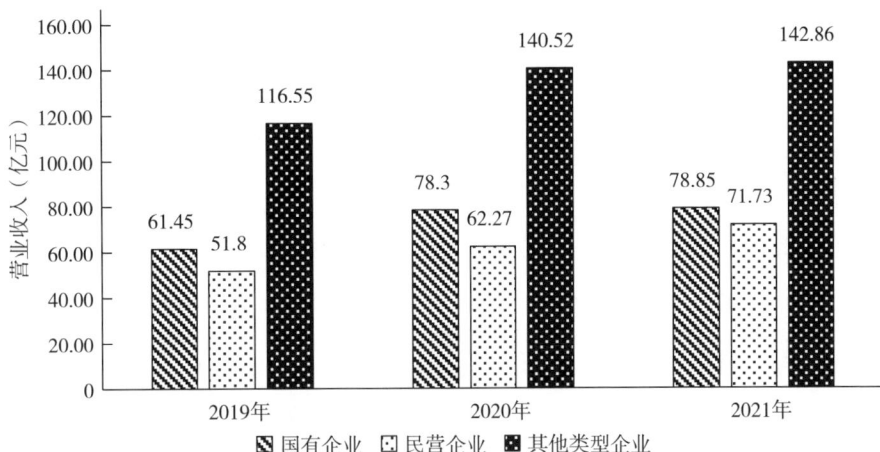

图 2　不同类型农产品流通企业营业收入规模比较

（数据来源：根据申报 2022 年中国农业企业 500 强行业 20 强企业数据整理。）

就农产品流通企业的净利润而言，从时间维度来看，2019—2021 年，企业三年累计净利润达到 8.75 亿元，其中，2019 年企业平均净利润达 2.15 亿元，2021 年较 2019 年下降 18.60%，仅为 1.75 亿元。从不同企业类型维度来看，2019 年国有企业、民营企业、其他类型企业平均净利润分别为 0.63 亿元、2.12 亿元、8.63 亿元，2021 年较 2019 年而言，分别上升 6.35%、下降 3.77%、下降 53.19%，净利润分别为 0.67 亿元、2.04 亿元、4.04 亿元（表 2）。受到新冠病毒全球大流行的影响，在营业收入不断增长的情况下，农产品流通企业净利润出现明显下滑，仅国有企业实现了微弱盈利，民营企业、其他类型企业均出现了不同程度的亏损。从净利润绝对值来看，2021 年，其他类型企业的净利润较 2019 年出现超过 50% 的断崖式下跌，但其在 2019—2021 各年度的净利润与营业收入仍明显高于国有企业和民营企业。

表 2　2019—2021 年农产品流通企业净利润

单位：亿元

年份	全部企业	国有企业	民营企业	其他类型企业
2019	2.15	0.63	2.12	8.63
2020	4.85	0.77	6.66	8.25
2021	1.75	0.67	2.04	4.04

数据来源：根据申报 2022 年中国农业企业 500 强行业 20 强企业数据整理。

随着大数据、互联网及区块链等数字技术的发展，农产品流通企业逐步实现数字化改革，数字化赋能传统农产品流通企业，为传统企业创造了新的发展模式和经济增长点。从时间维度来看，2019—2021 年，农产品流通企业三年累计投入数字化建设投资 4 651.49 万元，其中，国有企业累计投入 1 954.43 万元，民营企业累计投入 6 338.01 万元，其他类型企业累计投入 2 814.70 万元。从数字化建设投资额的角度来看，民营企业累计投入明显高于国有企业和其他类型企业，可以初步认为民营企业已经成为推动农产品流通企业实现数字化改革的积极推动者。

数字化建设投入的主要产出可以在电子商务交易额指标维度得以体现。从电子商务交易额的角度来看，不同类型企业同样存在明显的差异。2019—2021 年，农产品流通企业三年累计电子商务平均交易额达到 16.73 亿元，其中国有企业为 2.19 亿元，民营企业为 8.23 亿元，其他类型企业为 6.31 亿元（图 3）。民营企业在电子商务交易额方面同数字化建设投入额呈现的变化特征一致，明显高于国有企业和其他类型企业。在 2019—2021 年电子商务交易额与数字化建设投入额之间的比值方面，国有企业、民营企业、其他类型企业分别为 11.21、12.99、22.42，通过这一数据，可以初步认为其他类型企业数字化建设投入的产出转化能力更强，其次是民营企业、国有企业。

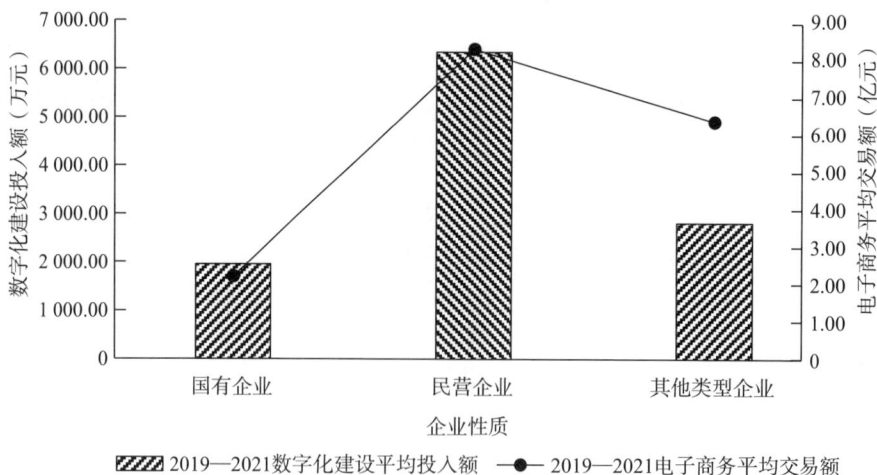

图 3　2019—2021 年农产品流通企业数字化建设平均投入额与电子商务平均交易额比较
（数据来源：根据申报 2022 年中国农业企业 500 强行业 20 强企业数据整理。）

从时间维度来看，不同类型企业在数字化建设投入中出现了不同的变化。其中国有企业在 2019—2021 年呈现先下降后上升的变化特征，民营企业则是呈现剧烈的上升后下降的变化特征，尤其是在 2020 年，民营企业的数字化建设投入额较 2019 年增长了 701.99％，其他类型企业数字化建设投入额在 2019—2021 年则表现得相对平稳，具体表现为稳中有升的趋势。同时，不同类型企业的电子商务交易额也出现了一定变化，国有企业、民营企业、其他类型企业的电子商务交易额均有不同程度的增长，其中，2021 年电子商务交易额与 2019 年比较而言，国有企业增幅在所有企业类型中最高，达到 188.37％，民营企业电子商务交易额增幅次之，达到 58.77％，其他类型企业电子商务交易额增速较缓，仅为 26.06％（图 4）。

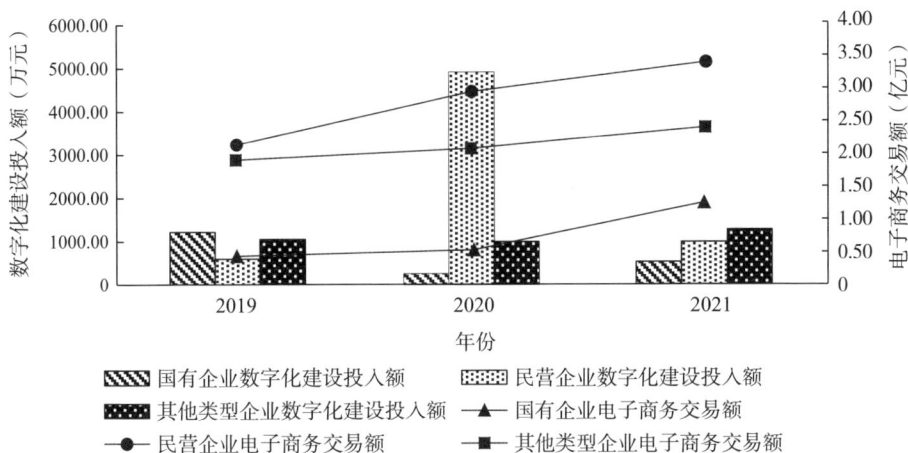

图 4　2019—2021 年不同类型企业电子商务交易额与数字化建设投入额的变化趋势
（数据来源：根据申报 2022 年中国农业企业 500 强、行业 20 强企业数据整理。）

数字化程度还可以体现在农产品流通企业在生产环节和商业环节的数字化率上。统计数据显示，农产品流通企业在生产环节数字化率从 2019 年的 27.27％上升至 2021 年的 38.01％，商业环节数字化率从 2019 年的 27.70％上升至 2021 年的 40.89％。整体来看，农产品流通企业的数字化程度在生产和商业环节均得到一定提升，这一点也在电子商务交易额从 2019 年的 1.54 亿元上升至 2021 年的 2.59 亿元这一数据中得到体现，其中，商业环节数字化率提升幅度略高于生产环节。由此看来，数字技术已经成为驱动农产品流通企业发展的重要动力源泉，进一步推动农产品流通企业数字化将成为促进农产品流通行业发展的有力抓手（图 5）。

农业产业化联合体是龙头企业、农民合作社和家庭农场等新型农业经营主体以分工协作为前提、以规模经营为依托、以利益联结为纽带的一体化农业经营组织联盟，旨在改善农业产业化各经营主体之间产业、要素、利益联结不紧密的问题。农产品流通企业数据显示，农产品流通企业农业产业化联合体参与

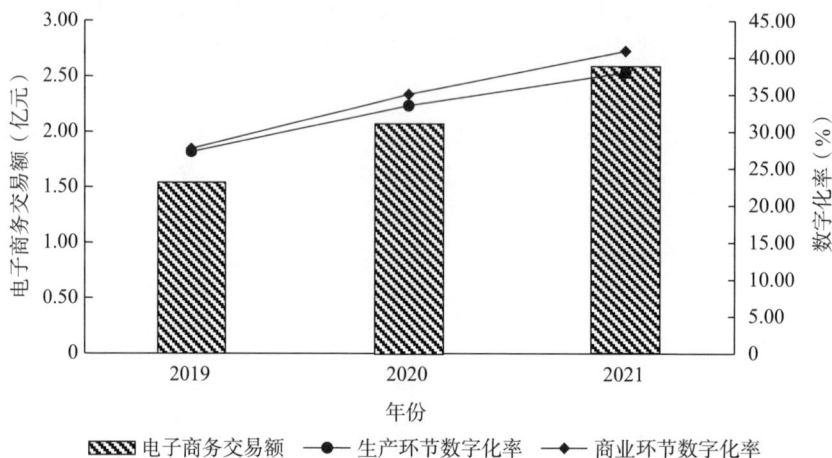

图 5 2019—2021 年农产品流通企业电子商务交易额、生产与商业环节数字化率比较
（数据来源：根据申报 2022 年中国农业企业 500 强、行业 20 强企业数据整理。）

率超过 40%，整体参与率仍有上升的空间。其中，国有企业农业产业化联合体参与率为 17.24%，民营企业参与率为 50%，其他类型企业参与率为 57.14%。2021 年，平均每家企业联结合作社和家庭农场数量为 124.11 个，平均带动农户数量为 375.26 户。其中，平均每家国有企业联结合作社和家庭农场数量为 250.52 个，平均带动农户数量为 0.24 户；平均每家民营企业联结合作社和家庭农场数量为 55.71 个，平均带动农户数量为 626.50 户；平均每家其他类型企业联结合作社和家庭农场数量为 106 个，平均带动农户数量为 10.50 户（图 6）。数据显示，民营企业在带动农户数量方面，明显高于国有企业和其他性质企业，体现了民营企业在运用市场机制解决农产品各方利益主体利益联结不紧密问题方面的优势；受到脱贫攻坚及乡村振兴战略的政策影响，国有企业在联结合作社和家庭农场的渠道方面更具有优势。

从农产品流通企业带动农户增收方面来看，2019—2021 年，农产品流通企业各年度累计带农增收 7.61 亿元、5.47 亿元、7.16 亿元，其中，国有企业为 5.78 亿元、2.72 亿元、2.51 亿元；民营企业为 4.02 亿元、4.45 亿元、5.71 亿元；其他类型企业 48.8 亿元、27.88 亿元、7.31 亿元（图 7）。2020 年，受到新冠疫情的影响，农产品流通企业带农增收总额出现较大幅度的下跌，2021 年基本恢复到 2020 年的水平。其中，民营企业带农增收总额在 2020 年实现微弱的增长，而其他类型企业带农增收金额从 2019 年的 48.8 亿元下降至 2021 年的 7.31 亿元，降幅达到了 567.57%。

政府对农产品流通企业的政策支持力度可以从税费减免和财政补贴两个维

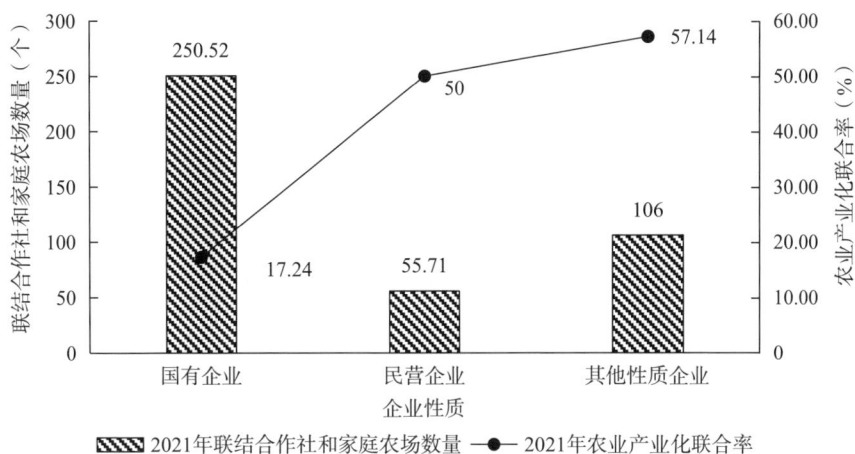

图 6 2021 年农产品流通企业联结合作社和家庭农场数量与农业产业化联合率比较
（数据来源：根据申报 2022 年中国农业企业 500 强行业 20 强企业数据整理。）

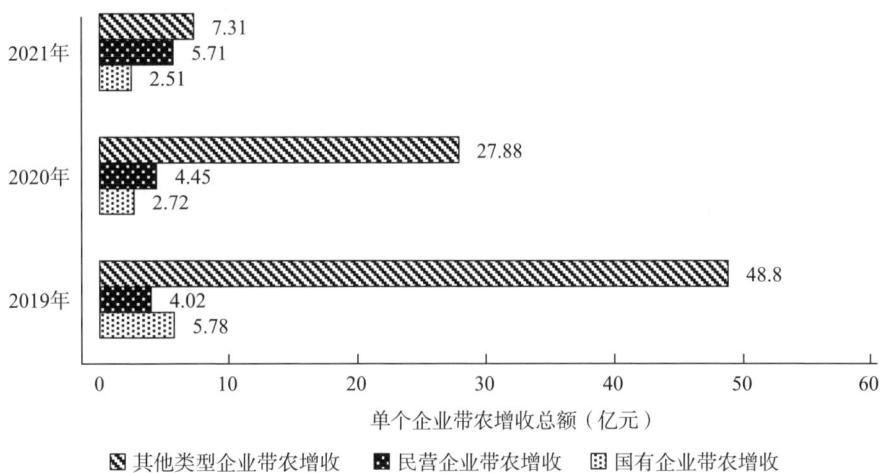

图 7 2019—2021 年农产品流通企业带农增收金额比较
（数据来源：根据申报 2022 年中国农业企业 500 强行业 20 强企业数据整理。）

度进行考量。财政部、国家税务总局在 2016 年和 2019 年两次印发《关于继续实行农产品批发市场农贸市场房产税城镇土地使用税优惠政策的通知》，切实降低了农产品流通企业的运营成本。通过对 90 家农产品流通企业数据进行统计发现，2019—2021 年，企业获得的税费减免总额约为 3.60 亿元，各年度均稳定在 1.2 亿元左右，税费减免绝对数值呈现相对稳定的变化特征，但从税费减免占营业收入的比例来看，则呈现逐年下降的趋势，比值分别为 2.76%、2.12%、1.91%，这一数据显示，政府对农产品流通企业的支持力度相对平稳，且呈现减弱的趋势。就不同类型企业而言，政府通过税费减免扶持优势较明显的是民营企业，远高于其他类型企业和国有企业（图8）。财政补贴在绝对值方面呈现逐年上升的趋势。2019—2021年，各年度企业获得的财政补贴分别为1 984.96万元、3 363.44万元、3 999.16万元，从财政补贴占营业收入的占比来看，各年度分别为0.33%、0.46%、0.50%，均呈现逐年上升的趋势。从不同企业类型的角度来看，财政补贴更加倾向于其他类型企业，其2019—2021年累计的财政补贴总额和所占营收比例均高于国有企业和民营企业（图8）。总的来说，目前政府对农产品流通企业具有持续的政策支持，但税收减免和财政补贴对不同类型的企业有不同侧重。

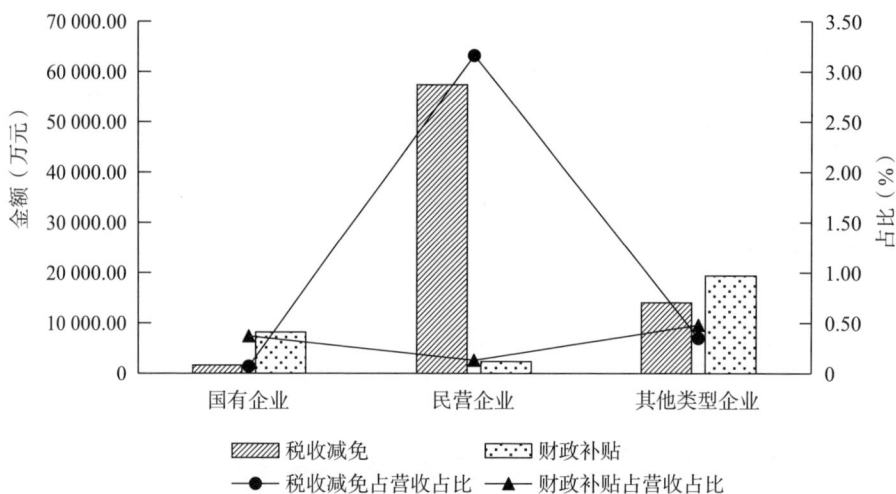

图8　2019—2021年不同类型企业累计受政策扶持比较

（数据来源：根据申报2022年中国农业企业500强行业20强企业数据整理。）

从科技推广和研发总投入的视角来看，2019—2021年，平均每家企业科技推广和研发总投入金额逐年提升，从2019年的1 881.34万元上升至2021年的3 356.12万元，增幅达到78.38%，其中民营企业在科技推广和研发总投入方面取得较快增长，从2019年的1 023.94万元上升至2 711.92万元，增幅达到164.85%；国有企业则从2019年的1 077.19万元上升至1 949.31万元，增幅达到80.96%；其他类型企业的科技推广和研发总投入虽然在2019—2021年仅增长了18.77%，但其在2019—2021年累计投入43 184.56万元，是民营企业5 484.46万元的7.87倍、国有企业4 386.98万元的8.44倍（图9）。其他类型企业中的外资、中外合资企业在科技推广和研发方面投入了大量资源，对推动整个农产品流通行业的科技创新起到了重要作用。总的来说，农产品流通企业不断加大科技推广和研发方面的投入，其中，民营企业和国有企业

2019—2021 年在科技推广和研发方面投入快速提升，但是与外资、中外合资等其他类型企业相比仍有较大差距。

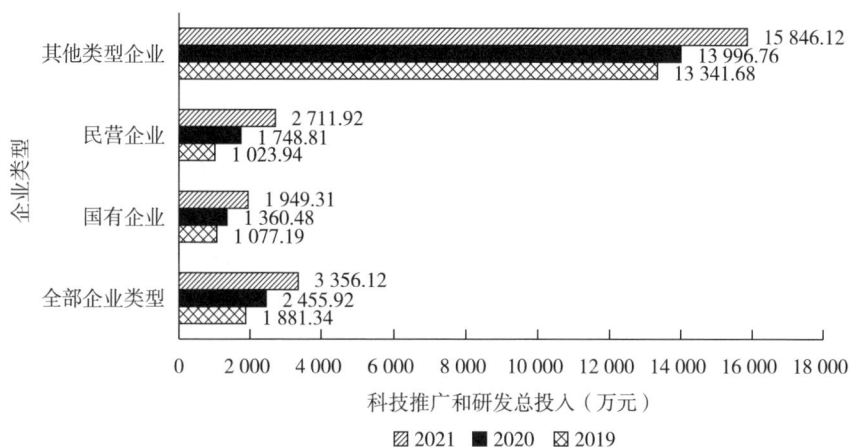

图 9　2019—2021 年不同类型企业科技推广和研发总投入比较

（数据来源：根据申报 2022 年中国农业企业 500 强行业 20 强企业数据整理。）

三、农产品流通（含贸易）企业的发展趋势

　　数字技术赋能农产品流通体系构建是行业发展方向。以电子商务为代表的数字技术的广泛应用，引发了农产品生产、储存、销售等过程的巨大变革，以及大型连锁商超销售模式的转型，两者交互发展产生的新业态进一步缩减了农产品销售的中间环节。国际经验表明，在农业单位生产规模较小的背景下，农产品批发中心市场将长期在农产品流通过程中占据重要的核心地位。依托数字技术推动产业链的高效率整合、价值链的协同与商业生态构建，以及促进供需双边的动态适应性匹配与调整，成为数字技术赋能农产品流通体系构建的有力抓手。农产品中心批发市场作为农产品流通体系中的重要依托，通过智慧农产品市场信息体系的构建，加快传统农产品中心批发市场数字化转型，尤其是电子商务的发展。北京新发地市场通过人工智能、区块链等数字技术，实现了对农产品生产、加工、流通、销售全链条的追溯，构建了智慧仓储和物流体系，并同时上线批发端和零售端的线上销售渠道。通过对 90 家农产品流通企业电子商务数据的统计发现，2019—2021 年，这些企业平均每年的电子商务交易额分别为 1.56 亿元、2.1 亿元、2.6 亿元，呈现逐年增长的趋势，这一数据进一步印证了线上与线下相结合的农产品流通体系将成为未来农产品流通企业的发展方向。

推动冷链供应链发展仍是加速农产品流通体系建设的重要抓手。2017年8月，《国务院办公厅关于加快发展冷链物流保障食品安全促进消费升级的实施意见》明确提出了到2022年初步形成全程温控、标准规范、运行高效、安全绿色的冷链物流服务体系的发展目标。2020年6月，《农业农村部办公厅关于进一步加强农产品仓储保鲜冷链设施建设工作的通知》发布了农产品仓储保鲜冷链信息采集服务工作规范。2021年11月，国务院办公厅发布了《"十四五"冷链物流发展规划》，明确提出到2025年要初步形成衔接产地销地、覆盖城市乡村、联通国内国际的冷链物流网络，基本建成符合我国国情和产业结构特点、适应经济社会发展需要的冷链物流体系，调节农产品跨季节供需、支撑冷链产品跨区域流通的能力和效率将显著提高，对国民经济和社会发展的支撑保障作用将显著增强。目前，我国冷链物流仍呈现"散、小、杂"的特点，但整体仍呈现增长态势。中国物流与采购联合会冷链物流专业委员会的统计显示，2021年中国冷链市场总规模为4 585亿元，同比增长19.66%；冷藏车市场保有量达到34.14万辆，同比增长19.1%；全国冷库总量达到1.96亿立方米，同比增长26.1%。企业数量方面，企业名称或经营范围包含"冷链物流"的企业从2011年的291家增长至2020年的4 375家，截至2021年底，冷链物流企业数量前三名的省份分别为湖南省、广东省、山东省。从企业规模来看，超过一半的企业注册资本超过500万元，低于100万元注册资本的企业仅占19%。

继续加强农产品流通企业联结合作社和家庭农场带动广大小农户共同发展是促进企业可持续发展的有效模式。在相当长的时期内，"大国小农"是中国的基本国情、农情。根据第三次全国农业普查数据，中国现存2.07亿户农业经营户，其中规模经营户仅占1.92%，农产品流通中聚集的犹如"汪洋大海"般的小规模农业生产者势必要经历多个中间层组织。数字技术虽对减少中间层组织、降低交易成本具有积极意义，但现阶段数字技术的运用仍然具有技术门槛，且较低的组织化程度阻碍了农产品流转效率和规模化效益的提升。相较于销售地批发市场而言，产地的批发市场在农产品流通过程中十分重要，即使在农产品生产平均规模上升的过程中，产地的批发市场依然发挥着重要作用。90家农产品流通企业统计数据显示，截至2021年底，平均每家农产品流通企业联结合作社和家庭农场数量达到124.11个，带动农户数量375.26户，累计带动农户增收7.16亿元。2022年2月，中华全国供销合作总社印发了《全国供销合作社"十四五"公共型农产品冷链物流发展专项规划》，明确提出"十四五"期间全国供销合作社系统将建成600个县域产地农产品冷链物流中心、100个农产品冷链物流枢纽基地、200个城市销地农产品冷链物流中心。依托中华全国供销合作总社，发挥合作经济属性的优势，加强多种形式的联合与合作,顺应国家乡村振兴战略,推动农业产业振兴,盘活脱贫攻坚资产,推动村社企业加入全国供销合作网络,将更加有利于农产品流通企业与农村、农民的可持续共同发展。

农产品流通企业产销一体化将成为企业发展方向。2015 年 12 月,中央农村工作会议强调要着力加强农业供给侧结构性改革。整合农业供给侧的种植、服务、销售等多环节的产业链资源,构建产销一体化模式已成为推动农村农业产业振兴、加快涉农企业发展的有效模式。90 家农产品流通企业统计数据显示,截至 2021 年底,在 44.44% 的农产品流通企业中,农产品流通业务已并非企业的唯一业务,还有粮油、农业社会化服务、饲料、食品、水产、饮料和酒类等业务。大部分企业已开始从农业产业链进行布局,涉及农产品流通的上游(农产品生产)和下游(农产品销售);少部分企业已经实现了相对完整的产业链建设,实现了农产品的产供销一体化、产销农旅一体化等具有代表性的发展模式。菜鸟物流通过加强产地的物流基础设施建设(如专业化仓储设施等),构建"产运销一体化"供应链,解决了农产品物流中损耗大、成本高的问题。处于农产品流通上游的合作社逐步整合种植、服务、销售产业链资源,实现"种产销一体化"的农服模式,部分合作社加强了农产品冷链物流及配套设施建设,依托电子商务销售渠道,解决了销售地域的限制问题,加强了合作社与学校、商超、企业、社区的对接,形成了多样化的销售模式,带动更多入社农民实现增收。

四、结论

近年来,农产品流通行业蓬勃发展,物流总额持续上升。农产品流通企业资产规模不断扩大,在生产环节和商业环节的数字化水平不断提高,电子商务交易额逐年提升,其中民营企业作为重要的活力组成部分,成为推动农产品流通企业整体发展的不可或缺的重要力量。国家对农产品流通企业的扶植政策以税费减免和财政补贴为抓手,近年来,税费减免整体相对稳定,但税费减免占营业收入的比例却呈现逐年下降的趋势,国家对农产品流通企业的财政补贴力度逐年提升,税费减免和财政补贴对不同类型的企业各有侧重,税收减免重点向民营企业倾斜,而财政补贴则向其他类型企业倾斜。现阶段,农产品企业也不断加强科技推广和研发投入,其中,民营企业的投入增幅最大,但仍与外资、中外合资等其他类型企业有一定差距。

在国家政策的持续支持下,农产品流通企业目前形成了四种发展趋势。一是数字技术赋能农产品流通体系构建成为行业发展方向。这意味着农产品流通企业需要进一步加大数字化建设规模、科技推广力度和研发投入。二是推动冷链供应链发展仍是加速农产品流通体系建设的重要抓手。近年来，冷链产业链在有关政策的推动下继续保持较快速度发展。三是继续加强农产品流通企业联结合作社和家庭农场带动广大小农户共同发展是促进企业可持续发展的有效模式。面对长期的"大国小农"的基本国情、农情，农产品流通企业仍需将带动农村、农民共同发展作为企业有效的发展模式。四是农产品流通企业产销一体化将成为企业未来发展方向。通过整合种产销资源，逐步推动供给侧结构性改革；通过产销一体化，进一步降低企业运营成本，实现规模收益。

五、问题与建议

基于对宏观数据及申报 2022 年中国农业企业 500 强行业 20 强企业数据的整理与分析，现阶段农产品流通企业及行业发展仍然存在以下问题：

第一，虽然企业规模逐年增加，但国有企业、民营企业科技推广和研发总投入依然不足，与包含中外合资、外资企业的其他类型企业比较而言，国有企业、民营企业在科技推广和研发总投入方面仍处于落后状态。

第二，国有农产品流通企业在企业数字化发展、保障与改善民生等方面仍有待加强。作为促进经济社会发展的重要力量，国有性质企业在数字化建设投入及转化、推广和研发总投入等方面仍有待加强。同时，虽然国有企业依托政策优势联结合作社或家庭农场数量较多，但在带农增收方面仍落后于民营企业和其他类型企业，利益联结及分配机制仍有待完善。

第三，冷链供应链发展仍然是我国农产品流通体系建设的短板，冷链硬件设施建设投入有待加强，布局规划有待完善。我国冷链供应链虽然取得了快速发展，但现阶段，我国肉类冷链流通率只有 30％，果蔬冷链流通率不到 20％，而发达国家相关指标则在 90％以上，农产品冷链供应链发展仍与发达国家有明显差距。

第四，受新冠病毒全球大流行影响，各类型农产品流通企业受到了不同程度的负面影响，亟须相关政策促进农产品流通企业复苏。2020—2021 年农产品物流总额增长率出现下滑，各类性质农产品流通企业净利润均出现大幅度下降，在后疫情时代，亟须出台相关政策，促进农产品流通行业的复苏与企业发展。

为此，政府相关部门及行业协会可以在以下方面进行政策优化，推动农产品流通行业及企业又好又快发展。

首先，加速数字技术赋能农产品流通体系建设，促进农产品流通行业数字化转型。鼓励农产品流通企业，尤其是平台型企业，通过数字化加速生产、加工、销售等环节的农产品产业链整合，通过线上、线下资源的融合，不断完善供应链信息化建设，培育农产品流通新业态、新模式。

其次，充分发挥国有企业国民经济压舱石、稳定器的作用，进一步加强国有农产品流通企业与合作社及家庭农场的联结，壮大集体，带动农户发展。积极利用国有农产品流通企业在资金、人才、技术、规模、市场等方面的优势，盘活集体资源，牵头撬动农村集体经济发展，构建更加合理的利益联结机制，在"大产业链"中实现农户的"小微收益"。

再次，加快冷链供应链建设，逐步缩小我国与国际冷链供应链发展差距。在制度层面，相关部门及行业协会应加速推动标准化体系建设；在行业人才培养方面，高等院校、科研院所等相关单位应加强冷链供应链相关技术人才与管理人才的培养；在规划布局方面，政府部门应加强引导、科学规划、合理布局，加快改善农产品冷链物流设施的不均衡布局，提高冷链物流设施的利用效率。

最后，进一步优化财政补贴与税收减免政策及其配套措施，加速农产品流通企业复苏，引导企业逐步加大研发投入。提升对具有市场活力的民营企业的财政补贴支持，对小微企业、农产品流通从业者给予相应配套保障支持，优化行业发展环境。在研发费用加计扣除的基础上，制定更多利好政策，引导农产品流通企业加大研发投入，促进农产品流通企业高质量发展。

中国农机社会化服务发展历程、问题与展望

在我国农业劳动力快速转移和"大国小农"背景下，农机社会化服务为我国农产品保供起到了巨大作用。但农机社会化服务的背后动力是什么，阶段如何划分，是否中国特有现象，存在什么问题，未来会走向何方？本文将以列举事实和数据的方式从技术经济角度对这些问题展开论述与分析，并给出对策及建议。

一、农机社会化服务的驱动动力：劳动力季节性需求与技术替代

农机社会化服务属于农业生产社会化服务范畴，而农业生产社会化服务并非新鲜事物。由于古代劳动生产力水平低下，一切生产活动主要依靠人畜力特别是人力进行，而作为农业生产的基本单元——家庭的劳动力数量相对稳定，这和农业生产对劳动力需求的季节性分布不均特征存在冲突，使得我国农业生产自古便存在劳动力雇佣需求，无论是临时性的短工雇佣还是常年的长工雇佣。

秦朝末年著名的农民起义军领袖陈胜年少时就曾经因为家庭贫穷，出卖体力劳动给别人做雇工[①]。到宋代，无论水稻业还是茶业，无论是栽培果树还是种植蔬菜，都有雇工现象的存在（王文兵等，2017）。而且这些雇佣雇工的雇主并非都是有钱的地主，其中还有相当数量的是并不富裕的普通农户。比如，南宋文人洪迈撰写的《夷坚志》里有一个小故事："金溪民吴廿九将种稻，从其母假所著皂绔袍，曰：'明日插秧，要典钱，与雇夫工食费。'"吴廿九请人插秧没有钱，竟然需要把其母亲的衣服拿去典当以支付工钱和伙食费（刘树友，2015），虽然被当成不孝的典范，但对于吴廿九来说，因家境所限，其所

[①] 司马迁在《史记》中记载"陈涉少时，尝与人佣耕"。

能决策的也只是在典当妻子的衣服还是母亲的衣服中二选一。整体来说，在古代，即使是小地主，也只是处于糊口状态，如黄宗智所说整个封建社会的农业生产处于"糊口农业"状态（黄宗智，1993）。但即使当时农业生产的生产力水平较低，由于农业对劳动力的季节性需求不同，我国农业生产社会化服务依然得到了较早且较为普遍的发展。

虽然古代历代政权都制定了各种严苛政策对平民的流动性进行控制，但是农业社会化服务在很早就有了跨区作业的案例。如《夷坚志》就记录了浙江湖州农民朱七跨区到嘉兴给别人佣耕的故事。至于手持镰刀、利用小麦成熟时间差进行季节性专业化跨区收割小麦的麦客，则在明清时代已有记录（秦晖，1993）。清代咸丰时期陕西巡抚吴振棫曾有一首《麦客行》，诗前自序曰："客十九，籍甘肃，麦将熟，结队而至，肩一袱，手一镰，佣为人刈麦。自同州而西安，而凤翔、汉中，遂取道阶、成而归……秦人呼之为麦客。"甘肃籍的麦客们利用小麦成熟时间差，作业路线由渭南经西安、宝鸡而至汉中，最后从甘肃的阶州和成州返回。对于这种现象，秦晖认为是"商品经济条件下不可能发生的怪现象"，他认为本身已陷于"内卷化"和劳动力过剩的小农不应该再去雇佣麦客。这种观点忽略了农业生产对劳动力需求的季节性差异问题，即使是在最贫穷、劳动力边际效益最低的年代，农户进行农业生产也需要外援，哪怕是以非雇佣关系的邻里合作互助的方式，也算是一种社会化服务的雏形。

这种历史悠久的生产社会化服务活动，在 20 世纪 90 年代仍然还广泛存在，著名现代纪实摄影家侯登科 1998 年出版的《麦客》摄影集中很多作品主要拍摄于 20 世纪 90 年代。然而，属于麦客的时代终究要在技术进步面前终结。1993 年，具有自主知识产权的新疆-2 型联合收割机正式推向市场（刘振营等，2003），手持镰刀的麦客即将退出历史，而作业效率是传统麦客数十甚至上百倍的、开着收割机的新麦客闪亮登场了。

20 世纪 90 年代中后期，由于小麦收割机的生产技术成熟，小麦收割机跨区作业快速兴起，利用我国南北纬度差较大导致的小麦成熟期不一致现象，收割机机手开着收割机从湖北、江苏、安徽、河南、山东、河北一路到东北或西北进行沿途跨区小麦机收作业。

与他们的麦客前辈们相同的是，这些机手的生活条件也非常艰苦。由于收割小麦的时间在夏季 6 月份，户外温度较高，而封闭的驾驶舱温度更高，像一个火炉。早期的收割机驾驶舱内没有空调只有电风扇，非常闷热。后来，即使一些机手为机内加装了空调，制冷效果也并不理想。同时，收割机密闭性并不好，收割小麦时灰尘飞扬，经常一天下来，机手满脸黑灰。新麦客们吃住条件也很不好，经常住在野外，或是城市的马路边、加油站的雨搭下，为了省钱和节约时间，他们吃的也以面包等干粮为主（张馥郁，2006）。同时，在跨区作业初期，由于收割机少、作业需求大，很多地方出现了拦路截机，强行将收割机滞留在某地进行作业的现象，新麦客不仅会遇到形形色色的"拦机""截机"现象，还可能收不到作业费甚至收割机丢失（乔云华等，1997；董兴平等，1999）。此外，财物被盗、遭遇敲诈等现象也时有发生。

但这些困难都挡不住新麦客们的创业热情，毕竟在 20 世纪 90 年代，月平均工资水平也就几百元，而小麦机收的日作业面积平均能达到 80 亩，按每亩 30 块计算，一天毛收入就有 2400 元左右，一些干得好的机手一年就能收回收割机成本。在现代科技与资本加持下，新麦客们一年就能获得那些挥舞镰刀的麦客先辈们一辈子也赚不到的收益。一些县农机部门开始出面组织跨区作业，有的跨区作业队收割机动辄多达上百台。

随着经济的快速发展，农业劳动力进一步快速转移到城镇，农村留下的劳动力大多是属于"369 部队"的儿童、老人，劳动力季节性短缺的情况因此进一步加剧。于是，在技术资本加持和季节性劳动力短缺加剧的背景下，农机跨区作业开始轰轰烈烈地蓬勃发展起来。

归纳起来，实现跨区机械化收割，需要两个自然条件、两个技术条件和两个经济条件。①两个自然条件。第一个自然条件是相同作业环节在时间上存在区域差异。我国南北纬度跨度较大，小麦、水稻、玉米等作物在从南到北的成熟时间上存在梯度差异，另外，在作业农时上同样也存在梯度差异，这为我国的跨区作业创造了自然条件，这个自然条件一直存在。第二个自然条件是农业生产对劳动力的需求是季节性的，即劳动力需求分布是点状而非线性的，这个自然条件也一直存在。这也是我国明清时代就有麦客存在的原因。②两个技术条件。分别是农机装备技术的成熟和同种作物种植农艺技术基本一致。第一个技术条件易于理解，农机装备不成熟就只能用镰刀，对于小麦机收来说，如前所述，小麦收割机在 20 世纪 90 年代就基本成熟了；关于第二个技术条件，如果各地小麦种植技术不一致，比如有的垄作、有的平作就可能导致同一种机型难以适应不同地区的农艺方式，进而制约跨区作业，不过好在小麦大多是平作密植，这个技术条件也是满足的。③两个经济条件。第一个是农机使用价格比劳动力价格便宜。在我国农业劳动力快速老龄化和减量化的背景下，这个经济条件正在加强；第二个经济条件是各地区农机存在季节性短缺，需要外地农机进行补充。但农机保有量的持续增多将削减第二个经济条件。

二、跨区作业的阶段划分

大体上，根据跨区机收小麦作业面积占小麦机收面积的比例以及小麦跨区作业面积总量的发展情况来看，我国跨区作业大概可以分为三个阶段，即

1993 年至 2004 年的快速发展期、2004 年至 2013 年的稳步发展期、2013 年以后的持续萎缩期（图 1）。

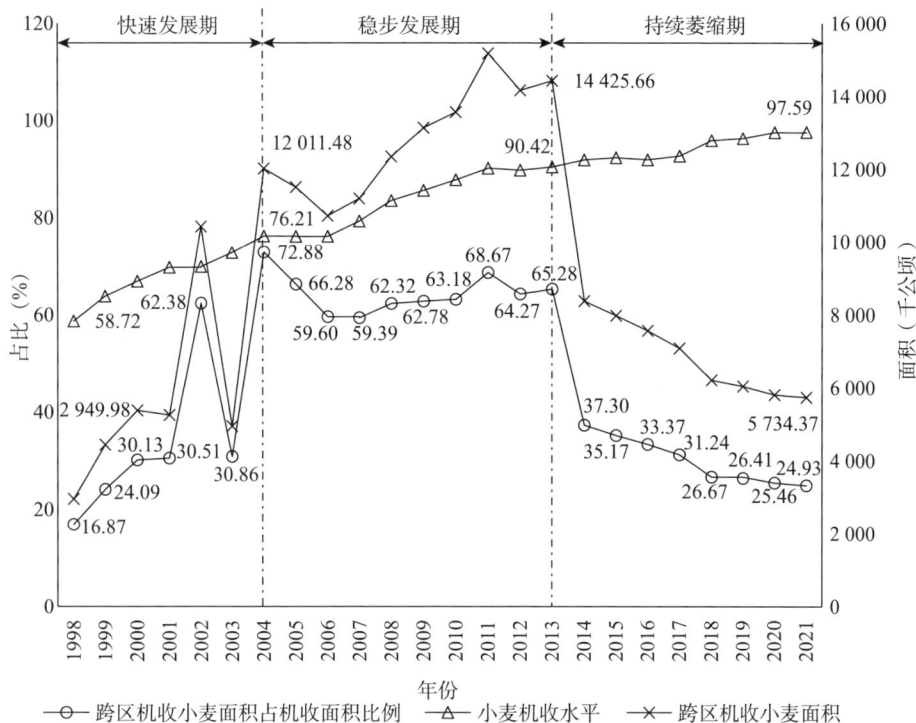

图 1 中国农机社会化服务的阶段划分

（一）快速发展期（1993—2004 年）

这一期间，小麦跨区作业面积快速增长，除 2003 年因为疫情影响外，其他所有年份小麦跨区作业面积和跨区面积占小麦机收面积的比例都是增长的。1996 年我国小麦跨区机收面积占全部小麦机收面积的比例仅 10% 左右，而当年小麦收获机械化水平仅为 48.7%。2004 年，我国跨区机收小麦面积占比已高达 72.88%，当年小麦机收水平则达到 76.21%。1996 年至 2004 年，跨区作业面积从 2 949.98 千公顷增长到 12 011.48 千公顷，年均增长 26.37%。除小麦外，跨区作业还延伸到水稻插秧、水稻收获、玉米收获、甘蔗收获、棉花收获等环节。

在农业劳动力快速转移到城市的大背景下，跨区作业对于粮食保供已经变得非常重要。因此各级部门都高度重视跨区作业问题。从 1996 年起，交通部出台政策免收跨区作业运输车辆的过路过桥费，并在 2004 年的《收费公路管理条例》中对此进行了进一步明确。为了解决当时作业信息供求对接问题、燃油供给问题、部分地方拦截收割机问题和敲诈机手等治安问题，从 1997 年开始，农业部与公安部、交通部、机械部、国家计划委员会、中国石油化工总公司等联合成立了全国跨区机收小麦工作领导小组，要求各有关成员单位密切配合，认真组织、协调跨区机收工作。此后他们连续多年联合发布《关于做好农机跨区作业工作的意见》，直至 2007 年。此时跨区作业各项管理已经走向规范化和制度化。

（二）稳步发展期（2004—2013 年）

这一期间，跨区作业处于平稳发展期，小麦跨区机收作业面积总量还在增长，但跨区机收面积占小麦机收面积比例开始保持稳定甚至缓慢下降。2004年，为了促进农业现代化，鼓励农民购买先进适用的农业机械装备，我国出台了农机购置补贴政策。农机购置补贴政策的实施，使得社会上农机保有量增加，农机跨区作业的规模持续扩大。2013 年小麦跨区机收作业面积达到14 425.66 千公顷，但这一期间小麦跨区机收作业面积年均增速下降到2.06%，不足快速发展期的 1/10。同时，2013 年跨区机收面积占小麦机收面积比例只有 65.28%，低于 2004 年的 72.88%。这一时期，小麦机收水平也从76.21%增长到 90.42%。

（三）持续萎缩期（2013 年至今）

随着农机购置补贴政策的持续实施，小麦收割机保有量快速增长，粮食生产相关农机短缺的这个条件已经在很大程度上被削弱了（图 2）。1993 年各类谷物联合收割机只有 5.63 万台，到了 2004 年，全国各类谷物收割机已达41.05 万台，其中稻麦联合收割机 38 万台、玉米联合收割机 5 600 台；而2013 年，各类谷物联合收割机已经高达 142.10 万台，其中稻麦联合收割机113.43 万台、玉米联合收割机 28.68 万台。2021 年谷物联合收割机更是高达223.78 万台，分别是 2004 年的 5.45 倍和 2013 年的 1.57 倍；其中稻麦联合收割机 162.72 万台，分别是 2004 年的 4.28 倍和 2013 年的 1.43 倍；玉米联合收割机 61.06 万台，分别是 2004 年的 109.04 倍和 2013 年的 2.13 倍。

粮食收割机保有量的增长，让各地区粮食收割机的季节性短缺问题得到了大大缓解，使得跨区作业的竞争加剧，机手外出跨区动力减弱。跨区机收面积占全部机收面积的比例下降，2021 年水稻和玉米跨区机收面积占比分别只有16.65%和 7.38%，小麦只有 24.93%；而 2013 年水稻和玉米跨区机收面积占比分别是 32.83%和 17.77%，小麦仍有 65.28%。在 2004 年，这个比例分别是水稻 39.27%、玉米 13.41%，而小麦高达 72.88%。与 2013 年相比，小麦

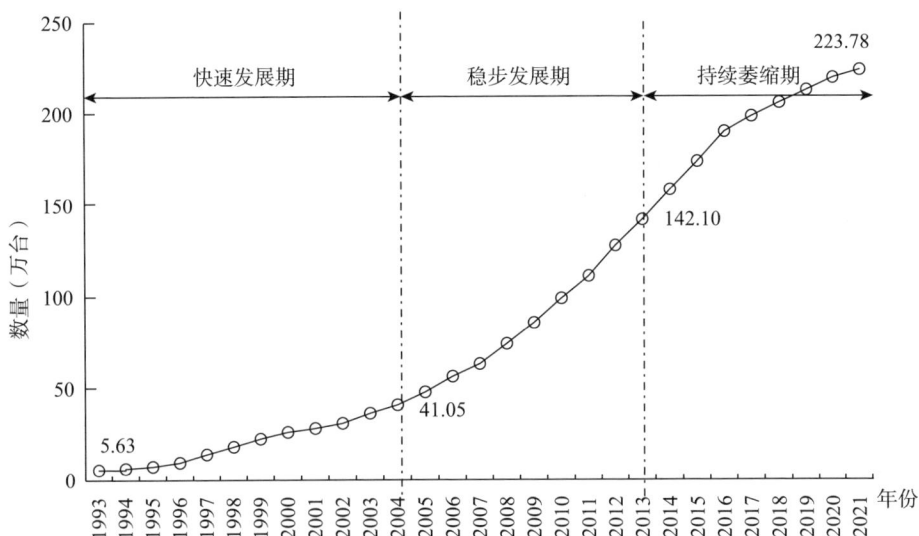

图 2　不同阶段我国谷物联合收割机保有量

跨区作业总规模年均缩减 10.89%。

农机保有量的增长一方面削弱了跨区作业的存在基础，但另一方面也证明了农机购置补贴政策达到了预期目标。与 2004 年相比，水稻机收水平从 27%增长到现在的 95%，小麦机收水平从 76%增长到 98%，玉米机收水平从 2.5%增长到接近 80%。这极大地提升了我国粮食综合生产能力，在劳动力老龄化、减量化背景下，确保了我国的粮食安全。

同时，跨区作业的萎缩并不意味着农机社会化服务的衰落，与之相反，随着各类农机保有量的增长，农机社会化服务快速发展。2004 年，扣除运输收入的全国农机化作业收入仅 913.05 亿元，而 2021 年已经增到 3675.92 亿元，年均增长率高达 8.54%。

单一的小麦跨区作业市场受到竞争和挤压，释放出来的收割机手为其他环节的作业服务市场快速发展提供了富有经验的成熟机手，使得跨区秸秆打捆等新业务得到较快发展，也使得本地单环节、多环节的社会化服务以及全程托管等综合性服务业态快速发展。

三、农机社会化服务并非中国特有现象

有文献（宗锦耀，2008；白人朴，2011）称，与欧美通过大农场实现农业机械化的路径不同，我国找到了以社会化服务为特色的农业机械化发展道路，实现了小农户与大生产的对接，在小农户为主的背景下实现了农业机械化水平

的快速提高。但其实农机作业社会化服务并非我国特有，无论是美国这样以大农场为主的发达国家，还是印度（Kamboj Parminder 等，2012）、孟加拉国（Mottaleb Khondoker 等，2017）、加纳（Diao Xinshen 等，2014）这样的农场规模偏小的发展中国家，农机作业社会化服务都普遍存在。

虽然我国的农机社会化服务现象乃至跨区作业现象在全球并不是独有的，但是目前我国各类跨区作业面积仍然高达 3 亿亩，这在全球范围都是罕见的，所以农机社会化服务为保障我国粮食安全作出了巨大贡献。

在以"大国小农"为基本国情的当下，户均土地经营规模仅为 10 亩左右，单个农户购买农业机械进行作业是非常不经济的，只有通过农机作业社会化服务实现购机成本分摊，才能通过服务规模化来实现农业生产机械化。2050 年，我国农业劳动力预估将减少至现在的 1/3，户均经营规模仍然只有 30 亩左右，相比欧美动辄户均成百上千亩的情况相比仍属小规模经营。可以预见，农机社会化服务将是我国中长期内重要的农业生产组织模式。

四、要素不耦合制约农机作业社会化服务

（一）农机、农艺不耦合制约跨区作业农机的通用性

各地同一作物的农艺一致性越好，农机的通用性就越高，同一台机器从南到北进行机械化作业的障碍就越少。正因如此，所以三大粮食作物中种植面积最小但农艺在全国范围内一致性最高的小麦跨区作业占比最高，三大粮食作物中种植面积最大但农艺在全国范围内一致性最低的玉米的跨区作业面积占比最低。2021 年，我国小麦、水稻、玉米种植面积分别为 3.5 亿亩、4.5 亿亩和 6.5 亿亩，但跨区机收面积分别是 8 602 万亩、7 055 万亩和 3 911 万亩。玉米种植面积是小麦的 1.86 倍，但其跨区机收面积不到小麦的一半，其中的重要原因之一就是玉米种植农艺的不一致。

据统计，全国玉米种植行距为 30～80cm，等行距种植的有 30cm、50cm、70cm 等，宽窄行种植的有（40+70）cm、（40+80）cm 等（何松等，2019）。同时，有的地区以垄作为主，有的地区以平作为主，垄距也从 40cm 到 80cm 不等，甚至经常会出现相邻两块玉米地种植行距和垄距都不一致的情况，这给机械收获造成很大困难。行距、垄距不一致，农机企业就要研发适应多种行距、垄距的割台，现有割台通用化程度低，导致企业生产效率低、产品制造成本高。而且社会化服务主体为了满足不同作业情况，也需要配备多种割台，导致割台利用率低，收益受到影响。而美国和加拿大的绝大多数玉米地采用 30 英寸（约 76.2cm）的行距，而且这一比例从 2007 年的 80％上升到 2012 年的 85％（DuPont Pioneer 品牌集中度调查数据）。

当然，玉米种植农艺的一致性不高并不是玉米农机社会化服务面积偏少的唯一原因，玉米在一个地区的适收期长也是一个很重要的原因。玉米完熟期后的半个月内都属于适收期；而小麦完熟期后 5～8 天就需要收获，否则容易造成较大损失。这使得小麦成熟后短期内就要被收割，小麦收割机在一个地区容易出现需求性短缺，需要外地收割机来跨区收割；而玉米收割期长，适收期内对收割机需求的急迫程度不如小麦。

此外，全国农业主推技术里的大豆玉米带状复合种植技术，也有较多农机农艺不耦合的问题需要深入研究并解决。2 行密植玉米＋3 至 6 行大豆的套种模式，使得原有适宜平作的大中型播种机、大中型玉米收割机都失去了用武之地，必须使用低效率的小型农业机械才能作业，同时试验推广区域的机手普遍认为，播种、收割等作业在作业完一行后需要倒车才能到间隔的另一行。更为严重的是，在植保环节，由于玉米是单子叶作物，大豆是双子叶作物，两者适用的除草剂浓度不同。适合玉米的除草剂对玉米有促进生长作用，但对大豆有抑制生长作用；适合大豆的除草剂对大豆有促进生长作用，但对玉米有抑制生长作用。"汝之蜜糖，吾之砒霜"，这导致农民在施药时不得不放弃高效率的无人植保飞机，大部分地区只能人工施药，并且需要 2 个人在旁边手持挡板挡住喷洒的农药以防农药飘逸，这种方式既不经济，又给施药农户带来健康风险。即使一些机手对现有的喷杆式喷雾机进行了改装，在喷杆上加装了塑料挡板，但仍然存在机手需要高度集中注意力防止错行和农药飘逸，从而造成作业效率下降三成以上的情况。

（二）农机、农地不耦合制约农机社会化服务提升空间

目前三大主粮中，水稻的机收水平在 95％ 左右，玉米的机收水平在 80％ 左右，机械化水平都比较高，但是存在较大的区域差距。就玉米来说，全国玉米整体机械化水平在 80％ 左右，东北、华北等玉米主产区玉米机收水平都超过 90％，玉米播种面积占比在 11％ 左右的西南丘陵山区（包括四川、重庆、云南、贵州）和西北黄土高原（包括陕西、山西、甘肃、宁夏等）机械化水平则较低。其中西北黄土高原玉米收获机械化水平相对好一些，达到 60％；但西南丘陵山区只有 5％。水稻也呈现出类似的情况，东北、长江中下游平原地区水稻机械收获水平都在 95％ 以上，但西南丘陵山区水稻机收水平刚刚超过 70％。之所以西南丘陵山区水稻机收水平比玉米机收水平高，主要是因为西南丘陵山区的水稻都种在平地上，而玉米大多是种在细碎的坡地上。所以，当前丘陵山区农业机械化水平远远滞后，是一个非常大的问题。最近 20 年，丘陵山区粮食生产面积大幅度滑坡。与 2000 年相比，2020 年西南丘陵山区的重庆、四川、贵州、云南四省小麦种植面积绝对值分别下降了 96.03％、

62.81%、75.67%、50.43%，南方传统水稻种植省份四川、广东、广西、浙江的水稻种植面积绝对值分别下降了 12.12%、25.65%、23.53%和 60.20%。如果不对丘陵山区农田进行宜机化改造，快速将丘陵山区农业机械化水平进行提升，则未来这些地区将出现大面积抛荒，从而削减农机社会化服务的提升空间。

即使是在平原地区，农机、农地不耦合的问题也仍然存在，严重限制了农业机械化的使用利率。在我国平原地区，由于耕地按等级平均分配，一个农户有限的耕地被分成几处甚至十几处，单个地块面积也大多不足 5 亩，而美国单个地块大多在 30 公顷左右。同样的收割机在中国因为要不断转弯掉头和进行田间转移，其工作效率会大幅度下降，完成相同作业量我们需要配套更多的农机和机手，花更多时间。这使得即使平原地区主要粮食作物生产已经基本实现农业机械化，但也只是普及率意义上的实现，劳动生产率跟发达国家还存在较大差距。根据《农产品成本资料汇编（2021）》数据，即使是机械化水平最高的小麦作业，我国投入的人工成本仍然是美国的 13.25 倍。

（三）农机、种子不耦合影响农机社会化服务发展

长期以来，育种领域在品种审定时较少考虑是否适宜机械化作业的问题，导致各个作物都不同程度出现了品种和农机不匹配问题。比如，有科研团队花较大人力物力培育出高达 2 米以上的"巨型稻"，产量虽然比常规稻增加 15%～20%，但却因为难以机械收获只能人工收割，且因口感问题使得销售价格不如常规稻，最后导致农民获得的实际收益反而低于常规稻。

五、展望与对策

我国"大国小农"的基本国情决定了在中长期内我国小农格局不会发生太大变化，即使由于老龄化问题农业劳动力减少一半，劳均耕地面积仍然只有 20 亩，仍然以"小农"为主。这决定了我国粮食生产机械化不能照搬美国大规模经营、大机械作业的模式，也不能采取日韩以高补贴维持粮食高价格和农民高收入的做法，而必须走符合中国国情的农业机械化发展道路。而农机作业社会化服务，可以连接传统小农和现代农业，较大程度上提升农业现代化水平。因此通过农机作业社会化服务实现规模化经营而不是通过土地流转实现规模化经营，在中长期内都将是我国的必选项。为此，需要从外部要素耦合、支持政策完善等角度为农机作业社会化服务创造良好外部条件，并为农机社会化服务保驾护航。

（一）加快推进农机、农艺、农地、种子等关键要素耦合，为农机社会化服务创造良好外部条件

现代农业是现代化农业生产要素的耦合，只有农机、农艺、农地、种子等关键要素相互耦合匹配，而非其中个别要素单兵突进，才能最大化发挥农业生产效益。这些要素如同木桶的木板，最多能装多少水取决于最短的那块。为促进关键要素耦合，应针对丘陵山区进行近4亿亩耕地的农田宜机化改造，在平原地区进行"一户一田"耕地交换整合，促进农户耕地地块集中，以便进行规模化、机械化作业；针对水稻、玉米、小麦、马铃薯、油菜、花生、棉花、甘蔗等大宗农产品，展开深入的农机农艺耦合研究，在产量和宜机作业之间进行平衡，制定主要区域甚至全国统一的机械化生产农艺；修订《主要农作物品种审定标准（国家级）》，将宜机作业作为所有类别品种的审定指标。

（二）进一步完善相关支持政策，为农机社会化服务保驾护航

首先，进一步加大对跨区作业的支持力度。如对《收费公路管理条例》进行修订，跨区作业免费通行车辆中应加入拖拉机、秸秆打捆机等机具。继续解决好跨区作业机手在跨区过程中遇到的治安问题、纠纷调解问题、售后服务问题、信息不对称问题等。

其次，家庭农场、农机专业户、农机合作社、村集体、供销社、社会资本等各类迅猛发展的本地土地流转和土地托管主体，是农机社会化服务的提供者，是商品粮的重要生产者，他们的风险伴随着规模的增长而相对"小农"成倍放大，他们的稳定和可持续性对于我国粮食安全的稳定和可持续具有重要意义，应针对他们面临问题加强在设施农用地、农业保险、农业信贷等政策上的支持力度，促进其形成可持续发展的规模经营。

参 考 文 献

白人朴，2011. 中国特色农业机械化理论体系研究［J］. 中国农机化（5）：14-15，24.

董兴平，孙君启，孙国照，1999. 管管"机经纪"［J］. 道路交通管理（8）：11.

何松，倪国庆，朱金光，等，2019. 玉米收获机适应多种种植行距的解决方法与技术途径［J］. 农业机械（9）：98-100.

黄宗智，1993. 中国经济史中的悖论现象与当前的规范认识危机［J］. 史学理论研究（1）：42-60.

李金铮，2006. 土地改革中的农民心态：以1937—1949年的华北乡村为中心［J］. 近代史研究（4）：76-94，4.

刘树友，2015. 从《夷坚志》看宋代农村的雇佣劳动［J］. 渭南师范学院学报，30（13）：77-82，94.

刘振营，支杏珍，袁慧颖，2003. 我国联合收割机产品与市场的发展：访中国农业机械工业协会理事长高元恩 [J]. 农业机械（2）：16-18.

乔云华，张洪河，1997. 用法律手段保护机收市场健康发展 [J]. 瞭望新闻周刊（27）：24-25.

秦晖，1993. 封建社会的"关中模式"：土改前关中农村经济研析之一 [J]. 中国经济史研究（1）：73-84.

王文兵，王铁成，2017. 宋代乡村的土地流转、阶层分化及社会治理转型 [J]. 学术探索（7）：94-99.

宗锦耀，2008. 坚持走中国特色的农业机械化发展道路：在中国农业机械学会 2008 年学术年会上的演讲 [J]. 农业机械（29）：19-23.

Diao Xinshen, Cossar Frances, Houssou Nazaire (eds.), 2014. Mechanization in Ghana：Emerging Demand, and the Search for Alternative Supply Models [J]. Food Policy, 48（1）：168-181.

Kamboj Parminder, Khurana Rohinish, Dixit Anoop, 2012. Farm Machinery Services Provided by Selected Cooperative Societies [J]. Agric Eng Int：CIGR Journal, 14（4）：123-133.

Mottaleb Khondoker A. & Rahut Dil Bahadur, Ali, Akhter (eds.), 2017. Enhancing Smallholder Access to Agricultural Machinery Services：Lessons from Bangladesh [J]. The Journal of Development Studies, 53（9）：1502-1517.

专项报告篇

中国农业企业社会责任报告

　　企业社会责任是指企业在谋求股东利润最大化的同时应对社会承担的责任和履行的义务。企业社会责任体现在环境保护、创新发展、公益慈善、客户权益、产品质量、员工权益、可持续发展等多个方面。履行社会责任，有助于提升企业形象，提高企业与社会的融合度，促进企业可持续发展。越来越多的企业在转型升级中注重履行社会责任，赢得投资者和消费者好感，获得良好声誉及口碑。农业企业根植性强，与农民接触多，履行社会责任具有更为凸显的重要性，是其融入乡村社会的关键。近年来，农业企业积极履行社会责任，带动农民增收致富，引领小农户发展现代农业，发挥出农业现代化的骨干引领作用，正成为乡村振兴的重要推动力量。

一、农业企业的社会责任

　　农业企业的社会责任与其他企业的相比，既有共同性，也有独特性。所有企业都要承担社会责任，包括经济责任、环境责任和社会慈善责任。经济责任是指企业内部非股东相关利益人的社会责任。农业企业与其他企业一样，都应当对员工承担责任，表现为提高生活待遇、按时足额发放工资及奖金、不断改善劳动条件、提高员工满意度和其他福利、杜绝重大伤亡事故发生、积极预防职业病、建立规范的员工培训制度等。环境责任是指企业应承担起节约保护资源的责任，加强环保投入、淘汰落后产能、开展节能减排。社会慈善责任是指企业应该根据自身的条件，积极参与社会慈善事业发展，表现为参与社会救助、物资保障、照顾弱势群体等。

　　农业的特殊性，决定了农业企业的特殊性，也决定了农业企业承担社会责任的独特性。相比非农企业，农业企业要承担带动农民增收、保障食品安全、助力农村发展等责任。一是带动农民增收责任。各地都要求农业企业承担带动农民增收的责任，主要措施是订单收购农户农产品，确保农户获得合理收益，同时优先吸纳当地农民就业，为农民创造更多就业务工机会。二是保障食品安全责任。农产品事关城乡居民健康，农业企业必须确保农业生产的物质服务投入安全规范，必须确保供应的农产品质量安全。农业企业要严格执行质量控制要求，确保产品质量安全，如自建高标准基地、制定市场原料采购标准、制定质量安全生产制度、开展绿色有机食品认证等。三是助力农村发展责任。在实施乡村振兴战略的大背景下，农业企业肩负着促进乡村振兴的使命。农业企业的社会责任更多体现在植根农村、发展农村层面上，这是农业企业与一般企业最大的差异。各地都要求农业企业在乡村振兴中发挥作用，通过提升区域产业链促进农业现代化，通过参与基础设施建设、公共服务供给提升乡村宜居宜业水平，通过参与重点帮扶、公益事业等融入乡村社会。

农业企业的社会责任，与居民健康、粮食安全、农民富裕密切相关，对于推进农业现代化和乡村产业振兴具有重要意义。履行社会责任，既是政府支持农业企业的重要前提，也是农业企业自身发展的客观需要。支持农业企业发展的政策措施大都以发挥联农带农作用为前提。2019 年 6 月发布的《国务院关于促进乡村产业振兴的指导意见》强调，引导农业企业与农民合作社、农户联合建设原料基地、加工车间等，实现加工在镇、基地在村、增收在户；引导农业企业与小农户建立契约型、分红型、股权型等合作方式，把利益分配重点向产业链上游倾斜，促进农民持续增收；带动贫困户进入大市场，对吸纳贫困家庭劳动力、农村残疾人就业的农业企业给予相关补贴，落实相关税收优惠政策。2021 年 10 月，农业农村部发布的《关于促进农业产业化龙头企业做大做强的意见》，强调要增强龙头企业社会责任意识，发展多样化的联合与合作，完善与各类经营主体的联结机制，积极投身乡村振兴"万企兴万村"活动，把产业链实体更多留在县域，把就业岗位和产业链增值收益更多留给农民，促进共同富裕。对于农业企业来说，积极履行社会责任，带动农民增长，参与乡村振兴，有利于获得稳定的农产品原料或持续扩大农村市场，有利于树立良好形象，提高企业发展质量和效益，也有利于优化外部发展环境，获得更多的政策支持和社会资源，顺利实现企业持续升级发展。

二、农业企业履行社会责任的做法和成效

农业企业履行社会责任，主要集中在带动农民增收致富，保障食品质量安全，促进农业现代化，参与农村公益事业等方面。总体来看，农业企业已经成为乡村产业振兴的重要参与者。

（一）带动农民增收致富

农业企业是带动农民增收致富的重要主体，在加快推进乡村全面振兴中具有不可替代的重要作用。大部分农业企业积极与农户发展多样化的联合与合作，建立契约型、分红型、股权型等合作方式，吸纳农民就近务工就业，完善利益分配机制，推广"订单收购＋分红""农民入股＋保底收益＋按股分红"等模式，把就业岗位和产业链增值收益更多留给农民，促进农民持续增收。农业产业化龙头企业是发展农业产业化经营、带动农民增收致富的典型代表。各级政府积极推动农业产业化龙头企业做大做强，支持龙头企业带动农户增收致富。截至 2021 年底，全国县级以上龙头企业超过 9 万家，其中省级重点龙头企业超过 1.8 万家、国家重点龙头企业 1 959 家，辐射带动农户 1 700 万户；全国市级以上农业产业化龙头企业共吸纳近 1 400 万农民稳定就业，各类农业产业化组织辐射带动农户 1.27 亿户，户均年增收超过 3 500 元；农业农村部、国家发展和改革委员会等部门联合公布 412 家农业产业化国家重点龙头企业（第七批），2020 年平均辐射带动农户 2.3 万多户，全年采购初级农产品 1 680 亿元。带动就业 33.2 万人，其中农民 20.3 万人，通过就业促进农民人均增收 1.52 万元。农业企业带动农民增收致富的途径主要来自三个方面：一是订单收购农产品；二是通过合作或入股方式与农民分享增值收益；三是吸纳农民务工就业。在入选 500 强的农业企业中，2020 年和 2021 年主要农产品采购额相比 2019 年出现明显下降，主要是受新冠疫情冲击影响，2021 年比 2020 年有所恢复，但仍明显低于 2019 年。但同期，入选 500 强的农业企业合同联结带动农户数、合作联结带动农户数、股份合作联结带动农户数、联结合作社和家庭农场数量、季节性用工数量、季节性用工工资福利等均呈现逐年增长，说明农业企业带动农民增收致富的能力迅速加强（表1）。农业企业不断创新组织模式带动农民增收，与农户联结日益紧密，逐步形成了产业链利益共同体或乡村产业发展共同体。

表 1 　2019—2021 年农业企业 500 强带动农民增收致富情况

年份	主要农产品采购金额（亿元）		带农增收金额（亿元）		合同联结带动农户数（万户）		合作联结带动农户数（万户）	
	总额	企均	总额	企均	总数	企均	总数	企均
2019	16 540.71	50.28	1 676.75	5.08	1 507.65	4.62	271.96	0.85
2020	10 292.39	31.00	1 720.91	5.15	1 543.29	4.72	460.92	1.43
2021	12 374.99	37.05	2 085.01	6.24	1 549.54	4.72	541.35	1.67

（续）

年份	股份合作联结带动农户数（户）		联结合作社和家庭农场数量（家）		季节性用工数量（人）		季节性用工工资福利（万元）	
	总数	企均	总数	企均	总数	企均	总数	企均
2019	116 285	366	310 334	967	256 658	795	1 883 744.34	5 814.03
2020	127 374	399	719 993	2 236	263 978	812	1 929 868.02	5 938.06
2021	134 022	419	745 122	2 307	325 143	997	2 068 527.88	6 345.18

注：本表数据以填报数据的企业数量和金额计算。500强企业包括农业投入品、农业社会化服务和农产品购销加工等，带动农民增收致富的形式不一样，故每种带动形式的企业数量不同。

（二）保障食品质量安全

农业企业作为农业产业链的关键主体，正成为带领农民闯市场、保障农产品供给的重要支撑。不管是农产品购销、加工，还是农业投入品、农业社会化服务供给，质量控制是企业的核心竞争优势所在。大部分农业企业在发展过程中，都注重加强质量管理，通过农产品全流程质量控制，或者农业投入品、农业社会化服务的规范管理、信息追溯，确保农产品产出和供应的质量，逐渐成为优质农产品供给的重要力量，为食品安全作出了贡献。农业产业化龙头企业是农产品质量保障的中坚力量。在第七批农业产业化国家重点龙头企业中，83.3%的企业通过了 ISO 9000、HACCP（危害分析和关键控制点）等质量认证，58.6%的企业产品获得绿色、有机或地理标志等认证。近年来，我国农业企业一方面积极参与制定农业投入品、农产品加工业、农村新业态等方面的国家和行业标准并严格执行，建立绿色农产品市场准入标准，积极参与国际标准制定、修订，获得国际通行的农产品认证；另一方面，积极创新农业生产组织方式，向农业经营主体普及标准、规范、绿色的生产方式，不断增加绿色优质产品供给，显著提升了农产品质量水平。在入选500强的农业企业中，2019—2021年建立企业质量管理制度的企业数量由 313 家增加到 323 家，获得"三品一标"认证（包括有机产品、绿色食品认证）企业数量由 132 家增加到 135 家（表2）。安井食品集团股份有限公司建立食品安全教育基地，参与社会食品安全教育，普及食品安全法律法规、标准和科学常识，提升市民群众食品安全知识知晓率。同时，该企业积极参与当地食品安全城市/强县创建，加大食品安全投入，建设信息化、自动化、无纸化追溯系统，在做好重要农产品和农业生产关键薄弱环节的基础上，持续推动食品安全责任领域向瓜果蔬菜等经济作物及畜禽养殖拓展。安井食品集团股份有限公司从采购到投料，所有添加剂严格按照相关法规和标准要求进行添加，不使用非食用添加物质，而且在达到预期目的前提下，降低使用量，优先使用成分明确的单体添加剂、天然提取添加剂和无限量食品添加剂。聘请专业技术人员收购、加工，成品包装、入库保存等过程中全程监督，建立完善的奖惩制度，将食品质量安全落实到责任人，保证生产的产品不但符合安全生产标准，更远超各项食品安全标准。河南双汇投资发展股份有限公司建立了覆盖全国的销售配送网络，所有车辆装车前必须经过卫生清洁，检验合格后方可装车；低温产品全程冷链运输，保证安全交付；通过对运输车辆安装车载 GPS/北斗定位系统，监控车辆运行轨迹，实现货物运输的过程监控。双汇公司在全国配置有庞大的业务队伍，定期对销售进行监督和管理，确保终端产品受控；设有"400"市场服务热线，由公共关系中心每天接收客户投诉信息，指导业务人员及时解决消费者诉求；建有应急响应制度，每年进行模拟应急演练；建有不安全食品召回控制程序，能够快速、全面召回问题食品，充分保护消费者的利益。

表 2　2019—2021 年农业企业 500 强保障食品质量安全和带动发展现代农业情况

年份	加入农业产业化联合体的企业数量（家）	建立企业质量管理制度的企业数量（家）	获得"三品一标"认证企业数量（家）
2019	112	313	132
2020	121	318	135
2021	135	323	135

注：2019 年、2020 年、2021 年分别有 4 家、5 家、5 家企业获得绿色食品或有机产品认证。

（三）促进农业现代化

产业兴旺是乡村振兴首要任务。农业企业作为重要的引领者，始终发挥着促进农业现代化的关键作用。农业企业是乡村产业的骨干力量，是农业现代化的重要载体。很多农业企业将成熟的商业模式和经营理念引入农业，带动农户发展既适宜本地资源禀赋，又具有市场潜力的特色产品，成为农业供给侧结构性改革的排头兵。农业企业积极创新产业组织方式，推动种养业向规模化、标准化、品牌化和绿色化方向发展，建设规范化乡村工厂、生产车间，延伸拓展产业链，推动产业链更多环节下沉乡村，不断提高质量效益和竞争力。同时，作为引领乡村全面振兴和农业现代化的生力军，农业企业积极带动农民合作社和家庭农场发展，引领小农户发展现代农业，联合农民合作社、家庭农场、农户以及从事农业技术研发、储运销售、品牌流通、综合服务等全产业链各类主体，共同开发优势特色资源、优化配置创新要素，发展农业产业化联合体，提升企业联农带农水平，提高资源要素的利用和产出效率，成为打造农业全产业链、构建现代乡村产业体系的中坚力量。农业企业还通过为农户提供农资供应、技术集成、培训指导、农机作业、冷链物流、市场营销等全方位社会化服务，促进小农户和现代农业发展有机衔接。在入选500强的农业企业中，2019年到2021年，企均联结合作社和家庭农场数量由967家增加到2307家，企均联结带动农户数量由5.51万户增加到6.43万户，加入农业产业化联合体的企业数量由112家各增加到135家（表1、表2）。目前，全国县级以上农业产业化联合体共有7000多个。

在带动小农户发展现代农业方面，不少农业企业充分整合先进机械设备、技术人才等企业资源禀赋，面向小农户开展农业社会化服务。如中粮集团有限公司积极探索"农业综合服务平台"模式，以粮食为载体，以农资、农机、金融、粮食银行以及订单农业、代储代烘、农业技术、农业信息等4大类、11项业务为途径，创建中粮农业产业化"生态圈"，促进产业资源融合，满足好"农民、消费者、政府和合作伙伴"四方需求，加快促进小农户粮食生产由"生产导向"向"消费导向"的转变。不少农业企业为小农户创造了参与现代农业产业链的机会。新希望控股集团有限公司发挥其在畜牧业方面的技术、规模、组织等综合优势，建立种猪场、饲料厂、技术服务队伍等，并提供金融担保服务，帮助、支持当地农民成立数百家家庭农场，通过科学且规模适度的"公司＋家庭农场"的方式，由企业弥补传统畜牧养殖产业链中资金、市场、技术等短板，为农户提供包括种苗、饲料、兽药在内的生产资料，对农户进行科学的养殖技术指导，并负责后期市场销售，提高农户的养殖效率，降低养殖及市场风险，最大程度保障农民收益。新希望公司确保农户每头猪盈利不低于150元，通过规模化的养殖（每户1000头），使每个农场年收入不低于15万元。

（四）参与农村公益事业

农业企业是所在地公益事业的重要参与者。近年来，农村公益事业迅速发展，农业企业发挥了非常关键的作用。一是参与脱贫攻坚。农业企业积极参与各地开展的结对帮扶、对口支援等活动，与贫困户建立多种形式的利益联结机制，在贫困地区合作创建绿色食品、有机农产品原料标准化生产基地，带动贫困户进入大市场。福建圣农控股集团有限公司坚持企业发展与带动帮扶村相结合，因地制宜实施产业帮扶，采取"民企带村"模式，将企业优势资源导入8个集体经济"空壳"村，2018年投资1100万建设扶贫工厂——鸡肠加工厂，由村集体承包生产加工，每吨提取400元作为村财收入，所在村2020年集体经济收入达120万元，吸纳了70%村民就业，100

多名年龄偏大、缺乏技能、生活贫困的农村劳动力实现了在家门口就近上班，每年发放工资达 700 万元。圣农集团还无偿投入 5 000 万元，带动跨村联合抱团发展，组建股份制物流企业，引进职业经理人，带动 6 个村脱贫致富。湖南新五丰股份有限公司在平江县三墩乡公平村推行"模块化养殖单元"的扶贫模式，将产业链条延伸到贫困村，采用标准化、智能化管理，并承担市场风险，确保村组集体稳定收入，同时参股并负责运营西藏隆子县玉麦湘科技发展有限公司，在西藏山南市隆子县饲养藏香猪，安排藏族员工十余人就业，2022 年上半年带动当地农牧民增收近 40 万元。新希望控股集团有限公司在"老、少、边、穷"地区投资已超过 50 亿，在新疆、甘肃、宁夏、四川、重庆、贵州、湖北、湖南、云南、江西、海南、河南、山西、山东等省（自治区、直辖市）建造了超过 150 家同类型光彩事业扶贫工厂，带动地方就业 6 万多人，并安置国有企业下岗、转岗员工 13 000 多人。

二是参与公益服务。很多农业企业农村参与基础设施建设、积极进行捐资助学，开展慈善活动。北大荒农垦集团有限公司为保障家庭经济困难学生顺利入学、完成学业，将"扶困"与"扶志"相结合，全面落实"奖、助、贷、勤、补、免、偿"各项学生资助政策，构建物质帮助、道德浸润、能力拓展、精神激励有效融合的资助育人长效机制，培养受助学生自立自强、诚实守信、知恩感恩、勇于担当的良好品质，帮助家庭经济困难学生成长成才。同时，该企业还新开设农村公路建设项目 7 个、农村公路危桥改造项目 15 个；新建、更新改造垃圾处理项目、垃圾收转运项目 52 个、污水处理厂 43 个、供热管道 202 千米、供水管道 168 千米、排水管道 42 千米；累计接收安置退役士兵 247 人，为 1 546 名退役士兵办理了社会保险接续。不少农业企业还为农村养老等公益服务事业提供资金，助力乡村公益事业发展。深圳市京基智农时代股份有限公司 2020 年 6 月以来，在湛江徐闻、茂名高州、广西贺州、海南文昌等地捐助扶贫资金近 400 万元，帮扶低收入群体，完善乡村基础设施建设，改善乡村路网建设，修建长者中心、乡村路灯、公共厕所等基础设施，帮助村民疏通和修复镇村河道、沟渠等，推进美丽乡村建设，用实际行动助力乡村振兴。

三、农业企业社会责任评价办法

（一）农业企业社会责任评价方法

目前，国内外有 20 多种企业社会责任的评价方法，这些方法在指标体系的全面性和赋权方法的选择上存在差异。所有方法中，KLD 指数法是目前国际上被普遍认为较好的方法。KLD 指数法是 20 世纪 90 年代，由独立调查和评级机构 KLD 公司分析师为愿意将社会因素纳入其投资决策考虑的投资者所提供的一种企业社会责任的测量方法。KLD 指数法主要从环境、社区关系、雇佣关系、机会平等以及消费者关系这五个方面对企业的社会责任进行评价，是目前西方企业社会责任领域中应用最广泛的测评方法。该方法的优点是评价人员为独立于企业的第三方，有意识地吸纳了社会各阶层人士的广泛参与，在一定程度上增加了评价结果的公正性和客观程度，且反映了社会投资者对上市公司的关注程度；另外，该方法的研究对象涉及多个行业的多家企业，样本量大大增加，且允许研究者跨越时间纬度对公司社会责任进行连续评价，因此可以较好地评估公司社会责任履行情况。表 3 通过对比企业社会责任评价方法，直观地展现了企业社会责任评价方法的优劣性。

表 3　企业社会责任评价方法

方法	构成内容	优点	缺点
索尼菲尔德法	企业社会责任和社会敏感性	采用定量统计分析方法，可以对不同企业的社会责任绩效进行评价；与通过企业内部人员的调研评价不同，外部利益相关者因为独立于企业，评价结果更加独立、客观和公正	缺少企业内部的重要利益相关者的评价，缺少了整体性和全面性
内容分析法	产品质量、人力资源、机会平等、生态环境、社区公益、社会慈善等六大方面的内容	评价步骤和程序客观合理，研究结果更具有易获性、公开性、有效性、可检验性和客观性	资料来源的可靠性不足，主动披露的信息可能失真或不全面
声誉评级法	企业的创新能力，产品与服务的质量，人才的吸引、培养与使用以及社区、环境责任	评价者是非常熟悉和了解所在行业以及相关问题的专家，数据具有较高的可靠性和可比性	人力成本和资源消耗高，只能限定于一些特定的实力较强的研究机构，不适宜大范围普及，指标之间存在线性相关
KLD 指数法	环境、社区关系、雇佣关系、机会平等、消费者关系五个方面	评价人员为独立于企业的第三方	须以大而全的数据库为依托
Clarkson 指标法	员工、股东、供货商、顾客以及公众利益	从利益相关方维护自身权利的视角来进行评价和衡量	评价资料和数据来源于企业内部，缺乏外部监督监管时，真实性和可靠性误差大

（二）农业企业评价指标选取原则

为了客观评价农业企业的社会责任，农业企业社会责任评价指标应遵循如下原则。

一是科学性原则。科学性原则作为一项基础性原则，保证了所构建的评价体系客观、全面。基于科学性原则选取的指标要有一定的理论基础作为参考和支撑，能具体体现被评价内容的一些关键性特点，能充分全面反映评价内容，既要有代表性和针对性，也要注意精炼筛选。

二是可比性原则。可比性原则强调的是评价结果的纵向可比性及横向可比性，旨在加强评价结果的实践性。

三是系统性原则。社会责任是多方面的，构建的指标体系应当相对完整，不能以偏概全。各项指标应当相互配合，通过具体评价和综合汇总，可达到对企业社会责任履行情况的全面了解。

四是可获得性原则。应根据实际情况选取指标，充分结合我国当前的各项政策法规及各农业企业信息披露特点，确保可以较为方便地获取各项指标数据。

五是经济性原则。农业企业是以盈利为目的的主体，进行企业社会责任评价会消耗大量的人力和物力资源。评价指标的选取要尽可能少而精，评价方法操作简便，切实可行。

（三）农业企业社会责任评价指标

农业企业社会责任评价既包括对企业社会责任的一般性评价，也包括对农业企业承担的额外（特殊）社会责任的评价。因此，评价指标要包括如下几个方面（表4）。

表 4　农业企业社会责任评价指标

指标体系内容	一级指标	二级指标
经济绩效指标	对股东的责任	净资产收益率
	对债权人的责任	资产负债率、速动比率
	对供应商的责任	现金应付账款比率
社会绩效指标	对员工的责任	职工薪酬增长比
	对消费者的责任	成本费用利润率
	对政府的责任	总资产纳税率
	对公益事业的责任	收入捐赠率
生态绩效指标	对环境的责任	环保支出收入比

（续）

指标体系内容	一级指标	二级指标
联农带农绩效指标	引领农业现代化的责任	固定资产投资（农业生产）经费占收入比重、带动新型经营主体数量和产值、建立购销关系并统一生产标准的小农户数量、建立生产示范基地的规模和产值、培训农民情况
	保障农产品质量的责任	产品抽检合格率、消费者满意率、产品质量认证情况（有机产品、绿色食品等）
	农村社会发展的责任	农村基础设施建设投入情况、农村公益服务投入情况、农村慈善捐助情况
	带动农民就业增收的责任	农产品收购额、农业投入品或农业社会化服务优惠额、联结带动农户数量、带动农民增收金额、吸纳当地农民就业数量

一是经济绩效指标体系。以有效增加值为核心指标，从盈利能力角度、偿债能力角度、免费使用供货企业资金的能力角度分别设置评价指标，主要包括：①对股东的责任。股东是企业资金的投入者，企业应该保证股东的投资保值增值，定期提供财务报告等信息。采用净资产收益率来衡量企业对股东责任的履行情况。②对债权人的责任。债权人是也是企业资金投入者。企业若不按期缴付利息、到期还款，将面临诉讼、破产等风险，债权人利益将受到伤害。采用资产负债率和速动比率两项指标来考量企业对债权人责任的履行情况。③对供应商的责任。供应商与企业属于供应链上的上、下游关系，为企业提供生产或服务的原材料或服务，双方合作共赢可以提高生产经营效率。选取现金应付账款比率来衡量企业对供应商责任的履行情况。

二是社会绩效指标体系。社会绩效评价是对企业实际履行社会责任情况与其相应承受能力之间的匹配度的评价。①对员工的责任。企业应当为员工提供符合法律框架的薪酬、福利和保障体系，保障员工生产安全、职业健康。选取职工薪酬增长比来衡量企业对员工的责任。②对消费者的责任。消费者是企业经营收入的主要来源，是企业战略经营目标实现的根本驱动力。企业应当为客户提供优质服务，生产质量过硬的商品，为所提供的商品和服务制定合理价格。选取成本费用利润率来对衡量企业对消费者的责任履行情况。③对政府的责任。从纳税角度来评判企业社会责任的履行情况更具科学性及可操作性。选取总资产纳税率来衡量企业对政府的责任履行情况。④对公益事业的责任。选取了针对公益事业责任的评价指标，即收入捐赠率来评价企业对公益事业责任的履行情况。

三是生态绩效指标体系。企业应善待环境与资源，加大环保支出的投入，节约资源，减少"三废"排放。选取环保支出收入比来衡量企业对生态环境的责任履行情况。该项指标是企业环保支出与主营业务收入的比，农业企业每一单位的主营业务收入总额中所负担的环保投入金额越高，说明企业越重视对环境的保护。

四是联农带农绩效指标体系。对于农业企业而言，社会属性是农业，其生产和经营的基础源于农业并影响农业，故从引领农业现代化的责任、保障农产品质量的责任、农村社会发展的责任、带动农民就业增收的责任角度分别设置的指标体系，主要包括：①引领农业现代化的责任。现代农业企业具有卓越的技术和资本优势，并且在提高农作物产量、改变品种和改变种植结构方面非常高效，能成为小农户与现代农业发展的有机中间体，在促进农业生产上有着显而易见的作用。采用固定资产投资（农业生产）经费占收入比重、带动新型经营主体数量和产值、建立购销关系并统一生产标准的小农户数量、建立生产示范基地的规模和产值、培训农民情况等方面来衡量企业对引领农业现代化的责任履行情况。②保障农产品质量的责任。农产品作为人民日常生活中赖以生存的重要物质，其安全尤为重要，因此要求农业企业在食品生产和加工的产业链中的各个环节以及在经营过程中以消费者的健康和安全为第一标准。采用产品抽检合格率、消费者满意率、产品质量认证情况（有机产品、绿色食品等）等指标来衡量企业对保障农产品质量责任履行情况。③农村社会发展的责任。农业企业等重要载体是国家涉农政策支持的重要目标，农业企业与政府一起完成较重的社会责任和任务，选取农村基础设施建设投入情况、农村公益服务投入情况、农村慈善捐助情况来衡量企业对农村社会发展责任履行情况。④带动农民就业增收的责任。农业企业在促进农民的收入和生产方面发挥了重要作用，这也要求农业企业不能以企业利益最大化为目标，而必须同时考虑农民的利益，给予农民收益上的保障。选取农产品收购额、农业投入品或农业社会化服务优惠额、联结带动农户数量、带动农民增收金额、吸纳当地农民就业数量等指标来衡量企业对带动农民就业增收责任履行情况。

参 考 文 献

卢代富，2001. 国外企业社会责任界说述评 [J]. 现代法学（3）：137-144.

齐艳秋，2016. 基于三重盈余架构的中国农业企业社会责任评价研究 [D]. 成都：四川农业大学.

肖焰，谢雅鸿，2021. 农业产业化龙头企业社会责任研究评述与展望［J］. 西安石油大学学报（社会科学版），30（1）：45-51.

谢玮贞，2014. 农业上市公司社会责任报告质量研究［D］. 长沙：中南林业科技大学.

徐怀伏，张梦婕，2013. 企业社会责任衡量方法综述［J］. 现代商贸工业，25（8）：18-19.

徐雪高，张照新，2013. 农业龙头企业社会责任：概念界定、履行动因与政策建议［J］. 经济体制改革（06）：63-67.

张多蕾，许少山，薛菲，等，2022. 战略激进度与企业社会责任履行：基于资源获取的视角［J］. 中国软科学（6）：111-123.

周升师，陈祥龙，2022. 非沉淀性冗余资源与农业企业社会责任履行［J］. 农村经济与科技，33（19）：253-256.

Carroll A B，1991. The pyramid of corporate social responsibility：Toward the moral management of organizational stakeholders［J］. Business Horizons，34（4）.

Effrey Sonnenfeld，1982. Measuring Corporate Performance［J］. Academy of Management（6）.

John Elkington，1998. Accounting for the triple bottom line［J］. Measuring Business Excellence，2（3）.

中国农业企业科技创新报告

习近平总书记在中央农村工作会议上强调，要依靠科技和改革双轮驱动加快建设农业强国，要紧盯世界农业科技前沿，大力提升我国农业科技水平，加快实现高水平农业科技自立自强。纵观全球，世界农业强国的一个重要特点就是大力推进高水平农业科技创新。加快建设农业强国，我国应重点挖掘农业科技潜力，同时不断推动农业创新主体多元化发展，激发农业企业创新潜力。

一、我国农业创新总体情况

（一）农业创新环境不断优化

党的十八大以来，以习近平同志为核心的党中央高度重视农业科技创新，坚持以深化改革激发创新活力，作出"必须把创新作为引领发展的第一动力"的重大战略抉择，实施创新驱动发展战略，加快建设创新型国家。至此，我国农业科技创新步伐明显加快，农业创新环境显著优化。党和政府围绕农业科技重大问题相继出台《"十三五"农业农村科技创新专项规划》《全国农业科技创新能力条件建设规划（2016—2020 年）》《"十四五"农业农村科技创新专项规划》《农业部关于深入贯彻落实中央一号文件加快农业科技创新与推广的实施意见》《关于深化农业科技体制机制改革加快实施创新驱动发展战略的意见》《农业部关于促进企业开展农业科技创新的意见》等一系列政策措施，对我国农业科技创新进行整体谋划。中央一号文件多次强调，加强我国农业科技创新体系建设。党的二十大报告再次强调，加快建设农业强国，扎实推动乡村产业、人才、文化、生态、组织振兴，同时强调，农业强国需要强化农业科技和装备支撑。

在新的现代化征程上，推动高水平农业科技自立自强，为加快建设农业强国提供了坚实的保障。从中央到地方，各级政府与组织不断出台相关政策，加强引导，为全国范围内农业科技创新营造了良好生态环境，为强力推进农业科技发展发挥了重要的作用。

（二）农业创新能力显著增强

十八大以来，党和国家高度重视农业科技事业发展，不断健全农业创新体系、加快农业科技战略布局，推动我国农业创新水平显著提升，我国农业科技创新能力进入世界前列。进入新世纪以来，我国农业科技进步贡献率始终处于上升阶段，2020 年突破 60%，创历史新高（图 1）；全国农田有效灌溉面积比和耕收种机械化率整体处于上升趋势，分别在 2020 年达到 52% 和 72%。国内种业自主创新取得了重要的进展，国内种业实现前沿技术突破，研发了超级稻、节水抗旱小麦等一系列新品种；优良品种市场化水平得到提高，2020 年，我国农作物良种覆盖率达到 96%，基本已实现良种全覆盖。企业逐步成为育种创新主体，近年种业企业申请的新品种保护数量逐年增多，企业品种权申请量占比超过 57%。种业企业创新能力增强，通过加大科技投入、加快生物技术创新的方式，优化优良品种选育、推动品种产业化，进一步增强了种业产品市场竞争力。一系列数据均显示，当前我国农业创新实力整体增强，为农业高质高效发展提供了强有力的支撑，为农业现代化建设开创了新局面。

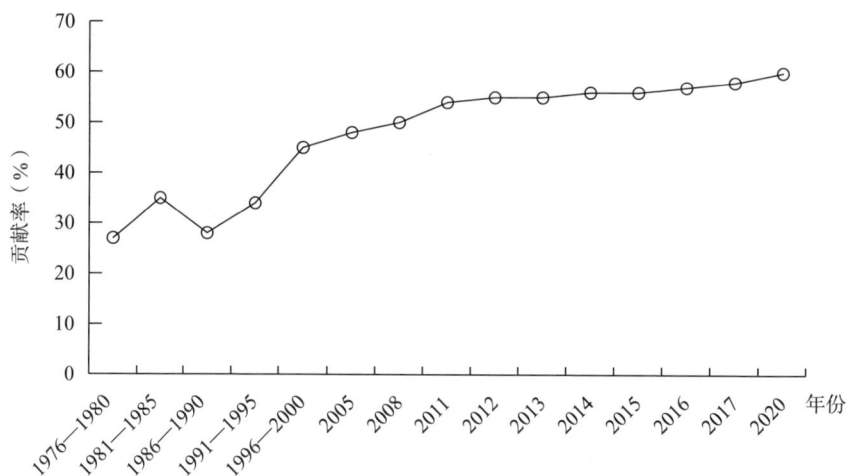

图 1　中国农业科技进步贡献率
（数据来源：《中国农业农村统计摘要 2021》。）

（三）农业创新投入不断增加

"十三五"期间，在党和政府各项农业创新政策的支持下，全国农业创新资金和人才投入不断增加，全国农业创新投入整体处于增长阶段。从全国数据

来看，2020 年全国农业科研机构课题经费投入和课题人员工作量投入均达到
历史最高水平，较 2016 年分别增幅达到 32.5％、11.0％，图 2、3 显示，试
验发展经费投入占比最高，占总经费投入和总年时工作的 45％。同时，农业
企业成为农业科技创新的重要力量，通过设立研究院、建设研发中心、完善研
发设备、搭建人才队伍等方式加大经营过程中的科研投入，增强自身科技实
力。以全国前 50 强种业企业为例，其研发投入超过 15 亿元，年研发投入占比
与国外种企的差距逐步缩小。巨大的科研经费投入和人力投入，为农业领域创
新提供了坚实的物质支撑，不断夯实我国农业科研基础力量，有利地推动农业
科技创新取得新成效。

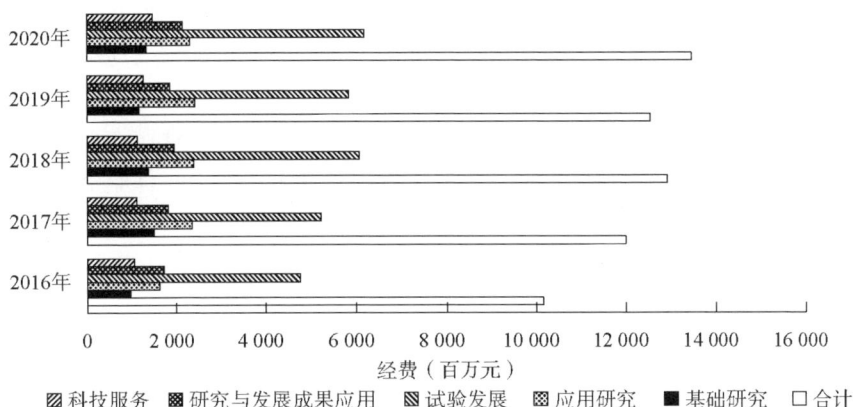

图 2　全国农业科研机构课题经费投入情况

（数据来源：《"十三五"中国农业农村科技发展报告》。）

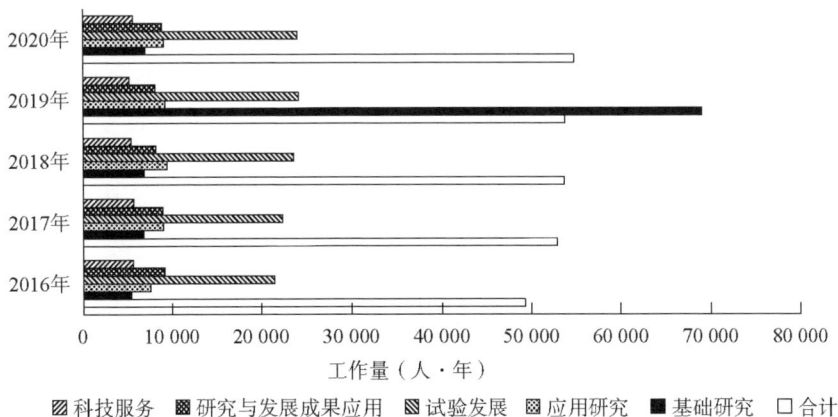

图 3　全国农业科研机构课题人员折合年时工作量

（数据来源：《"十三五"中国农业农村科技发展报告》。）

（四）农业创新成果显著

我国农业创新成果显著，在绿色发展、农业机械化、种业创新等方面取得了重大进展。农业资源利用水平得以提升，绿色农业发展速度加快。农业企业向农户推广绿色低碳种植技术，采用施用有机肥、秸秆还田等绿色技术，实现农业生产提质增效。目前，我国化肥农药使用量连续四年实现负增长，秸秆综合利用率高达86%，畜禽粪污综合利用率超过75%，农膜回收率达到80%。农业机械化智能化进程加快。农业遥感技术、无人耕地整地技术、智能温室等取得突破性进展，2020年小麦、水稻、玉米三大作物机械化率分别达到97%、84%和90%，农业生产进入以机械化为主导的新时期。我国种业在关键技术突破、新品种培育与推广方面均取得了进步。我国农业科学家推动基因编辑技术应用，自主研发基因编辑新工具；成功培育超级稻、节水抗旱小麦、耐除草剂大豆等大批新品种，在粮食主产区建立示范区推动三大粮食作物平均单产新增5%，生产效率提高18%，进一步保障我国粮食生产能力。种业企业选育了一批高质优产农作物品种，如大豆品种龙垦3092、优质长粒香稻新品种龙垦2021（垦川香）等，通过商业化运营加大新品种推广，推动优良品种市场化进程。

（五）农业创新仍面临挑战

进入新发展阶段，我国农业科技创新依然面临诸多挑战。国内要素的市场价格呈波动上涨趋势，对农业科技创新资金提出了更高要求。国内农业创新主体仍处于发展阶段，创新主体呈现多元化发展趋势，但仍未发生根本性变化。农业的基础研究、底层技术、原创性成果依然不足。全球重大公共卫生突发事件的发生、全球气候的变化影响、国际关系的变化等加剧了农产品市场波动，进一步恶化了农业创新环境。而受国内有限的资源环境约束及可持续发展需要，也对农业创新提出了更高要求。纵观全球，农业强国必是农业科技创新强国。相比之下，我国农业科技创新能力不强的问题依然存在。面向未来，我国必须比以往任何时候都要更加重视和依靠农业科技进步，加强科技创新特别是自主创新能力，真正提高应对国际风险的能力。

二、我国农业创新存在的问题

（一）农业科技成果转换率低

近几年，我国在农业科技上取得了不少成果，但我国依然存在由于农业科技产学研转化效率不高，导致有效的农业技术供给不足的现象。根据农业相关部门的统计，西方国家农业科技成果的转化率整体在 70% 以上，而我国却不足 50%，这说明我国科技创新和农业生产联系不紧密。产生这一问题的原因主要有，我国农业创新的主体依然是各级科研单位，市场化的农业创新主体发展不足，这导致农业技术的需求与供给之间存在严重的不对称，农业技术的创新、推广和生产之间相互脱节，未能成功地转化为现实的生产力，造成农业科技资源的浪费。另外，农业科技成果的研发过程存在研发周期长、研发成本高昂的特点，这将进一步增加农业技术转化的成本，对打开该部分市场提出了更高的要求。同时，农民作为农业技术的使用者，往往文化水平相对较低，对新技术、新产品的接受程度十分有限，农业新技术成果的转化率也会因此受到影响。农业科技成果在转化过程中缺乏相应的能力和条件，也会在一定程度上影响农业科技产学研转化效率。从专利申请情况看，我国高校科研机构的农业领域专利申请占据较大比重，授权专利许可转让比例低，产学研转化不畅。

（二）农业创新主体单一

根据世界农业强国的发展经验，农业技术创新的主体应该是农业企业，企业作为市场化经营主体，能够直接对接消费者，将技术转化为生产力。而目前我国涉农企业的科技创新能力整体偏弱，我国涉农企业科技创新投入占比不到 3%，远远低于欧美等国家的投入水平。我国农业技术创新主体主要是由政府牵头的农业科研机构，农业科技型企业数量较少。在农业科研机构之间，部分机构存在重复设置的问题，行政依附较为严重，经费的不足直接影响科研项目的进展，科研成果也往往难以与市场有效对接进而转化为生产力。我国农业产业链有"链条长、主体多"的特点，这也导致了农业企业科技创新存在创新难度大、创新链难以反哺产业链等突出问题，农业企业创新积极性不高。

（三）农业创新投入依然不足

农业创新投入是保障农业创新顺利开展的物质基础，农业科研经费投入不足，严重制约着农业科技创新发展。目前，我国已经在不断加大农业创新投入，但与世界农业强国依然存在较大差距。联合国粮农组织建议，发展中国家农业科研经费的投入应占农业 GDP 比重的 1% 以上，我国农业科研经费的投入仅占农业 GDP 的 0.6% 左右，远远低于发达国家。资金缺乏会导致科研进度慢、科研成果难以推广、农业技术革新困难、科研人员积极性不足等问题，阻碍我国农业的稳定发展。同时，统计数据显示，我国农业资金投入往往以横向课题为主，资金投入周期较短，这将严重影响农业科技研发、推广和创新等能力水平的持续提升。

（四）农业科技人才队伍不稳定

人才是农业科技创新的基础和关键。首先，我国农业方面的科研人才稀缺，现有的科研人才专业水平不高，远没有达到现代农业科技创新发展的要求。从数量上看，我国农业科技人才总量不足130万人，占农业人口的比例不到0.15％，与发达国家相比存在较大差距。其次，农业科研人才专业能力较为单一，往往实践经验不足，对现代农业新技术的熟悉程度不够、操作能力不足，并不能迅速适应农业现代化发展的要求。且因地域经济的影响，近几年，西部地区农业科技人才流向东部地区的趋势更为显著，科研人员往往不愿长期在贫困地区发展，吸纳、留住优秀人才已成为难题，这导致东部地区的农业科研人员数量多于西部，科技创新人力资源不足，限制了农业科技的均衡发展。

三、案例

（一）江苏明天种业科技股份有限公司

江苏明天种业科技股份有限公司由江苏省农业科学院于2001年投资3 000万元创办。2014年6月，该公司在全省范围内率先进行股权置换，完成科企分离后成为一家全民营股份制企业，主营业务涉及水稻、小麦、玉米等主要农作物。公司已建成集科技创新、品种测试、种子生产、种子加工、种子营销、技术服务为一体的种子科技产业链，企业管理涵盖从技术创新到品种大规模产业化的全过程。公司拥有企业院士工作站、农作物种子工程技术中心和育种研究院等科研平台，通过省级审定和国家审定品种52个。

在科研方面，明天种业持续加大投入力度。2012年，明天种业成立专有研究院，目前，现有科研用房1 760平方米，新品种测试点93个。其拥有两大省级研发平台、三大品种测试平台和六大科研基地，逐步形成"以市场需求为导向，以培育、引进具有核心自主知识产权的优质、多抗、高产、广适的系列新品系为研发重点"的商业化育种体系。近三年，明天种业累计投入研发经费7 987.2万元，自主选育的深两优862、扬籼优986、宁两优1513、明天695、明科玉77、明天636、明天99、明玉1203、明麦13、明麦133、南粳3908、明香粳813、徐稻119等强势新品种已大面积示范推广，市场反响强烈。2021年11月，明天种业进一步扩大投资，投入1.5亿元建设江苏明天种业（金湖）产业园项目，该产业园主要从事杂交水稻、小麦种子科研、制种生产及加工工作。项目建成后，将进一步提升年加工农作物种子生产能力、提高农作物种子加工产能，预计可实现年加工水稻、小麦等农作物种子3万吨，实现年销售1.8亿元，增加就业岗位100人，带动周边农户1 000户，将进一步提高当地农作物种子加工产能,形成产业化发展格局,促进产业结构调整。

在产业化经营方面,明天种业以稻、麦、玉米为生产经营主体,采取"核心基地＋制种单位＋大户"的模式,稳定良种生产和供应,制种面积达30万亩左右。明天种业现有南京和洪泽两大仓储加工中心,拥有2万多平方米的仓库、厂房和晒场以及4条现代化的成套种子生产加工线。在建的江苏明天种业(金湖)产业园面积36.7亩,总建筑面积13 600平方米,拥有2万吨仓储能力、2条现代化成套种子加工线,年加工能力达5 000万斤以上。在进行品种创新和稳定生产的同时,明天种业不断创新和优化营销模式,逐步形成常规稻麦板块以苏皖市场为核心,加快向北拓展的步伐;杂交水稻板块继续稳定长江流域市场,探索优质稻米全产业链运营模式;玉米板块立足黄淮海,辐射东华北市场的产业化布局。同时,明天种业加速海外业务板块的开拓,布局"种子—种业—农业"走出去的战略规划,杂交水稻在缅甸等东南亚国家已形成一定的规模及品牌效应,目前业务领域已涉及常规籼稻、蓖麻、绿豆、芝麻等作物育种、生产及贸易。近三年,公司累计销售各类种子5.26亿斤,实现销售收入16.34亿元,销售业绩大幅提升。

明天种业与农民构建了紧密的利益联结机制。2020—2021年共带动农户数20 997户。具体做法如下:

1. 企业带农。明天种业在江苏、安徽、福建、甘肃、新疆等地有稳定的制繁种基地30万亩,通过与当地企业合作,实行"龙头企业＋农户"的模式,对农户原有的土地进行流转,同时在制种田间管理方面增加了当地的工作岗位,返聘流转土地的农民,不仅保证了当地农户的收成,还增加了岗位收入,带动了当地农户增效增收。

2. 技术为农。在种子生产销售过程中,明天种业通过多渠道做好种子销售后续服务。每年公司组织不少于3 000场次的农民会、现场观摩、技术培训会议,邀请省内外专家对每种作物的栽培技术、新的栽培模式等进行宣讲,并与江苏省农业科技报社合作,定期发布作物栽培关键技术关键时期提醒,通过现代科技大户服务微信群等手段定期发布,有效增加了农民种植户的种粮技术水平。同时,公司鼓励下游粮商参与公司培训,掌握种植户的种植品种分布,实现互通上下游信息,有效缓解了种植户的卖粮难问题。

3. 质量惠农。明天种业实现了全面质量管理体系,将检验工作贯穿于全过程,积极参加ISO 9001质量体系认证。在种子生产经营环节建立质量保证体系,制定人员岗位责任制和完善的种子检验制度,推动检验工作规范化、标准化。同时,明天种业拥有完善的种子检验流程,在整个生产过程中进行监督检验,并建立田间生产档案。种子入库前需进行质量状况测定,对种子的真实性、净度、发芽率进行逐项检测,保证出库前出具的各种子批次均合格检验报告。最后，公司在质量安全了实行一票否决制，坚决杜绝弄虚作假、违法乱纪行为。

（二）北大荒垦丰种业股份有限公司

北大荒垦丰种业股份有限公司是一家集研发、生产、加工、销售、服务和进出口业务于一体，具有完整产业链、多作物经营的现代国有控股种业公司，注册资本4.7亿元。垦丰种业连续多年被评为国家高新技术企业，是中国种子行业"十年AAA级信誉企业"、首批农业部颁证的"育繁推一体化"企业，国家及黑龙江省农业产业化重点龙头企业，国际种子检验协会（ISTA）会员。目前，垦丰种业在行业综合排名全国前列，是我国种业的头部企业。

垦丰种业始终坚持以自主创新支撑企业长远发展为基本原则，着力构建以商业化育种为核心的研发创新体系。垦丰种业研发平台达到了国际先进水平，其名下的垦丰生物技术实验室先后获批为"农业部作物生物技术育种重点实验室""全国博士后科研工作站""黑龙江省垦丰种业三大作物分子育种技术创新中心""黑龙江省大豆生物育种重点实验室"。垦丰种业还打造了一支国内领先的水平研发人才梯队，先后引进3位来自美国的高端研发人才和多位黑龙江省内资深育种专家，任职技术总监、首席科学家等重要研发岗位，公司现有研发人员372人，其中，博士9人，硕士69人。垦丰首创国内Pipeline育种机制，垦丰种业探索Pipeline育种模式，构建起了由首席科学家负责、团队成员分工协作、流水线程序化运行的商业化育种体系，并通过优化基地布局、加强信息化建设、完善管理体制机制等措施，实现了资源、技术、信息的共享共用。其研发创新能力获得国家认可，2022年垦丰种业被农业农村部遴选为唯一承担水稻强优势和玉米、大豆补短板3项任务的"国家农作物种业阵型企业"，并牵头组织国家大豆育种联合攻关，成为民族种业振兴发展的龙头。

垦丰种业高度重视农业科技投入，为保障公司研发能力和水平奠定基础。垦丰种业投资近4亿元建设企业自有研发中心，建筑面积达13 000平方米，设有种质资源库、种子科学中心、生命科学中心、未来科学中心和高通量植物表型鉴定中心，称为"一库四中心"，配备有国际领先的全自动植物核酸提取系统、全自动移液工作站、Douglas基因型鉴定系统、芯片检测系统、全自动核酸分析系统和二代测序仪等仪器设备200余台套，以及目前世界最先进、国内最大的室内表型鉴定系统。同时，垦丰种业加大农作物育种环节研发，利用分子标记辅助、基因编辑、全基因组选择、单倍体等现代生物技术加快商业化育种建设体系进程，加大育种的规模，提升育种效率。在科研资金来源投入上，垦丰种业坚持以销售收入资金反哺育种研发，确定了杂交玉米研发投入应占其销售额的8%以上、自交作物研发投入应占其销售额的3%以上的研发资金保障原则，确保长期稳定的研发投入。近 5 年，垦丰种业累计研发投入 4 亿多元，年均 8 000 多万元，占到总销售额的 5％左右。

目前，垦丰种业在农业科技投入上取得了丰硕成果。垦丰种业通过应用分子标记辅助技术、基因编辑、全基因组辅助育种和单倍体育种技术与常规育种技术高效融合，已经实现了优质品种性状的定向改良和精准育种，大大缩短了育种年限，提高了新品种选育进程。目前，垦丰种业已有年参试品种 300 多个，年审定品种 20 余个的育种研发能力。近 5 年，审定新品种 122 个，获得新品种权 107 个，获受理的国家技术发明专利申请 12 项，获得国家版权局颁发的种质资源管理平台软件著作权 1 项，近年来共承担国家、省部级以上项目 10 项。垦丰种业选育的高产优质大豆新品种龙垦 3092，2021 年大面积生产示范测产结果为 604.48 斤/亩，创黑龙江省第四积温带大豆品种高产纪录。2022 年，该品种以 545.6 斤/亩的产量获全国大豆高产竞赛"金豆王"第 9 名。龙垦 2021（垦川香）是垦丰种业选育的优质长粒香稻新品种，亩均产量达 584 公斤，填补了黑龙江省第二季温带早熟、长粒、优质品种的空白，成为北大荒高端优质米推广的主打品种。

垦丰种业坚持绿色低碳发展理念。近年来，垦丰种业通过多种措施持续加大绿色低碳投入。一是选育绿色低碳新品种。公司广泛引进国内外种质资源，通过表型与基因型鉴定，建立综合性状优良的核心资源群体，应用现代生物技术，开展低碳育种，加快培育优质高产多抗、环境友好、资源高效、适宜轻简栽培和机械化生产的突破性农作物新品种，如节水抗旱水稻、耐旱宜机收玉米、高光效高肥效大豆等。二是高度重视种子处理技术。垦丰种业组建专门种子健康团队，多年来在种子健康、种子处理方面持续进行研究突破，每年开展近千个不同处理方式的包衣方案筛选试验，根据包衣质量、种子活力、病虫害防效等情况科学制定包衣方案，并广泛应用于公司所经营的各类作物种子。三是推广品种配套种植技术。垦丰种业重视良种与良法配套，设立技术服务部，对公司种子种植户开展种、管、收全程技术指导与服务，向广大种植户推广与公司品种相配套的绿色低碳种植技术，指导科学灌水、施肥、施药，在保障产量的基础上，促进农业生产的节水减肥减药。

中国农业企业品牌建设报告

品牌是一个名称、标志或符号，用来识别特定生产者、经营者的产品或服务，使之与其他同类产品或服务区分开来。品牌与商标不同，其本身带有"特色""优质"的涵义，带有一定正面导向，是企业形象和产品质量的集中体现。品牌建设是品牌拥有者对品牌发展进行规划、设计、宣传、管理的行为。企业品牌建设包括对品牌的定位、规划、形象、主张和价值观建设，具体内容有资产建设、渠道建设、信息化建设、业务拓展、媒介管理、品牌搜索力建设、市场活动管理、口碑管理和品牌虚拟体验管理等。企业品牌建设对于企业发展起到了至关重要的作用，能够提高企业知名度、强化竞争力，是企业的活力、潜力和可持续发展的能力体现，是吸引投资、促进企业"推销"自身的巨大动力。农业品牌是现代农业的重要标志，是农业强国的重要体现，更是农业企业升级发展的重要依托。品牌建设贯穿农业全产业链，是助推农业转型升级、提质增效的重要支撑和持久动力。近年来，各地以农业产业领域的龙头企业、骨干企业为依托，大力推进农业品牌建设，有效促进了农业产业链综合竞争力提升，使品牌建设成为农业现代化的重要推力。一批享誉全国、影响全球的农业品牌迅速成长起来。

一、农业品牌建设总体情况

农业品牌是对农业领域品牌的总称，是基于农业生产过程所产生的农业生产资料、农业生产物资产品与服务体系以及不同类别消费者对上述过程的体验感知、品牌符号等要素的系统生产、互动、利益消费而形成的独特的利益载体、价值系统与信用体系。农业品牌包括农业区域公用品牌、农业企业品牌和农产品品牌三类。农业品牌建设是促进农民增收、农村消费的重要举措，是加快农业农村现代化建设的重要引擎，更是培育贸易合作新优势的重要途径。加强农业品牌建设已形成了政府大力推动、企业自主创建、社会广泛参与的良好局面，为保障粮食安全和重要农产品供给和支撑推动农业高质量发展提供了重要途径。农业品牌建设已经成为加快农业现代化发展的国家战略。2017年中央一号文件提出"推进区域农产品公用品牌建设，支持地方以优势企业和行业协会为依托打造区域特色品牌，引入现代要素改造提升传统名优品牌"。农业部把2017年确定为"农业品牌推进年"。2018年，农业农村部印发了《关于加快推进品牌强农的意见》。2021年中央一号文件强调"要深入推进农业供给侧结构性改革""推动品种培优、品质提升、品牌打造和标准化生产"。2022年，农业农村部办公厅先后印发了《农业品牌精品培育计划（2022—2025年）》《农业品牌打造实施方案（2022—2025年）》，明确了到2025年的农业品牌发展战略。2019年起，农业农村部推动开展品牌目录建设，启动建立农产品区域公用品牌建设标准，指导各地构建品牌发展体系。

农业品牌是农业高质量发展的重要标志。各地把农业品牌建设列为推进农业现代化的重点工作，以推进农业供给侧结构性改革为主线，以提质增效为目标，加快实施品牌强农战略，注重培养品牌意识、推动培育各类品牌，着力塑造品牌特色，增强品牌竞争力，加快构建现代农业品牌体系，使品牌数量快速增长、品牌效益显著提升，培育出一批知名农业品牌，为推动我国从农业大国向农业强国转变增添了动力。截至2021年底，被省级农业农村部门纳入目录重点培育创建的农产品区域公用品牌约3 000个、企业品牌约5 100个、产品品牌约6 400个。2021年，入驻阿里平台的品牌农产品商家达8.3万家，同比去年的6.4万家增长30％。一批知名农业品牌迅速成长起来。区域公用品牌有天赋河套等；区域产品品牌有宁夏枸杞、云南普洱、玉树牦牛等；企业品牌有中粮、伊利、蒙牛、双汇、三全、鲁花、老干妈等。农业品牌引领产业提质增效，促进农民持续增收，推动消费提质扩容的作用不断凸显。农业农村部市场与信息化司发布《中国农业品牌发展报告（2022）》对300个农产品区域公用品牌进行了跟踪研究，研究表明农业品牌溢价能力明显提升，其中茶叶类品牌溢价幅度高于50％，如安吉白茶、信阳毛尖品牌溢价幅度约为85％和79％。但我国农业品牌多而不精、大而不强、杂而不亮等问题依然存在，品牌竞争力、影响力、带动力仍有待提升。加强品牌建设仍是建设农业强国的重大任务。

二、农业企业品牌发展情况

品牌建设是企业参与市场竞争的重要手段。农业企业品牌承担着向国内外消费者提供优质农产品及服务、推介中国农业、传递中国形象、提高中国品牌价值的重要责任。农业企业品牌是农业品牌的重要内容，是农业品牌建设的关键一环。近年来，农业企业品牌数量迅速增长，政府也把农业企业品牌建设作为农业品牌建设的焦点，以打造农业高质量发展的动力引擎。2018年，农业农村部印发的《关于加快推进品牌强农的意见》，要求"农业企业要充分发挥组织化、产业化优势，与原料基地建设相结合，加强自主创新、质量管理、市场营销，打造具有较强竞争力的企业品牌"，强调"重点培育一批全国影响力大、辐射带动范围广、国际竞争力强、文化底蕴深厚的国家级农业品牌，打造300个国家级农产品区域公用品牌，500个国家级农业企业品牌，1 000个农产品品牌"。2022年6月，农业农村部办公厅发布的《农业品牌精品培育计划（2022—2025年）》明确指出，"培育推介一批产品优、信誉好、产业带动作用明显、具有核心竞争力的企业品牌和优质特色农产品品牌"，支持企业制定发布具有创新性、先进性和国际性的相关企业标准，提升农业品牌建设的标准化和国际化水平。农业农村部出台的《农业品牌打造实施方案（2022—2025年）》明确"到2025年，重点培育300个精品农产品区域公用品牌，带动1 000个核心企业品牌，3 000个优质农产品品牌"。

近年来，农业企业日益重视企业品牌建设，以之作为提升企业竞争力的战略核心和关键举措。目前，农业企业的品牌数量迅速增加和品牌价值迅速提升。在2021年中国上市公司品牌价值总榜的3 000家企业中，农业企业上榜了62家，比2020年增加了8家，品牌价值总计2 624.72亿元，比2020年增加了40.1%。排名前3位的农业企业品牌价值合计921.87亿元，占行业榜单企业总价值的35.1%；排在前20位的农业企业品牌价值合计2 203.12亿元，占行业榜单企业总价值的83.9%。养殖业企业品牌价值远高于农产品加工业、种植业和渔业。在这62家农业企业中，从事养殖业的企业有31家，品牌价值合计2 151.38亿元，占农业企业上榜公司总价值的82%，占据主导地位；农产品合计加工企业占14家，品牌价值合计282.12亿元；从事种植业的企业有13家，品牌价值合计165.96亿元；渔业企业4家，品牌价值合计25.26亿元。从上市时间角度而言，2011—2015年上市的企业是最多的，有14家，品牌价值合计841.09亿元，占行业榜单总计品牌价值的32%。从所在区域来讲，62家企业分别来自22个省份，其中来自四川、广东和河南的企业有9家，品牌价值合计1 374.35亿元，占行业榜单总计品牌价值的52.4%。

在新冠疫情持续的背景下，农业企业品牌数量和价值的迅速增长，既有政府对农业企业大力支持的原因，也有企业自身重视品牌建设的原因。如近几年，国家大力支持生猪养殖产业发展，让相关企业品牌价值获得明显增长，如牧原股份的增速高达328.1%。随着市场竞争加剧，农业企业对品牌建设和形象塑造的投入迅速增长。进入500强的农业企业品牌建设投入明显增长。① 受

---

① 填报品牌建设与广告投入数据的农业企业有332家，计算品牌建设投入的数据时基于这332家企业填报的数据计算。

新冠疫情影响，2020 年农业企业品牌建设投入有所减少，但 2021 年则有大幅增长。2019 年，500 强农业企业品牌建设投入共计 124.17 亿元，企均投入3 751.28 万元；2020 年，500 强农业企业品牌建设投入共计 114.55 亿元，企均投入 3 471.22 万元，相比 2019 年减少了 7.47%；2021 年，500 强农业企业品牌建设投入共计 128.04 亿元，企均投入 3 879.97 万元，企均投入相比 2019年增加了 3.43%，相比 2020 年增加了 11.78%。按企业性质划分，民企的品牌建设投入明显高于国企和外企，国企的品牌建设投入逐年减少，而外企的品牌建设投入逐年增加（表 1）。就行业划分，饮料和酒类企业的品牌建设投入远高于其他行业，2021 年企均品牌建设投入超过了 3 亿元，其他行业品牌建设投入较多的是食品行业和奶业，2021 年食品行业企均品牌建设投入为6 490.88 万元，奶业企均品牌建设投入为 7 630.21 万元。农业投入品行业的企均品牌建设投入则迅速减少，2021 年为 2 845.43 万元，仅为 2019 年的45.74%，饲料、水产、农产品流通等行业的企业品牌建设投入保持了增长态势（表 2）。

表 1 2019—2021 年 500 强农业企业品牌建设投入情况（万元）

年份	总投入	平均投入	国企	民企	外企
2019	1 241 672.15	3 751.28	3 520.88	4 051.24	3 029.70
2020	1 145 501.51	3 471.22	3 386.33	3 670.34	3 120.71
2021	1 280 388.74	3 879.97	3 355.73	4 265.64	3 366.28

表 2 2019—2021 年 500 强农业企业中不同行业企业品牌建设投入情况（万元）

年份	饮料和酒类	饲料	水产	食品	农业投入品
2019	30 387.74	780.24	4 254.55	6 203.25	6 221.14
2020	28 900.40	897.90	4 222.99	5 681.49	3 869.81
2021	30 639.12	1 089.56	5 302.44	6 490.88	2 845.43
年份	农业社会化服务	农产品流通	奶业	粮油	畜牧
2019	3 034.68	1 853.85	7 128.09	1 235.14	1 468.90
2020	2 612.51	2 130.94	6 315.20	1 078.17	1 412.01
2021	3 052.11	2 491.11	7 630.21	1 288.54	1 649.66

三、农业企业品牌建设的主要模式

企业品牌建设的核心是通过多种手段把企业核心产品的质量信息展现出

来。农业产业与其他产业相比，具有一定的特殊性，主要受自然气候、地理环境、人文底蕴等方面的影响较大，需要结合农业生产要素、农产品以及农业产业链的特征采取差异化的品牌建设战略。除了通用的营销手段和广告宣传外，农业企业主要采取以下实践路径推进企业品牌建设。

（一）依托公用品牌，提升产品质量，精准定位目标市场

农产品具有典型的地理区域特征，这是农业区域公用品牌建设的基础，如天赋河套、宁夏枸杞等都是典型区域公用品牌。不少以农产品加工、流通或销售为主营业务的企业，主要是依托区域公用品牌，瞄准目标市场，提升产品质量，塑造企业品牌，把企业品牌打造成区域公用品牌的典型代表或骨干引领。如新疆果业集团主营新疆特色果品，建立"西域果园＋果叔连锁品牌"的品牌结构，并以整合全国商超系统干果销售为契机，打造百亿联合体企业战略，实现从果园到果盘的全产业链布局。为应对新疆果品同质化带来的困境，新疆果业集团设立"果叔"品牌标识，对 400 多个果品品类进行筛选，最终留下 20 个品类作为品牌骨干产品，并聚焦红枣、核桃和葡萄等重点品类深挖消费者需求，推出"美容套餐""养生套餐"，开展电商营销。为保障产品质量，通过"龙头企业＋合作社＋农户"的模式把分散的农户生产、加工、销售等环节聚拢起来，推广现代化技术，促使产业链中各个环节实现由粗加工、小规模、分散经营转向集约化、价值化和规模化模式。为拓展高端市场，新疆果业集团建设了追溯系统，全过程记录原料信息、生产流程、检验流程等，并以二维码的形式印在产品外包装上，让西域果园成为"有身份"的高端品牌。为提升品牌知名度，新疆果业集团综合运用建立中心专卖店、建立商超售卖专区、利用新媒体传播等各种手段，扩大品牌影响力。得益于品牌战略带来的，2013 年到 2021 年新疆果业集团营业收入从 14.7 亿元增长到 96 亿元，实现了跨越式升级发展。五常大米是我国非常有代表性的地理标志农产品之一，也是最受关注的农业区域公用品牌之一。五常大米品牌价值高达 703.27 亿元。但五常大米也面临产品同质化竞争、转型升级面临瓶颈的发展难题。五常市乔府大院农业股份有限公司是一家专注做稻米全产业链的企业，通过"区域产业带动＋良种培育＋企业文化"的品牌建设模式助力乡村振兴。公司和中科院遗传与生物发育研究院展开院企合作，开展对"稻花香 2 号"品种的提纯复壮、抗倒伏培育等工作；鼓励农民以资金和土地入股的形式参与合作社经营，建立了 40 万亩水稻种植基地，带动周边 11 个乡镇、35 个村庄、8 000 多户农民参与稻米产业发展，规范了五常大米的生产销售流程，确保了稻米产品质量。

（二）创新经营模式，加强质量控制，提升市场竞争能力

农业生产过程控制是农产品质量的决定性因素。很多从事农业生产的企业，从创新经营模式入手，与农户建立稳定的利益联结关系，组成发展共同体，以技术服务普及标准化、规范化的生产方式，实现全程质量控制和信息追溯，优化要素投入，提升质量效益，形成企业核心竞争力，为企业品牌塑造奠定了坚实基础。

温氏食品集团有限公司是一家以畜禽养殖为主业、配套相关业务的跨地区现代农牧企业集团，2021年营业收入达649.54亿元，在中国农业企业500强排行榜中排名第18位。温氏集团能保持竞争力和行业知名度，主要是因为其自主创新的"企业＋农户/家庭农场"经营模式。该模式通过企业化的管理方式与农户签订委托养殖合同，集团将自主培育的种猪卖给养殖户，农户出资按统一标准建设养殖场；集团为农户养殖提供饲料、疫苗等产品，按合同约定收购农户生猪；价格由集团结合成本和市场价格波动确定，集团确保农户养殖利润。在这个模式下，集团更好地实现了质量控制和成本控制，农户实现了稳定的养殖收入，企业的市场优势明显。集团在品种、防疫、销售等关键环节上可以严格控制质量与成本，与农户签订合约后提高了交易效率，进而提高了产业链周转效率。企业和农户分工合作，各自从事具有比较优势的产业链环节，可以显著提高效益与效率，使合作农户获取高于其他散养户的超额收益。目前，温氏集团已由最初的"公司＋农户"模式，发展为"公司＋家庭农场"模式，正在向"公司＋现代养殖小区"模式升级，并计划探索"公司＋现代产业园区＋职业农民"的新模式。但这一模式要求企业承担较大的经营风险，对企业的实力和抗风险能力要求较高。

（三）研发核心技术，加强创新驱动，引领产业升级发展

为农业生产经营提供要素和服务的企业，主要以核心技术为依托提高主营业务或主要产品的科技含量和综合竞争力，发挥出促进农业生产提质增效的优势，来塑造企业品牌。这类企业都是农业生产资料制造供应和农业社会化服务企业，其中以农业科技公司为典型代表。袁隆平农业高科技股份有限公司（简称隆平高科）成立于1999年，是一家以科研单位为依托的农业高新技术企业，自成立以来始终坚持技术引领和创新驱动，走出了"科研创新＋商业化育种体系"的企业品牌之路。隆平高科的主营业务为种业运营与农业服务两大体系，其中杂交水稻种子业务水平处于全球领先地位，玉米、辣椒、黄瓜、食葵种业务是全国领先地位。强大的自主研发和创新能力是隆平高科的核心竞争力。近三年来，隆平高科累计研发投入达10亿元，占营业收入10%左右，远超国内

同行企业。2021年企业营业收入达35.03亿元，居全球种业前十名。截至2020年底，隆平高科拥有市场准入品种1 252个，拥有发明专利33件、著作权83件以及注册商标1 132件。其晶两优534、晶两优华占、隆两优华连续两年位列全国杂交水稻品种推广面积前三位；裕丰303、隆平206等玉米品种位列全国市场前十名，三端农科食葵在国内的市场占有率达31%以上，张三谷系列的市场占有率达29.82%。2016年，隆平高科以增资扩股的方式引进中信集团作为第一大股东，成为一家由国有资本控股，民营资本、科研院所、科学家和核心骨干共同持股的混合所有制企业。日前，隆平高科已在美国、菲律宾、巴西等国建立育种站50余个，主要农作物种子的研发能力居全国领先水平。隆平高科建立了"以企业为主体、市场为导向、产学研紧密结合"的商业化育种体系，按照标准化、程序化、信息化和规模化的原则建立起各环节分工协作的创新流程，为自主知识产权的品种培育提供了强有力的支撑，打造了隆平、亚华、巡天等高于国家标准的企业品牌矩阵，成为中国农业科技企业的引领者。

（四）拓展业务领域，升级产业链条，巩固行业领先地位

一些在行业领域占据重要位置的大型企业集团，为适应产业升级发展需要，不断拓展业务领域，推动业务向全产业覆盖、促进全产业链链条升级发展，以巩固行业领先地位，不断提升企业品牌。在农业产业领域，一些国有企业或大型企业集团通过业务拓展和升级来不断巩固行业地位，扩大品牌影响力。中粮集团有限公司是世界500强企业，是中国最大的粮油食品企业，2022年企业品牌价值高达2 165.08亿元。在品牌建设方面，中粮集团致力于打造从田间到餐桌的全产业链体系，不断以业务拓展和升级，来提升产业链和供应链水平，扩大行业影响力。中粮集团较早提出并实施全产业链模式。从2016年起，中粮集团调整战略，深度分析企业品牌链条的前端与后端，聚焦粮油糖棉核心主业，选取厨房餐桌食品作为市场拓展方向，与中纺集团实施战略重组，提升了粮油领域的综合加工能力、市场覆盖能力及物流保障能力。中粮集团向产业链上游、中游、下游深入扩张。在上游，进入粮食供给和生产领域，提供农资服务、农机服务等农业综合业务；在中游，延长产业链，发展粮油精深加工产业；在下游，向销售服务渗透，通过打造蒙牛、福临门等核心业务品牌发挥"引领品牌"优势，促进全产业链转型升级。

（五）积极开拓进取，布局海外市场，提升国际市场地位

随着农业对外开放水平的提升，农业企业发展面临国外企业的竞争压力日益增大，不少企业主动作为，积极"走出去"，通过多种方式布局海外市场，提高在农业产业链、供应链中的竞争力和资源掌控力，以此提高企业品牌的国内

国外影响力,打造具有世界影响力的企业品牌。收购是企业进行品牌建设的重要途径之一。企业可以通过收购加速获取被收购企业已有的渠道资源、技术设备、管理经验与品牌效应等,从而迅速加快进入目标市场的速度。目前,农业企业通过"走出去",打造具有世界影响力的企业品牌,主要通过并购已有知名企业或者布局海外市场的方式进行。2011年,中国一拖集团有限公司收购意大利 ARGO 旗下 McCormick 工厂,通过其已有的渠道资源与技术加快跻身国际市场的步伐;2017年,中国一拖入驻中白工业园,依托其核心零部件对外输出,实现零部件国际配套,品牌得到国内外高度认可。鲁西化工集团有限公司是我国最大的化肥生产企业之一。2011年,鲁西化工集团结合自身特点,瞄准全球化工技术与制造水平处于顶级地位的欧洲市场,在德国注册成立了鲁西化工(欧洲)技术研发公司,经过五年的探索,其企业知名度逐渐提升,产品种类多达 20 余种,远销全球 113 个国家和地区,形成了自己的营销网络。北大荒农垦集团有限公司将自主品牌和海外生产经营相结合,以自主品牌与欧洲等地区开展出口贸易,同时进入发达国家市场和欠发达国家市场,扩大了品牌知名度,并通过后续措施不断提高产品质量与竞争力,实现更大范围的品牌效应。河南双汇投资发展股份有限公司在全球范围内拥有 100 余家子公司,主要采取的企业品牌建设模式为收购。2013年,双汇集团以 71.2 亿美元收购全球最大的猪肉企业美国 Smithfield 食品公司。在此之后,双汇集团又陆续对美国、波兰、罗马尼亚等多个国家的企业进行了收购,涉及肉制品加工、生物制药和生产设备生产等多个领域。

四、农业企业品牌建设评价标准

农业企业品牌建设在乡村振兴中起着重要作用。2022 年中央一号文件中关于农业品牌发展的相关内容提出"开展农业品种培优、品质提升、品牌打造和标准化生产提升行动,推进食用农产品承诺达标合格证制度,完善全产业链质量安全追溯体系"。农业生产"三品一标"是品牌农业从业者遵循的重要工作指南,农业品牌建设要遵循"品种、品质到品牌"的路径,必须坚定不移地按照品牌提升行动方案推进品牌农业发展。在农业企业品牌建设过程中须具备6 个方面共计 11 条的标准化评价体系(表3)。

表3　农业企业品牌建设评价标准

指标层	指标	指标说明
经济价值	品牌价值	品牌的资产价值或财务价值
质量水平	产品质量	生产流程受到监管、产品质量达到相应标准

（续）

指标层	指标	指标说明
市场表现	市场覆盖面	品牌在一定区域内获得市场占有率
	品牌美誉度	品牌获得机构认定或媒体正面报道
	品牌推广力	品牌通过媒体或推介等形式获得推广的事实或潜力
品牌体系	品牌发展体系	企业拥有发展战略和品牌识别体系
	品牌保护意识	企业具有品牌保护意识并建立危机防控体系及保护措施
创新水平	创新能力	品牌独特性、科研经费、产学研协同
	创新成果	企业拥有的各项专利等科研成果所有权
社会价值	经济价值	企业创造的税收、为农民提供就业岗位、促进农民增收
	生态价值	企业生产销售过程中对生态环境的贡献度

（一）经济价值

品牌的经济价值指与品牌相关产品所生产的附加利益价值的总和，由第三方机构评估确定。

（二）质量水平

产品质量指标达到国际、国家、行业或地方标准，产品全过程须得到有关部门统一生产指导服务，加工流程应受到相关部门的全程监管，符合环保标准，如自建农产品须构建质量安全追溯体系，销售阶段须获得相关认证。

（三）市场表现

市场覆盖面较大表明企业品牌积极开拓市场、知名度高，在一定区域内（国际、国内、省域）已达到较高市场占有率或具备达到该标准的潜力。

品牌美誉度指获得国家级、省部级或相关机构所颁发的认证资料，或被主流媒体进行正面报道。

品牌推广力指企业品牌主体通过传统媒体与新媒体进行的多形式广告投放、新闻报道、信息传播等扩大产品知名度的方式，也包括参加国际或国家级博览会、展销会、推介会等活动。同时须评判企业是否具有进驻商超、高端商场、电商平台的潜力。

（四）品牌体系

品牌发展体系指企业制定可操作性强的发展战略规划、具有长期发展模式设定，具备完善的品牌识别系统。

品牌保护意识指企业对其知识产权保护意识的强弱，包括对品牌研发、品牌专利、品牌配方、制作工艺等方面的自我保护意识，以及是否建立品牌危机防控体系并制定保障措施等。

（五）创新水平

创新能力指产品在品种、性能、设计等方面具有独特性，要考核品牌近三年研发费用占比与技术研发能力。考察其是否建立产学研一体化机制，是否与科研院所、高校等机构建立稳定的科创平台，同时评价科创平台中技术人员的比例。

创新成果指企业荣获发明专利、具有权威性的省级以上技术创新成果，科研能力突出，拥有一定的发明专利、实用新型专利等成果。

（六）社会价值

经济价值指企业品牌创造的税收，以及主动为带动农民就业、促进农民增收致富做出的积极贡献，使得相关从业人员年收入高于当地平均水平。

生态价值指企业在经营过程中注重对环境生态的保护，逐年降低对于化肥、农膜等农业投入品的使用，对废水、粪便等主动进行无害化处理等有利于资源可持续发展的行为。

参 考 文 献

何传新，时海燕，2018. 农业品牌建设问题研究：以山东省泰安市为例［J］. 农业经济
　　（8）：3-5.
李佛关，叶琴，张燚，2022. 农产品区域公用品牌建设的政府与市场双驱动机制及效应：
　　基于扎根理论的探索性研究［J］. 西南大学学报（社会科学版），48（2）：82-94.
陆娟，孙瑾，2022. 乡村振兴战略下农产品区域品牌协同共建研究：基于价值共创的视角
　　［J］. 经济与管理研究，43（4）：96-110.

附 录 一

中共中央　国务院关于做好2023年全面推进乡村振兴重点工作的意见（2023年1月2日）

党的二十大擘画了以中国式现代化全面推进中华民族伟大复兴的宏伟蓝图。全面建设社会主义现代化国家，最艰巨最繁重的任务仍然在农村。世界百年未有之大变局加速演进，我国发展进入战略机遇和风险挑战并存、不确定难预料因素增多的时期，守好"三农"基本盘至关重要、不容有失。党中央认为，必须坚持不懈把解决好"三农"问题作为全党工作重中之重，举全党全社会之力全面推进乡村振兴，加快农业农村现代化。强国必先强农，农强方能国强。要立足国情农情，体现中国特色，建设供给保障强、科技装备强、经营体系强、产业韧性强、竞争能力强的农业强国。

做好 2023 年和今后一个时期"三农"工作，要坚持以习近平新时代中国特色社会主义思想为指导，全面贯彻落实党的二十大精神，深入贯彻落实习近平总书记关于"三农"工作的重要论述，坚持和加强党对"三农"工作的全面领导，坚持农业农村优先发展，坚持城乡融合发展，强化科技创新和制度创新，坚决守牢确保粮食安全、防止规模性返贫等底线，扎实推进乡村发展、乡村建设、乡村治理等重点工作，加快建设农业强国，建设宜居宜业和美乡村，为全面建设社会主义现代化国家开好局起好步打下坚实基础。

一、抓紧抓好粮食和重要农产品稳产保供

（一）全力抓好粮食生产。确保全国粮食产量保持在 1.3 万亿斤以上，各省（自治区、直辖市）都要稳住面积、主攻单产、力争多增产。全方位夯实粮食安全根基，强化藏粮于地、藏粮于技的物质基础，健全农民种粮挣钱得利、地方抓粮担责尽义的机制保障。实施新一轮千亿斤粮食产能提升行动。开展吨粮田创建。推动南方省份发展多熟制粮食生产，鼓励有条件的地方发展再生

稻。支持开展小麦"一喷三防"。实施玉米单产提升工程。继续提高小麦最低收购价，合理确定稻谷最低收购价，稳定稻谷补贴，完善农资保供稳价应对机制。健全主产区利益补偿机制，增加产粮大县奖励资金规模。逐步扩大稻谷小麦玉米完全成本保险和种植收入保险实施范围。实施好优质粮食工程。鼓励发展粮食订单生产，实现优质优价。严防"割青毁粮"。严格省级党委和政府耕地保护和粮食安全责任制考核。推动出台粮食安全保障法。

（二）加力扩种大豆油料。深入推进大豆和油料产能提升工程。扎实推进大豆玉米带状复合种植，支持东北、黄淮海地区开展粮豆轮作，稳步开发利用盐碱地种植大豆。完善玉米大豆生产者补贴，实施好大豆完全成本保险和种植收入保险试点。统筹油菜综合性扶持措施，推行稻油轮作，大力开发利用冬闲田种植油菜。支持木本油料发展，实施加快油茶产业发展三年行动，落实油茶扩种和低产低效林改造任务。深入实施饲用豆粕减量替代行动。

（三）发展现代设施农业。实施设施农业现代化提升行动。加快发展水稻集中育秧中心和蔬菜集约化育苗中心。加快粮食烘干、农产品产地冷藏、冷链物流设施建设。集中连片推进老旧蔬菜设施改造提升。推进畜禽规模化养殖场和水产养殖池塘改造升级。在保护生态和不增加用水总量前提下，探索科学利用戈壁、沙漠等发展设施农业。鼓励地方对设施农业建设给予信贷贴息。

（四）构建多元化食物供给体系。树立大食物观，加快构建粮经饲统筹、农林牧渔结合、植物动物微生物并举的多元化食物供给体系，分领域制定实施方案。建设优质节水高产稳产饲草料生产基地，加快苜蓿等草产业发展。大力发展青贮饲料，加快推进秸秆养畜。发展林下种养。深入推进草原畜牧业转型升级，合理利用草地资源，推进划区轮牧。科学划定限养区，发展大水面生态渔业。建设现代海洋牧场，发展深水网箱、养殖工船等深远海养殖。培育壮大食用菌和藻类产业。加大食品安全、农产品质量安全监管力度，健全追溯管理制度。

（五）统筹做好粮食和重要农产品调控。加强粮食应急保障能力建设。强化储备和购销领域监管。落实生猪稳产保供省负总责，强化以能繁母猪为主的生猪产能调控。严格"菜篮子"市长负责制考核。完善棉花目标价格政策。继续实施糖料蔗良种良法技术推广补助政策。完善天然橡胶扶持政策。加强化肥等农资生产、储运调控。发挥农产品国际贸易作用，深入实施农产品进口多元化战略。深入开展粮食节约行动，推进全链条节约减损，健全常态化、长效化工作机制。提倡健康饮食。

二、加强农业基础设施建

（一）加强耕地保护和用途管控。严格耕地占补平衡管理，实行部门联合开展补充耕地验收评定和"市县审核、省级复核、社会监督"机制，确保补充的耕地数量相等、质量相当、产能不降。严格控制耕地转为其他农用地。探索建立耕地种植用途管控机制，明确利用优先序，加强动态监测，有序开展试点。加大撂荒耕地利用力度。做好第三次全国土壤普查工作。

（二）加强高标准农田建设。完成高标准农田新建和改造提升年度任务，重点补上土壤改良、农田灌排设施等短板，统筹推进高效节水灌溉，健全长效管护机制。制定逐步把永久基本农田全部建成高标准农田的实施方案。加强黑土地保护和坡耕地综合治理。严厉打击盗挖黑土、电捕蚯蚓等破坏土壤行为。强化干旱半干旱耕地、红黄壤耕地产能提升技术攻关，持续推动由主要治理盐碱地适应作物向更多选育耐盐碱植物适应盐碱地转变，做好盐碱地等耕地后备资源综合开发利用试点。

（三）加强水利基础设施建设。扎实推进重大水利工程建设，加快构建国家水网骨干网络。加快大中型灌区建设和现代化改造。实施一批中小型水库及引调水、抗旱备用水源等工程建设。加强田间地头渠系与灌区骨干工程连接等农田水利设施建设。支持重点区域开展地下水超采综合治理，推进黄河流域农业深度节水控水。在干旱半干旱地区发展高效节水旱作农业。强化蓄滞洪区建设管理、中小河流治理、山洪灾害防治，加快实施中小水库除险加固和小型水库安全监测。深入推进农业水价综合改革。

（四）强化农业防灾减灾能力建设。研究开展新一轮农业气候资源普查和农业气候区划工作。优化完善农业气象观测设施站网布局，分区域、分灾种发布农业气象灾害信息。加强旱涝灾害防御体系建设和农业生产防灾救灾保障。健全基层动植物疫病虫害监测预警网络。抓好非洲猪瘟等重大动物疫病常态化防控和重点人兽共患病源头防控。提升重点区域森林草原火灾综合防控水平。

三、强化农业科技和装备支撑

（一）推动农业关键核心技术攻关。坚持产业需求导向，构建梯次分明、分工协作、适度竞争的农业科技创新体系，加快前沿技术突破。支持农业领域国家实验室、全国重点实验室、制造业创新中心等平台建设，加强农业基础性长期性观测实验站（点）建设。完善农业科技领域基础研究稳定支持机制。

（二）深入实施种业振兴行动。完成全国农业种质资源普查。构建开放协作、共享应用的种质资源精准鉴定评价机制。全面实施生物育种重大项目，扎实推进国家育种联合攻关和畜禽遗传改良计划，加快培育高产高油大豆、短生育期油菜、耐盐碱作物等新品种。加快玉米大豆生物育种产业化步伐，有序扩大试点范围，规范种植管理。

（三）加快先进农机研发推广。加紧研发大型智能农机装备、丘陵山区适用小型机械和园艺机械。支持北斗智能监测终端及辅助驾驶系统集成应用。完善农机购置与应用补贴政策，探索与作业量挂钩的补贴办法，地方要履行法定支出责任。

（四）推进农业绿色发展。加快农业投入品减量增效技术推广应用，推进水肥一体化，建立健全秸秆、农膜、农药包装废弃物、畜禽粪污等农业废弃物收集利用处理体系。推进农业绿色发展先行区和观测试验基地建设。健全耕地休耕轮作制度。加强农用地土壤镉等重金属污染源头防治。强化受污染耕地安全利用和风险管控。建立农业生态环境保护监测制度。出台生态保护补偿条例。严格执行休禁渔期制度，实施好长江十年禁渔，巩固退捕渔民安置保障成果。持续开展母亲河复苏行动，科学实施农村河湖综合整治。加强黄土高原淤地坝建设改造。加大草原保护修复力度。巩固退耕还林还草成果，落实相关补助政策。严厉打击非法引入外来物种行为，实施重大危害入侵物种防控攻坚行动，加强"异宠"交易与放生规范管理。

四、巩固拓展脱贫攻坚成果

（一）坚决守住不发生规模性返贫底线。压紧压实各级巩固拓展脱贫攻坚成果责任，确保不松劲、不跑偏。强化防止返贫动态监测。对有劳动能力、有意愿的监测户，落实开发式帮扶措施。健全分层分类的社会救助体系，做好兜底保障。巩固提升"三保障"和饮水安全保障成果。

（二）增强脱贫地区和脱贫群众内生发展动力。把增加脱贫群众收入作为根本要求，把促进脱贫县加快发展作为主攻方向，更加注重扶志扶智，聚焦产业就业，不断缩小收入差距、发展差距。中央财政衔接推进乡村振兴补助资金用于产业发展的比重力争提高到60％以上，重点支持补上技术、设施、营销等短板。鼓励脱贫地区有条件的农户发展庭院经济。深入开展多种形式的消费帮扶，持续推进消费帮扶示范城市和产地示范区创建，支持脱贫地区打造区域公用品牌。财政资金和帮扶资金支持的经营性帮扶项目要健全利益联结机制，带动农民增收。管好用好扶贫项目资产。深化东西部劳务协作，实施防止返贫就业攻坚行动，确保脱贫劳动力就业规模稳定在3000万人以上。持续运营好就业帮扶车间和其他产业帮扶项目。充分发挥乡村公益性岗位就业保障作用。深入开展"雨露计划＋"就业促进行动。在国家乡村振兴重点帮扶县实施一批补短板促振兴重点项目，深入实施医疗、教育干部人才"组团式"帮扶，更好发挥驻村干部、科技特派员产业帮扶作用。深入开展巩固易地搬迁脱贫成果专项行动和搬迁群众就业帮扶专项行动。

（三）稳定完善帮扶政策。落实巩固拓展脱贫攻坚成果同乡村振兴有效衔接政策。开展国家乡村振兴重点帮扶县发展成效监测评价。保持脱贫地区信贷投放力度不减，扎实做好脱贫人口小额信贷工作。按照市场化原则加大对帮扶项目的金融支持。深化东西部协作，组织东部地区经济较发达县（市、区）与脱贫县开展携手促振兴行动，带动脱贫县更多承接和发展劳动密集型产业。持续做好中央单位定点帮扶，调整完善结对关系。深入推进"万企兴万村"行动。研究过渡期后农村低收入人口和欠发达地区常态化帮扶机制。

五、推动乡村产业高质量发展

（一）做大做强农产品加工流通业。实施农产品加工业提升行动，支持家庭农场、农民合作社和中小微企业等发展农产品产地初加工，引导大型农业企业发展农产品精深加工。引导农产品加工企业向产地下沉、向园区集中，在粮食和重要农产品主产区统筹布局建设农产品加工产业园。完善农产品流通骨干网络，改造提升产地、集散地、销地批发市场，布局建设一批城郊大仓基地。支持建设产地冷链集配中心。统筹疫情防控和农产品市场供应，确保农产品物流畅通。

（二）加快发展现代乡村服务业。全面推进县域商业体系建设。加快完善县乡村电子商务和快递物流配送体系，建设县域集采集配中心，推动农村客货邮融合发展，大力发展共同配送、即时零售等新模式，推动冷链物流服务网络向乡村下沉。发展乡村餐饮购物、文化体育、旅游休闲、养老托幼、信息中介等生活服务。鼓励有条件的地区开展新能源汽车和绿色智能家电下乡。

（三）培育乡村新产业新业态。继续支持创建农业产业强镇、现代农业产业园、优势特色产业集群。支持国家农村产业融合发展示范园建设。深入推进农业现代化示范区建设。实施文化产业赋能乡村振兴计划。实施乡村休闲旅游精品工程，推动乡村民宿提质升级。深入实施"数商兴农"和"互联网＋"农产品出村进城工程，鼓励发展农产品电商直采、定制生产等模式，建设农副产品直播电商基地。提升净菜、中央厨房等产业标准化和规范化水平。培育发展预制菜产业。

（四）培育壮大县域富民产业。完善县乡村产业空间布局，提升县城产业承载和配套服务功能，增强重点镇集聚功能。实施"一县一业"强县富民工程。引导劳动密集型产业向中西部地区、向县域梯度转移，支持大中城市在周边县域布局关联产业和配套企业。支持国家级高新区、经开区、农高区托管联办县域产业园区。

六、拓宽农民增收致富渠道

（一）促进农民就业增收。强化各项稳岗纾困政策落实，加大对中小微企业稳岗倾斜力度，稳定农民工就业。促进农民工职业技能提升。完善农民工工资支付监测预警机制。维护好超龄农民工就业权益。加快完善灵活就业人员权益保障制度。加强返乡入乡创业园、农村创业孵化实训基地等建设。在政府投资重点工程和农业农村基础设施建设项目中推广以工代赈，适当提高劳务报酬发放比例。

（二）促进农业经营增效。深入开展新型农业经营主体提升行动，支持家庭农场组建农民合作社、合作社根据发展需要办企业，带动小农户合作经营、共同增收。实施农业社会化服务促进行动，大力发展代耕代种、代管代收、全程托管等社会化服务，鼓励区域性综合服务平台建设，促进农业节本增效、提质增效、营销增效。引导土地经营权有序流转，发展农业适度规模经营。总结地方"小田并大田"等经验，探索在农民自愿前提下，结合农田建设、土地整治逐步解决细碎化问题。完善社会资本投资农业农村指引，加强资本下乡引入、使用、退出的全过程监管。健全社会资本通过流转取得土地经营权的资格审查、项目审核和风险防范制度，切实保障农民利益。坚持为农服务和政事分开、社企分开，持续深化供销合作社综合改革。

（三）赋予农民更加充分的财产权益。深化农村土地制度改革，扎实搞好确权，稳步推进赋权，有序实现活权，让农民更多分享改革红利。研究制定第二轮土地承包到期后再延长 30 年试点工作指导意见。稳慎推进农村宅基地制度改革试点，切实摸清底数，加快房地一体宅基地确权登记颁证，加强规范管理，妥善化解历史遗留问题，探索宅基地"三权分置"有效实现形式。深化农村集体经营性建设用地入市试点，探索建立兼顾国家、农村集体经济组织和农民利益的土地增值收益有效调节机制。保障进城落户农民合法土地权益，鼓励依法自愿有偿转让。巩固提升农村集体产权制度改革成果，构建产权关系明晰、治理架构科学、经营方式稳健、收益分配合理的运行机制，探索资源发包、物业出租、居间服务、资产参股等多样化途径发展新型农村集体经济。健全农村集体资产监管体系。保障妇女在农村集体经济组织中的合法权益。继续深化集体林权制度改革。深入推进农村综合改革试点示范。

七、扎实推进宜居宜业和美乡村建设

（一）加强村庄规划建设。坚持县域统筹，支持有条件有需求的村庄分区分类编制村庄规划，合理确定村庄布局和建设边界。将村庄规划纳入村级议事协商目录。规范优化乡村地区行政区划设置，严禁违背农民意愿撤并村庄、搞大社区。推进以乡镇为单元的全域土地综合整治。积极盘活存量集体建设用地，优先保障农民居住、乡村基础设施、公共服务空间和产业用地需求，出台乡村振兴用地政策指南。编制村容村貌提升导则，立足乡土特征、地域特点和民族特色提升村庄风貌，防止大拆大建、盲目建牌楼亭廊"堆盆景"。实施传统村落集中连片保护利用示范，建立完善传统村落调查认定、撤并前置审查、灾毁防范等制度。制定农村基本具备现代生活条件建设指引。

（二）扎实推进农村人居环境整治提升。加大村庄公共空间整治力度，持续开展村庄清洁行动。巩固农村户厕问题摸排整改成果，引导农民开展户内改厕。加强农村公厕建设维护。以人口集中村镇和水源保护区周边村庄为重点，分类梯次推进农村生活污水治理。推动农村生活垃圾源头分类减量，及时清运处置。推进厕所粪污、易腐烂垃圾、有机废弃物就近就地资源化利用。持续开展爱国卫生运动。

（三）持续加强乡村基础设施建设。加强农村公路养护和安全管理，推动与沿线配套设施、产业园区、旅游景区、乡村旅游重点村一体化建设。推进农村规模化供水工程建设和小型供水工程标准化改造，开展水质提升专项行动。推进农村电网巩固提升，发展农村可再生能源。支持农村危房改造和抗震改造，基本完成农房安全隐患排查整治，建立全过程监管制度。开展现代宜居农房建设示范。深入实施数字乡村发展行动，推动数字化应用场景研发推广。加快农业农村大数据应用，推进智慧农业发展。落实村庄公共基础设施管护责任。加强农村应急管理基础能力建设，深入开展乡村交通、消防、经营性自建房等重点领域风险隐患治理攻坚。

（四）提升基本公共服务能力。推动基本公共服务资源下沉，着力加强薄弱环节。推进县域内义务教育优质均衡发展，提升农村学校办学水平。落实乡村教师生活补助政策。推进医疗卫生资源县域统筹，加强乡村两级医疗卫生、医疗保障服务能力建设。统筹解决乡村医生薪酬分配和待遇保障问题，推进乡村医生队伍专业化规范化。提高农村传染病防控和应急处置能力。做好农村新冠疫情防控工作，层层压实责任，加强农村老幼病残孕等重点人群医疗保障，最大程度维护好农村居民身体健康和正常生产生活秩序。优化低保审核确认流程，确保符合条件的困难群众"应保尽保"。深化农村社会工作服务。加快乡镇区域养老服务中心建设，推广日间照料、互助养老、探访关爱、老年食堂等养老服务。实施农村妇女素质提升计划，加强农村未成年人保护工作，健全农村残疾人社会保障制度和关爱服务体系，关心关爱精神障碍人员。

八、健全党组织领导的乡村治理体系

（一）强化农村基层党组织政治功能和组织功能。突出大抓基层的鲜明导向，强化县级党委抓乡促村责任，深入推进抓党建促乡村振兴。全面培训提高乡镇、村班子领导乡村振兴能力。派强用好驻村第一书记和工作队，强化派出单位联村帮扶。开展乡村振兴领域腐败和作风问题整治。持续开展市县巡察，推动基层纪检监察组织和村务监督委员会有效衔接，强化对村干部全方位管理和经常性监督。对农村党员分期分批开展集中培训。通过设岗定责等方式，发挥农村党员先锋模范作用。

（二）提升乡村治理效能。坚持以党建引领乡村治理，强化县乡村三级治理体系功能，压实县级责任，推动乡镇扩权赋能，夯实村级基础。全面落实县级领导班子成员包乡走村、乡镇领导班子成员包村联户、村干部经常入户走访制度。健全党组织领导的村民自治机制，全面落实"四议两公开"制度。加强乡村法治教育和法律服务，深入开展"民主法治示范村（社区）"创建。坚持和发展新时代"枫桥经验"，完善社会矛盾纠纷多元预防调处化解机制。完善网格化管理、精细化服务、信息化支撑的基层治理平台。推进农村扫黑除恶常态化。开展打击整治农村赌博违法犯罪专项行动。依法严厉打击侵害农村妇女儿童权利的违法犯罪行为。完善推广积分制、清单制、数字化、接诉即办等务实管用的治理方式。深化乡村治理体系建设试点，组织开展全国乡村治理示范村镇创建。

（三）加强农村精神文明建设。深入开展社会主义核心价值观宣传教育，继续在乡村开展听党话、感党恩、跟党走宣传教育活动。深化农村群众性精神文明创建，拓展新时代文明实践中心、县级融媒体中心等建设，支持乡村自办群众性文化活动。注重家庭家教家风建设。深入实施农耕文化传承保护工程，加强重要农业文化遗产保护利用。办好中国农民丰收节。推动各地因地制宜制定移风易俗规范，强化村规民约约束作用，党员、干部带头示范，扎实开展高价彩礼、大操大办等重点领域突出问题专项治理。推进农村丧葬习俗改革。

九、强化政策保障和体制机制创新

（一）健全乡村振兴多元投入机制。坚持把农业农村作为一般公共预算优先保障领域，压实地方政府投入责任。稳步提高土地出让收益用于农业农村比例。将符合条件的乡村振兴项目纳入地方政府债券支持范围。支持以市场化方式设立乡村振兴基金。健全政府投资与金融、社会投入联动机制，鼓励将符合条件的项目打捆打包按规定由市场主体实施，撬动金融和社会资本按市场化原则更多投向农业农村。用好再贷款再贴现、差别化存款准备金、差异化金融监管和考核评估等政策，推动金融机构增加乡村振兴相关领域贷款投放，重点保障粮食安全信贷资金需求。引导信贷担保业务向农业农村领域倾斜，发挥全国农业信贷担保体系作用。加强农业信用信息共享。发挥多层次资本市场支农作用，优化"保险＋期货"。加快农村信用社改革化险，推动村镇银行结构性重组。鼓励发展渔业保险。

（二）加强乡村人才队伍建设。实施乡村振兴人才支持计划，组织引导教育、卫生、科技、文化、社会工作、精神文明建设等领域人才到基层一线服务，支持培养本土急需紧缺人才。实施高素质农民培育计划，开展农村创业带头人培育行动，提高培训实效。大力发展面向乡村振兴的职业教育，深化产教融合和校企合作。完善城市专业技术人才定期服务乡村激励机制，对长期服务乡村的在职务晋升、职称评定方面予以适当倾斜。引导城市专业技术人员入乡兼职兼薪和离岗创业。允许符合一定条件的返乡回乡下乡就业创业人员在原籍地或就业创业地落户。继续实施农村订单定向医学生免费培养项目、教师"优师计划"、"特岗计划"、"国培计划"，实施"大学生乡村医生"专项计划。实施乡村振兴巾帼行动、青年人才开发行动。

（三）推进县域城乡融合发展。健全城乡融合发展体制机制和政策体系，畅通城乡要素流动。统筹县域城乡规划建设，推动县城城镇化补短板强弱项，加强中心镇市政、服务设施建设。深入推进县域农民工市民化，建立健全基本公共服务同常住人口挂钩、由常住地供给机制。做好农民工金融服务工作。梯度配置县乡村公共资源，发展城乡学校共同体、紧密型医疗卫生共同体、养老服务联合体，推动县域供电、供气、电信、邮政等普遍服务类设施城乡统筹建设和管护，有条件的地区推动市政管网、乡村微管网等往户延伸。扎实开展乡村振兴示范创建。

办好农村的事，实现乡村振兴，关键在党。各级党委和政府要认真学习宣传贯彻党的二十大精神，学深悟透习近平总书记关于"三农"工作的重要论述，把"三农"工作摆在突出位置抓紧抓好，不断提高"三农"工作水平。加强工作作风建设，党员干部特别是领导干部要树牢群众观点，贯彻群众路线，多到基层、多接地气，大兴调查研究之风。发挥农民主体作用，调动农民参与乡村振兴的积极性、主动性、创造性。强化系统观念，统筹解决好"三农"工作中两难、多难问题，把握好工作时度效。深化纠治乡村振兴中的各类形式主义、官僚主义等问题，切实减轻基层迎评送检、填表报数、过度留痕等负担，推动基层把主要精力放在谋发展、抓治理和为农民群众办实事上。全面落实乡村振兴责任制，坚持五级书记抓，统筹开展乡村振兴战略实绩考核、巩固拓展脱贫攻坚成果同乡村振兴有效衔接考核评估，将抓党建促乡村振兴情况作为市县乡党委书记抓基层党建述职评议考核的重要内容。加强乡村振兴统计监测。制定加快建设农业强国规划，做好整体谋划和系统安排，同现有规划相衔接，分阶段扎实稳步推进。

让我们紧密团结在以习近平同志为核心的党中央周围，坚定信心、踔厉奋发、埋头苦干，全面推进乡村振兴，加快建设农业强国，为全面建设社会主义现代化国家、全面推进中华民族伟大复兴作出新的贡献。

全国乡村产业发展规划（2020—2025年）

产业兴旺是乡村振兴的重点，是解决农村一切问题的前提。乡村产业内涵丰富、类型多样，农产品加工业提升农业价值，乡村特色产业拓宽产业门类，休闲农业拓展农业功能，乡村新型服务业丰富业态类型，是提升农业、繁荣农村、富裕农民的产业。近年来，农村创新创业环境不断改善，新产业新业态大量涌现，乡村产业发展取得了积极成效。但存在产业链条较短、融合层次较浅、要素活力不足等问题，亟待加强引导、加快发展。根据《国务院关于促进乡村产业振兴的指导意见》要求，为加快发展以二三产业为重点的乡村产业，制定本规划。

规划期限2020—2025年。

第一章 规划背景

产业振兴是乡村振兴的首要任务。必须牢牢抓住机遇，顺势而为，乘势而上，加快发展乡村产业，促进乡村全面振兴。

第一节 重要意义

当前，我国即将全面建成小康社会，开启全面建设社会主义现代化国家新征程，发展乡村产业意义重大。

发展乡村产业是乡村全面振兴的重要根基。乡村振兴，产业兴旺是基础。要聚集更多资源要素，发掘更多功能价值，丰富更多业态类型，形成城乡要素顺畅流动、产业优势互补、市场有效对接格局，乡村振兴的基础才牢固。

发展乡村产业是巩固提升全面小康成果的重要支撑。全面建成小康社会后，在迈向基本实现社会主义现代化的新征程中，农村仍是重点和难点。发展乡村产业，让更多的农民就地就近就业，把产业链增值收益更多地留给农民，农村全面小康社会和脱贫攻坚成果的巩固才有基础、提升才有空间。

发展乡村产业是推进农业农村现代化的重要引擎。农业农村现代化不仅是技术装备提升和组织方式创新，更体现在构建完备的现代农业产业体系、生产体系、经营体系。发展乡村产业，将现代工业标准理念和服务业人本理念引入农业农村，推进农业规模化、标准化、集约化，纵向延长产业链条，横向拓展产业形态，助力农业强、农村美、农民富。

第二节　发展现状

党的十八大以来，农村创新创业环境不断改善，乡村产业快速发展，促进了农民就业增收和乡村繁荣发展。

农产品加工业持续发展。2019 年，农产品加工业营业收入超过 22 万亿元，规模以上农产品加工企业 8.1 万家，吸纳 3 000 多万人就业。

乡村特色产业蓬勃发展。建设了一批产值超 10 亿元的特色产业镇（乡）和超 1 亿元的特色产业村。发掘了一批乡土特色工艺，创响了 10 万多个"乡字号""土字号"乡土特色品牌。

乡村休闲旅游业快速发展。建设了一批休闲旅游精品景点，推介了一批休闲旅游精品线路。2019 年，休闲农业接待游客 32 亿人次，营业收入超过 8 500 亿元。

乡村新型服务业加快发展。2019 年，农林牧渔专业及辅助性活动产值 6 500 亿元，各类涉农电商超过 3 万家，农村网络销售额 1.7 万亿元，其中农产品网络销售额 4 000 亿元。

农业产业化深入推进。2019 年，农业产业化龙头企业 9 万家（其中，国家重点龙头企业 1 542 家），农民合作社 220 万家，家庭农场 87 万家，带动 1.25 亿农户进入大市场。

农村创新创业规模扩大。2019 年，各类返乡入乡创新创业人员累计超过 850 万人，创办农村产业融合项目的占到 80%，利用"互联网＋"创新创业的超过 50%。在乡创业人员超过 3 100 万。

近年来，各地在促进乡村产业发展中积累了宝贵经验。注重布局优化，在县域内统筹资源和产业，探索形成县城、中心镇（乡）、中心村层级分工明显的格局。注重产业融合，发展二三产业，延伸产业链条，促进主体融合、业态融合和利益融合。注重创新驱动，开发新技术，加快工艺改进和设施装备升级，提升生产效率。注重品牌引领，推进绿色兴农、品牌强农，培育农产品区域公用品牌和知名加工产品品牌，创响乡土特色品牌，提升品牌溢价。注重联农带农，建立多种形式的利益联结机制，让农民更多分享产业链增值收益。

第三节 机遇挑战

当前，乡村产业发展面临难得机遇。主要是：政策驱动力增强。坚持农业农村优先发展方针，加快实施乡村振兴战略，更多的资源要素向农村聚集，"新基建"改善农村信息网络等基础设施，城乡融合发展进程加快，乡村产业发展环境优化。市场驱动力增强。消费结构升级加快，城乡居民的消费需求呈现个性化、多样化、高品质化特点，休闲观光、健康养生消费渐成趋势，乡村产业发展的市场空间巨大。技术驱动力增强。世界新科技革命浪潮风起云涌，新一轮产业革命和技术革命方兴未艾，生物技术、人工智能在农业中广泛应用，5G、云计算、物联网、区块链等与农业交互联动，新产业新业态新模式不断涌现，引领乡村产业转型升级。

同时，乡村产业发展面临一些挑战。主要是：经济全球化的不确定性增大。新冠肺炎疫情对世界经济格局产生冲击，全球供应链调整重构，国际产业分工深度演化，对我国乡村产业链构建带来较大影响。资源要素瓶颈依然突出。资金、技术、人才向乡村流动仍有诸多障碍，资金稳定投入机制尚未建立，人才激励保障机制尚不完善，社会资本下乡动力不足。乡村网络、通讯、物流等设施薄弱。发展方式较为粗放。创新能力总体不强，外延扩张特征明显。目前，农产品加工业与农业总产值比为 2.3∶1，远低于发达国家 3.5∶1 的水平。农产品加工转化率为 67.5%，比发达国家低近 18 个百分点。产业链条延伸不充分。第一产业向后端延伸不够，第二产业向两端拓展不足，第三产业向高端开发滞后，利益联结机制不健全，小而散、小而低、小而弱问题突出，乡村产业转型升级任务艰巨。

第二章 总体要求

第一节 指导思想

以习近平新时代中国特色社会主义思想为指导，全面贯彻党的十九大和十九届二中、三中、四中全会精神，坚持农业农村优先发展，以实施乡村振兴战略为总抓手，以一二三产业融合发展为路径，发掘乡村功能价值，强化创新引领，突出集群成链，延长产业链，提升价值链，培育发展新动能，聚焦重点产业，聚集资源要素，大力发展乡村产业，为农业农村现代化和乡村全面振兴奠定坚实基础。

第二节 基本原则

——坚持立农为农。以农业农村资源为依托，发展优势明显、特色鲜明的乡村产业。把二三产业留在乡村，把就业创业机会和产业链增值收益更多留给农民。

——坚持市场导向。充分发挥市场在资源配置中的决定性作用，激活要素、激活市场、激活主体，以乡村企业为载体，引导资源要素更多地向乡村汇聚。

——坚持融合发展。发展全产业链模式，推进一产往后延、二产两头连、三产走高端，加快农业与现代产业要素跨界配置。

——坚持绿色引领。践行绿水青山就是金山银山理念，促进生产生活生态协调发展。健全质量标准体系，培育绿色优质品牌。

——坚持创新驱动。利用现代科技进步成果，改造提升乡村产业。创新机制和业态模式，增强乡村产业发展活力。

第三节 发展目标

到 2025 年，乡村产业体系健全完备，乡村产业质量效益明显提升，乡村就业结构更加优化，产业融合发展水平显著提高，农民增收渠道持续拓宽，乡村产业发展内生动力持续增强。

——农产品加工业持续壮大。农产品加工业营业收入达到 32 万亿元，农产品加工业与农业总产值比达到 2.8：1，主要农产品加工转化率达到 80％。

——乡村特色产业深度拓展。培育一批产值超百亿元、千亿元优势特色产业集群，建设一批产值超十亿元农业产业镇（乡），创响一批"乡字号""土字号"乡土品牌。

——乡村休闲旅游业优化升级。农业多种功能和乡村多重价值深度发掘，业态类型不断丰富，服务水平不断提升，年接待游客人数超过 40 亿人次，经营收入超过 1.2 万亿元。

——乡村新型服务业类型丰富。农林牧渔专业及辅助性活动产值达到 1 万亿元，农产品网络销售额达到 1 万亿元。

——农村创新创业更加活跃。返乡入乡创新创业人员超过 1 500 万人。

指标	2019 年	2025 年	年均增长
农产品加工业营业收入（万亿元）	22	32	6.5％
农产品加工业与农业总产值比[1]	2.3：1	2.8：1	[0.5]
农产品加工转化率（％）	67.5	80	[12.5]
产值超 100 亿元乡村特色产业集群（个）	34	150	28％
休闲农业年接待旅游人次（亿人次）	32	40	3.8％
休闲农业年营业收入（亿元）	8 500	12 000	5.9％

（续）

指标	2019 年	2025 年	年均增长
农林牧渔专业及辅助性活动产值（亿元）	6 500	10 000	7.5％
农产品网络销售额（亿元）	4 000	10 000	16.5％
返乡入乡创新创业人员（万人）	850	1 500	10％
返乡入乡创业带动就业人数（万人）	3 400	6 000	10％

注：[ ] 为累计增加数。

1 农产品加工业与农业总产值比＝农产品加工业总产值/农业总产值，其中农产品加工业总产值以农产品加工业营业收入数据为基础计算。

第三章　提升农产品加工业

农产品加工业是国民经济的重要产业。农产品加工业从种养业延伸出来，是提升农产品附加值的关键，也是构建农业产业链的核心。进一步优化结构布局，培育壮大经营主体，提升质量效益和竞争力。

第一节　完善产业结构

统筹发展农产品初加工、精深加工和综合利用加工，推进农产品多元化开发、多层次利用、多环节增值。

拓展农产品初加工。鼓励和支持农民合作社、家庭农场和中小微企业等发展农产品产地初加工，减少产后损失，延长供应时间，提高质量效益。果蔬、奶类、畜禽及水产品等鲜活农产品，重点发展预冷、保鲜、冷冻、清洗、分级、分割、包装等仓储设施和商品化处理，实现减损增效。粮食等耐储农产品，重点发展烘干、储藏、脱壳、去杂、磨制等初加工，实现保值增值。食用类初级农产品，重点发展发酵、压榨、灌制、炸制、干制、腌制、熟制等初加工，满足市场多样化需求。棉麻丝、木竹藤棕草等非食用类农产品，重点发展整理、切割、粉碎、打磨、烘干、拉丝、编织等初加工，开发多种用途。

提升农产品精深加工。引导大型农业企业加快生物、工程、环保、信息等技术集成应用，促进农产品多次加工，实现多次增值。发展精细加工，推进新型非热加工、新型杀菌、高效分离、清洁生产、智能控制、形态识别、自动分选等技术升级，利用专用原料，配套专用设备，研制专用配方，开发类别多样、营养健康、方便快捷的系列化产品。推进深度开发，创新超临界萃取、超微粉碎、生物发酵、蛋白质改性等技术，提取营养因子、功能成分和活性物质，开发系列化的加工制品。

推进综合利用加工。鼓励大型农业企业和农产品加工园区推进加工副产物循环利用、全值利用、梯次利用，实现变废为宝、化害为利。采取先进的提取、分离与制备技术，推进稻壳米糠、麦麸、油料饼粕、果蔬皮渣、畜禽皮毛骨血、水产品皮骨内脏等副产物综合利用，开发新能源、新材料等新产品，提升增值空间。

第二节　优化空间布局

按照"粮头食尾""农头工尾"要求，统筹产地、销区和园区布局，形成生产与加工、产品与市场、企业与农户协调发展的格局。

推进农产品加工向产地下沉。向优势区域聚集，引导大型农业企业重心下沉，在粮食生产功能区、重要农产品保护区、特色农产品优势区和水产品主产区，建设加工专用原料基地，布局加工产能，改变加工在城市、原料在乡村的状况。向中心镇（乡）和物流节点聚集，在农业产业强镇、商贸集镇和物流节点布局劳动密集型加工业，促进农产品就地增值，带动农民就近就业，促进产镇融合。向重点专业村聚集，依托工贸村、"一村一品"示范村发展小众类的农产品初加工，促进产村融合。

推进农产品加工与销区对接。丰富加工产品，在产区和大中城市郊区布局中央厨房、主食加工、休闲食品、方便食品、净菜加工和餐饮外卖等加工，满足城市多样化、便捷化需求。培育加工业态，发展"中央厨房＋冷链配送＋物流终端""中央厨房＋快餐门店""健康数据＋营养配餐＋私人订制"等新型加工业态。

推进农产品加工向园区集中。推进政策集成、要素集聚、企业集中、功能集合，发展"外地经济"模式，建设一批产加销贯通、贸工农一体、一二三产业融合发展的农产品加工园区，培育乡村产业"增长极"。提升农产品加工园，强化科技研发、融资担保、检验检测等服务，完善仓储物流、供能供热、废污处理等设施，促进农产品加工企业聚集发展。在农牧渔业大县（市），每县（市）建设一个农产品加工园。不具备建设农产品加工园条件的县（市），可采取合作方式在异地共同建设农产品加工园。建设国际农产品加工产业园，选择区位优势明显、产业基础好、带动作用强的地区，建设一批国际农产品加工产业园，对接国际市场，参与国际产业分工。

第三节　促进产业升级

技术创新是农产品加工业转型升级的关键。要加快技术创新，提升装备水平，促进农产品加工业提档升级。

推进加工技术创新。以农产品加工关键环节和瓶颈制约为重点，建设农产品加工与贮藏国家重点实验室、保鲜物流技术研究中心及优势农产品品质评价研究中心。组织科研院所、大专院校与企业联合开展技术攻关，研发一批集自动测量、精准控制、智能操作于一体的绿色储藏、动态保鲜、快速预冷、节能干燥等新型实用技术，以及实现品质调控、营养均衡、清洁生产等功能的先进加工技术。

推进加工装备创制。扶持一批农产品加工装备研发机构和生产创制企业，开展信息化、智能化、工程化加工装备研发，提高关键装备国产化水平。运用智能制造、生物合成、3D打印等新技术，集成组装一批科技含量高、适用性广的加工工艺及配套装备，提升农产品加工层次水平。

专栏 1　农产品加工业提升行动

1. 建设农产品加工园。到 2025 年，每个农牧渔业大县（市）建设 1 个农产品加工园，建设 300 个产值超 100 亿元的农产品加工园。

2. 建设农产品加工技术集成基地。到 2025 年，建设 50 个集成度高、系统化强、能应用、可复制的农产品加工技术集成科研基地。

第四章　拓展乡村特色产业

乡村特色产业是乡村产业的重要组成部分，是地域特征鲜明、乡土气息浓厚的小众类、多样性的乡村产业，涵盖特色种养、特色食品、特色手工业和特色文化等，发展潜力巨大。

第一节　构建全产业链

以拓展二三产业为重点，延伸产业链条，开发特色化、多样化产品，提升乡村特色产业的附加值，促进农业多环节增效、农民多渠道增收。

以特色资源增强竞争力。根据消费结构升级的新变化，开发特殊地域、特殊品种等专属性特色产品，以特性和品质赢得市场。发展特色种养，根据种质资源、地理成分、物候特点等独特资源禀赋，在最适宜的地区培植最适宜的产业。开发特色食品，重点开发乡土卤制品、酱制品、豆制品、腊味、民族特色奶制品等传统食品。开发适宜特殊人群的功能性食品。传承特色技艺，改造提升蜡染、编织、剪纸、刺绣、陶艺等传统工艺。弘扬特色文化，发展乡村戏剧曲艺、杂技杂耍等文化产业。

以加工流通延伸产业链。做强产品加工，鼓励大型龙头企业建设标准化、清洁化、智能化加工厂，引导农户、家庭农场建设一批家庭工场、手工作坊、乡村车间，用标准化技术改造提升豆制品、民族特色奶制品、腊肉腊肠、火腿、剪纸、刺绣、蜡染、编织、制陶等乡土产品。做活商贸物流，鼓励地方在特色农产品优势区布局产地批发市场、物流配送中心、商品采购中心、大型特产超市，支持新型经营主体、农产品批发市场等建设产地仓储保鲜设施，发展网上商店、连锁门店。

以信息技术打造供应链。对接终端市场，以市场需求为导向，促进农户生产、企业加工、客户营销和终端消费连成一体、协同运作，增强供给侧对需求侧的适应性和灵活性。实施"互联网＋"农产品出村进城工程，完善适应农产品网络销售的供应链体系、运营服务体系和支撑保障体系。创新营销模式，健全绿色智能农产品供应链，培育农商直供、直播直销、会员制、个人定制等模式，推进农商互联、产销衔接，再造业务流程、降低交易成本。

以业态丰富提升价值链。提升品质价值，推进品种和技术创新，提升特色产品的内在品质和外在品相，以品质赢得市场、实现增值。提升生态价值，开发绿色生态、养生保健等新功能新价值，增强对消费者的吸附力。提升人文价值，更多融入科技、人文元素，发掘民俗风情、历史传说和民间戏剧等文化价值，赋予乡土特色产品文化标识。

第二节　推进聚集发展

集聚资源、集中力量，建设富有特色、规模适中、带动力强的特色产业集聚区。打造"一县一业""多县一带"，在更大范围、更高层次上培育产业集群，形成"一村一品"微型经济圈、农业产业强镇小型经济圈、现代农业产业园中型经济圈、优势特色产业集群大型经济圈，构建乡村产业"圈"状发展格局。

建设"一村一品"示范村镇。依托资源优势，选择主导产业，建设一批"小而精、特而美"的"一村一品"示范村镇，形成一村带数村、多村连成片的发展格局。用 3－5 年的时间，培育一批产值超 1 亿元的特色产业专业村。

建设农业产业强镇。根据特色资源优势，聚焦 1－2 个主导产业，吸引资本聚镇、能人入镇、技术进镇，建设一批标准原料基地、集约加工转化、区域主导产业、紧密利益联结于一体的农业产业强镇。用 3－5 年的时间，培育一批产值超 10 亿元的农业产业强镇。

提升现代农业产业园。通过科技集成、主体集合、产业集群，统筹布局生产、加工、物流、研发、示范、服务等功能，延长产业链，提升价值链，促进产业格局由分散向集中、发展方式由粗放向集约、产业链条由单一向复合转变，发挥要素集聚和融合平台作用，支撑"一县一业"发展。用3—5年的时间，培育一批产值超100亿元的现代农业产业园。

建设优势特色产业集群。依托资源优势和产业基础，突出串珠成线、连块成带、集群成链，培育品种品质优良、规模体量较大、融合程度较深的区域性优势特色农业产业集群。用3—5年的时间，培育一批产值超1000亿元的骨干优势特色产业集群，培育一批产值超100亿元的优势特色产业集群。

第三节　培育知名品牌

按照"有标采标、无标创标、全程贯标"要求，以质量信誉为基础，创响一批乡村特色知名品牌，扩大市场影响力。

培育区域公用品牌。根据特定自然生态环境、历史人文因素，明确生产地域范围，强化品种品质管理，保护地理标志农产品，开发地域特色突出、功能属性独特的区域公用品牌。规范品牌授权管理，加大品牌营销推介，提高区域公用品牌影响力和带动力。

培育企业品牌。引导农业产业化龙头企业、农民合作社、家庭农场等新型经营主体将经营理念、企业文化和价值观念等注入品牌，实施农产品质量安全追溯管理，加强责任主体逆向溯源、产品流向正向追踪，推动部省农产品质量安全追溯平台对接、信息共享。

培育产品品牌。传承乡村文化根脉，挖掘一批以手工制作为主、技艺精湛、工艺独特的瓦匠、篾匠、铜匠、铁匠、剪纸工、绣娘、陶艺师、面点师等能工巧匠，创响一批"珍稀牌""工艺牌""文化牌"的乡土品牌。

第四节　深入推进产业扶贫

贫困地区发展特色产业是脱贫攻坚的根本出路。促进脱贫攻坚与乡村振兴有机衔接，发展特色产业，促进农民增收致富，巩固脱贫攻坚成果。

推进资源与企业对接。发掘贫困地区优势特色资源，引导资金、技术、人才、信息向贫困地区的特色优势区聚集，特别是要引导农业产业化龙头企业与贫困地区合作创建绿色优质农产品原料基地，布局加工产能，深度开发特色资源，带动农民共建链条、共享品牌，让农民在发展特色产业中稳定就业、持续增收。

推进产品与市场对接。引导贫困地区与产地批发市场、物流配送中心、商品采购中心、大型特产超市、电商平台对接，支持贫困地区组织特色产品参加各类展示展销会，扩大产品影响，让贫困地区的特色产品走出山区、进入城市、拓展市场。深入开展消费扶贫，拓展贫困地区产品流通和销售渠道。

专栏 2　乡村特色产业提升工程

1. 建设"一村一品"示范村镇。到 2025 年，新认定 1 000 个全国"一村一品"示范村镇。

2. 建设农业产业强镇。到 2025 年，建设 1 600 个农业产业强镇。

3. 建设现代农业产业园。到 2025 年，建设 300 个现代农业产业园。

4. 建设优势特色产业集群。到 2025 年，建设 150 个产值超 100 亿元、30 个产值超 1 000 亿元的优势特色产业集群。

5. 培育乡村特色品牌。到 2025 年，培育 2 000 个"乡字号""土字号"特色知名品牌，推介 1 000 个全国乡村能工巧匠。

第五章　优化乡村休闲旅游业

乡村休闲旅游业是农业功能拓展、乡村价值发掘、业态类型创新的新产业，横跨一二三产业、兼容生产生活生态、融通工农城乡，发展前景广阔。

第一节　聚焦重点区域

依据自然风貌、人文环境、乡土文化等资源禀赋，建设特色鲜明、功能完备、内涵丰富的乡村休闲旅游重点区。

建设城市周边乡村休闲旅游区。依托都市农业生产生态资源和城郊区位优势，发展田园观光、农耕体验、文化休闲、科普教育、健康养生等业态，建设综合性休闲农业园区、农业主题公园、观光采摘园、垂钓园、乡村民宿和休闲农庄，满足城市居民消费需求。

建设自然风景区周边乡村休闲旅游区。依托秀美山川、湖泊河流、草原湿地等地区，在严格保护生态环境的前提下，统筹山水林田湖草系统，发展以农业生态游、农业景观游、特色农（牧、渔）业游为主的休闲农（牧、渔）园和农（牧、渔）家乐等，以及森林人家、健康氧吧、生态体验等业态，建设特色乡村休闲旅游功能区。

建设民俗民族风情乡村休闲旅游区。发掘深厚的民族文化底蕴、欢庆的民俗节日活动、多样的民族特色美食和绚丽的民族服饰，发展民族风情游、民俗体验游、村落风光游等业态，开发民族民俗特色产品。

建设传统农区乡村休闲旅游景点。依托稻田、花海、梯田、茶园、养殖池塘、湖泊水库等大水面、海洋牧场等田园渔场风光，发展景观农业、农事体验、观光采摘、特色动植物观赏、休闲垂钓等业态，开发"后备箱""伴手礼"等旅游产品。

第二节 注重品质提升

乡村休闲旅游要坚持个性化、特色化发展方向，以农耕文化为魂、美丽田园为韵、生态农业为基、古朴村落为形、创新创意为径，开发形式多样、独具特色、个性突出的乡村休闲旅游业态和产品。

突出特色化。注重特色是乡村休闲旅游业保持持久吸引力的前提。开发特色资源，发掘农业多种功能和乡村多重价值，发展特色突出、主题鲜明的乡村休闲旅游项目。开发特色文化，发掘民族村落、古村古镇、乡土文化，发展具有历史特征、地域特点、民族特色的乡村休闲旅游项目。开发特色产品，发掘地方风味、民族特色、传统工艺等资源，创制独特、稀缺的乡村休闲旅游服务和产品。

突出差异化。乡村休闲旅游要保持持久竞争力，必须差异竞争、错位发展。把握定位差异，依据不同区位、不同资源和不同文化，发展具有城乡间、区域间、景区间主题差异的乡村休闲旅游项目。瞄准市场差异，依据各类消费群体的不同消费需求，细分目标市场，发展研学教育、田园养生、亲子体验、拓展训练等乡村休闲旅游项目。顺应老龄化社会的到来，发展民宿康养、游憩康养等乡村休闲旅游项目。彰显功能差异，依据消费者在吃住行、游购娱方面的不同需求，发展采摘园、垂钓园、农家宴、民俗村、风情街等乡村休闲旅游项目。

突出多样化。乡村休闲旅游要保持持久生命力，要走多轮驱动、多轨运行的发展之路。推进业态多样，统筹发展农家乐、休闲园区、生态园、乡村休闲旅游聚集村等业态，形成竞相发展、精彩纷呈的格局。推进模式多样，跨界配置乡村休闲旅游与文化教育、健康养生、信息技术等产业要素，发展共享农庄、康体养老、线上云游等模式。推进主体多样，引导农户、村集体经济组织、农业企业、文旅企业及社会资本等建设乡村休闲旅游项目。

第三节 打造精品工程

实施乡村休闲旅游精品工程，加强引导，加大投入，建设一批休闲旅游精品景点。

建设休闲农业重点县。以县域为单元，依托独特自然资源、文化资源，建设一批设施完备、业态丰富、功能完善，在区域、全国乃至世界有知名度和影响力的休闲农业重点县。

建设美丽休闲乡村。依托种养业、田园风光、绿水青山、村落建筑、乡土文化、民俗风情和人居环境等资源优势，建设一批天蓝、地绿、水净、安居、乐业的美丽休闲乡村，实现产村融合发展。鼓励有条件的地区依托美丽休闲乡村，建设健康养生养老基地。

建设休闲农业园区。根据休闲旅游消费升级的需要，促进休闲农业提档升级，建设一批功能齐全、布局合理、机制完善、带动力强的休闲农业精品园区，推介一批视觉美丽、体验美妙、内涵美好的乡村休闲旅游精品景点线路。引导有条件的休闲农业园建设中小学生实践教育基地。

第四节　提升服务水平

促进乡村休闲旅游高质量发展，要规范化管理、标准化服务，让消费者玩得开心、吃得放心、买得舒心。

健全标准体系。制修订乡村休闲旅游业标准，完善公共卫生安全、食品安全、服务规范等标准，促进管理服务水平提升。

完善配套设施。加强乡村休闲旅游点水、电、路、讯、网等设施建设，完善餐饮、住宿、休闲、体验、购物、停车、厕所等设施条件。开展垃圾污水等废弃物综合治理，实现资源节约、环境友好。

规范管理服务。引导和支持乡村休闲旅游经营主体加强从业人员培训，提高综合素质，规范服务流程，为消费者提供热情周到、贴心细致的服务。

专栏3　乡村休闲旅游精品工程

1. 建设休闲农业重点县。到2025年，建设300个休闲农业重点县，培育一批有知名度、有影响力的休闲农业"打卡地"。

2. 推介中国美丽休闲乡村。到2025年，推介1 500个中国美丽休闲乡村。

3. 推介乡村休闲旅游精品景点线路。到2025年，推介1 000个全国休闲农业精品景点线路。

第六章　发展乡村新型服务业

乡村新型服务业是适应农村生产生活方式变化应运而生的产业，业态类型丰富，经营方式灵活，发展空间广阔。

第一节　提升生产性服务业

扩大服务领域。适应农业生产规模化、标准化、机械化的趋势，支持供销、邮政、农民合作社及乡村企业等，开展农技推广、土地托管、代耕代种、烘干收储等农业生产性服务，以及市场信息、农资供应、农业废弃物资源化利用、农机作业及维修、农产品营销等服务。

提高服务水平。引导各类服务主体把服务网点延伸到乡村，鼓励新型农业经营主体在城镇设立鲜活农产品直销网点，推广农超、农社（区）、农企等产销对接模式。鼓励大型农产品加工流通企业开展托管服务、专项服务、连锁服务务、个性化服务等综合配套服务。

第二节　拓展生活性服务业

丰富服务内容。改造提升餐饮住宿、商超零售、美容美发、洗浴、照相、电器维修、再生资源回收等乡村生活服务业，积极发展养老护幼、卫生保洁、文化演出、体育健身、法律咨询、信息中介、典礼司仪等乡村服务业。

创新服务方式。积极发展订制服务、体验服务、智慧服务、共享服务、绿色服务等新形态，探索"线上交易＋线下服务"的新模式。鼓励各类服务主体建设运营覆盖娱乐、健康、教育、家政、体育等领域的在线服务平台，推动传统服务业升级改造，为乡村居民提供高效便捷服务。

第三节　发展农村电子商务

培育农村电子商务主体。引导电商、物流、商贸、金融、供销、邮政、快递等各类电子商务主体到乡村布局，构建农村购物网络平台。依托农家店、农村综合服务社、村邮站、快递网点、农产品购销代办站等发展农村电商末端网点。

扩大农村电子商务应用。在农业生产、加工、流通等环节，加快互联网技术应用与推广。在促进工业品、农业生产资料下乡的同时，拓展农产品、特色食品、民俗制品等产品的进城空间。

改善农村电子商务环境。实施"互联网＋"农产品出村进城工程，完善乡村信息网络基础设施，加快发展农产品冷链物流设施。建设农村电子商务公共服务中心，加强农村电子商务人才培养，营造良好市场环境。

第七章　推进农业产业化和农村产业融合发展

农业产业化是农业经营体制机制的创新，农村产业融合发展是农业与现代产业要素的交叉重组，引领农业和乡村产业转型升级。

第一节　打造农业产业化升级版

壮大农业产业化龙头企业队伍。实施新型农业经营主体培育工程，引导龙头企业采取兼并重组、股份合作、资产转让等形式，建立大型农业企业集团，打造知名企业品牌，提升龙头企业在乡村产业发展中的带动能力。指导地方培育龙头企业，形成国家、省、市、县级龙头企业梯队，打造乡村产业发展"新雁阵"。

培育农业产业化联合体。扶持一批龙头企业牵头、家庭农场和农民合作社跟进、广大小农户参与的农业产业化联合体，构建分工协作、优势互补、联系紧密的利益共同体，实现抱团发展。引导农业产业化联合体明确权利责任、建立治理结构、完善利益联结机制，促进持续稳定发展。有序推进土地经营权入股农业产业化经营。

第二节　推进农村产业融合发展

培育多元融合主体。支持发展县域范围内产业关联度高、辐射带动力强、参与主体多的融合模式，促进资源共享、链条共建、品牌共创，形成企业主体、农民参与、科研助力、金融支撑的产业发展格局。

发展多类型融合业态。引导各类经营主体以加工流通带动业态融合，发展中央厨房等业态。以功能拓展带动业态融合，推进农业与文化、旅游、教育、康养等产业融合，发展创意农业、功能农业等。以信息技术带动业态融合，促进农业与信息产业融合，发展数字农业、智慧农业等。

建立健全融合机制。引导新型农业经营主体与小农户建立多种类型的合作方式，促进利益融合。完善利益分配机制，推广"订单收购＋分红""农民入股＋保底收益＋按股分红"等模式。

第八章　推进农村创新创业

农村创新创业是乡村产业振兴的重要动能。优化创业环境，激发创业热情，形成以创新带创业、以创业带就业、以就业促增收的格局。

第一节　培育创业主体

深入实施农村创新创业带头人培育行动，加大扶持，培育一批扎根乡村、服务农业、带动农民的创新创业群体。

培育返乡创业主体。以乡情感召、政策吸引、事业凝聚，引导有资金积累、技术专长和市场信息的返乡农民工在农村创新创业，培育一批充满激情的农村创新创业优秀带头人，引领乡村新兴产业发展。

培育入乡创业主体。优化乡村营商环境，强化政策扶持，构建农业全产业链，引导大中专毕业生、退役军人、科技人员和工商业主等入乡创业，应用新技术、开发新产品、开拓新市场，引入现代管理、经营理念和业态模式，丰富乡村产业发展类型。

培育在乡创业主体。加大乡村能人培训力度，提高发现机会、识别市场、整合资源、创造价值的能力。培育一批"田秀才""土专家""乡创客"等乡土人才，以及乡村工匠、文化能人、手工艺人等能工巧匠，领办家庭农场、农民合作社等，创办家庭工场、手工作坊、乡村车间等。

第二节 搭建创业平台

按照"政府搭建平台、平台聚集资源、资源服务创业"的要求，建设各类创新创业园区和孵化实训基地。

选树农村创新创业典型县。遴选政策环境良好、工作机制完善、服务体系健全、创业业态丰富的县（市），总结做法经验，推广典型案例，树立一批全国农村创新创业典型县。

建设农村创新创业园区。引导地方建设一批资源要素集聚、基础设施齐全、服务功能完善、创新创业成长快的农村创新创业园区，依托现代农业产业园、农产品加工园、高新技术园区、电商物流园等，建立"园中园"式农村创新创业园。力争用5年时间，覆盖全国农牧渔业大县（市）。

建设孵化实训基地。依托各类园区、大中型企业、知名村镇、大中专院校等平台和主体，建设一批集"生产＋加工＋科技＋营销＋品牌＋体验"于一体、"预孵化＋孵化器＋加速器＋稳定器"全产业链的农村创新创业孵化实训基地。

第三节 强化创业指导

建设农村创业导师队伍。建立专家创业导师队伍，重点从大专院校、科研院所等单位遴选一批理论造诣深厚、实践经验丰富的科研人才、政策专家、会计师、设计师、律师等，为农村创业人员提供创业项目、技术要点等指导服务。建立企业家创业导师队伍，重点从农业产业化龙头企业、新型农业经营主体中遴选一批有经营理念、市场眼光的乡村企业家，为农村创业人员提供政策运用、市场拓展等指导服务。建立带头人创业导师队伍，重点从农村创新创业带头人中遴选一批经历丰富、成效显著的创业成功人士，为农村创业人员提供经验分享等指导服务。

健全指导服务机制。建立指导服务平台，依托农村创新创业园区、孵化实训基地和网络平台等，通过集中授课、案例教学、现场指导等方式，创立"平台＋导师＋学员"服务模式。开展点对点指导服务，根据农村创业导师和农村创业人员实际，开展"一带一""师带徒""一带多"等精准服务。创新指导服务方式，通过网络、视频等载体，为农村创业人员提供政策咨询、技术指导、市场营销、品牌培育等服务。农村创业导师为农村创业人员提供咨询服务，不替代农村创业人员创业决策，强化农村创业人员决策自主、风险自担意识。

第四节　优化创业环境

强化创业服务。支持地方依托县乡政府政务大厅设立农村创新创业服务窗口，发挥乡村产业服务指导机构和行业协会商会作用，培育市场化中介服务机构。建立"互联网＋"创新创业服务模式，为农村创新创业主体提供灵活便捷在线服务。

强化创业培训。依托普通高校、职业院校、优质培训机构、公共职业技能培训平台等开展创业能力提升培训，让有意愿的农村创新创业人员均能受到免费创业培训。推行"创业＋技能""创业＋产业"的培训模式，开展互动教学、案例教学和现场观摩教学。发挥农村创新创业带头人作用，讲述励志故事，分享创业经验。

第五节　培育乡村企业家队伍

乡村企业家是乡村企业发展的核心，是乡村产业转型升级的关键。加强乡村企业家队伍建设的统筹规划，将乡村产业发展与乡村企业家培育同步谋划、同步推进。

壮大乡村企业家队伍。采取多种方式扶持一批大型农业企业集团，培育一批具有全球战略眼光、市场开拓精神、管理创新能力的行业领军乡村企业家。引导网络平台企业投资乡村，开发农业农村资源，丰富产业业态类型，培育一批引领乡村产业转型的现代乡村企业家。同时，发掘一批乡村能工巧匠，培育一批"小巨人"乡村企业家。

弘扬乡村企业家精神。弘扬爱国敬业精神，培养乡村企业家国家使命感和民族自豪感，引导乡村企业家把个人理想融入乡村振兴和民族复兴的伟大实践。弘扬敢为人先精神，培养乡村企业家识别市场、发现机会、敢闯敢干的特质，开发新产品，创造新需求，拓展新市场。弘扬坚韧执着精神，引导乡村企业家传承"走遍千山万水，说尽千言万语，历经千辛万苦"的品质，不畏艰难、吃苦耐劳、艰苦创业。弘扬立农为农精神，引导乡村企业家厚植乡土情怀、投身乡村振兴大潮，带领千千万万的小农户与千变万化的大市场有效对接。依据有关规定，对扎根乡村、服务农业、带动农民、贡献突出的优秀乡村企业家给予表彰。

专栏 4　农村创新创业带头人培育行动

1. 培育农村创新创业主体。到 2025 年，培育 100 万名农村创新创业带头人，带动 1 500 万返乡入乡人员创业。

2. 遴选农村创新创业导师。到 2025 年，培育 10 万名农村创新创业导师。

3. 建设农村创新创业园区和孵化实训基地。到 2025 年，建设 2 000 个农村创新创业园区和孵化实训基地。

4. 培育乡村企业家队伍。到 2025 年，着力造就一支懂经营、善管理，具有战略眼光和开拓精神的乡村企业家队伍，选树 1 000 名全国优秀乡村企业家。

第九章　保障措施

第一节　加强统筹协调

落实五级书记抓乡村振兴的工作要求，有力推动乡村产业发展。建立农业农村部门牵头抓总、相关部门协调配合、社会力量积极支持、农民群众广泛参与的推进机制，加强统筹协调，确保各项措施落实到位。建立乡村产业评价指标体系，加强数据采集、市场调查、运行分析和信息发布，对规划实施情况进行跟踪监测，科学评估发展成效。

第二节　加强政策扶持

加快完善土地、资金、人才等要素支撑的政策措施，确保各项政策可落地、可操作、可见效。完善财政扶持政策，采取"以奖代补、先建后补"等方式，支持现代农业产业园、农业产业强镇、优势特色产业集群及农产品仓储保鲜冷链设施建设。鼓励地方发行专项债券用于乡村产业。强化金融扶持政策，引导县域金融机构将吸收的存款主要用于当地，建立"银税互动""银信互动"贷款机制。充分发挥融资担保体系作用，强化担保融资增信功能，推动落实创业担保贷款贴息政策。完善乡村产业发展用地政策体系，明确用地类型和供地方式，实行分类管理。

第三节　强化科技支撑

建立以企业为主体、市场为导向、产学研相结合的技术创新体系，加强创新成果产业化，提升产业核心竞争力。引导大专院校、科研院所与乡村企业合作，开展联合技术攻关，研发一批具有先进性、专属性的技术和工艺，创制一批适用性广、经济性好的设施装备。支持科技人员以科技成果入股乡村企业，建立健全科研人员校企、院企共建双聘机制。指导县（市）成立乡村产业专家顾问团，为乡村产业发展提供智力支持。

第四节　营造良好氛围

挖掘乡村产业发展鲜活经验，总结推广一批发展模式、典型案例和先进人物。弘扬创业精神、工匠精神、企业家精神，激发崇尚创新、勇于创业的热情。充分运用传统媒体和新媒体，解读产业政策、宣传做法经验、推广典型模式，引导全社会共同关注、协力支持，营造良好发展氛围。

社会资本投资农业农村指引（2022年）

一、总体要求

（一）指导思想

以习近平新时代中国特色社会主义思想为指导，全面贯彻党的十九大和十九届历次全会精神，深入贯彻中央经济工作会议、中央农村工作会议精神，坚持稳字当头、稳中求进，按照保供固安全、振兴畅循环的工作定位，聚焦乡村振兴重点领域，创新投入方式，打造合作平台，营造良好营商环境，激发社会资本投资活力，规范社会资本投资行为，更好满足全面推进乡村振兴多样化投融资需求，为全面推进乡村振兴、加快农业农村现代化提供有力支撑。

（二）基本原则

1. 尊重农民主体地位。充分尊重农民意愿，切实发挥农民在乡村振兴中的主体作用，引导社会资本与农民建立紧密利益联结机制，不断提升人民群众获得感。支持社会资本依法依规拓展业务，注重合作共赢，把收益更多留在乡村，把就业岗位更多留给农民，带动农村同步发展、农民同步进步。

2. 遵循市场规律。充分发挥市场在资源配置中的决定性作用，更好发挥政府作用，激发社会资本投资活力，引导将人才、技术、管理等现代生产要素注入农业农村。坚持"放管服"改革方向，建立健全监管和风险防范机制，营造公平竞争的市场环境、政策环境、法治环境，创造良好稳定的市场预期。

3. 坚持开拓创新。鼓励社会资本与政府、金融机构开展合作，发挥社会资本市场化、专业化优势，加快投融资模式创新应用，探索典型模式。建立完善社会资本投融资合作对接机制，拓宽社会资本投资渠道，挖掘农业农村领域投资潜力，保持农业农村投资稳定增长，培育经济发展新动能。

4. 稳妥有序投入。立足村庄现有基础，结合乡村发展实际，引导社会资本稳妥有序投入亟需支持的农业农村领域，不超越发展阶段搞大融资、大开发、大建设。坚决守住耕地红线，坚决遏制耕地"非农化"、防止耕地"非粮化"。严禁违规占用耕地从事非农建设，严禁超标准建设绿色通道，严禁违规占用耕地挖湖造景，确保资本下乡不损害农民和集体利益。

二、鼓励投资的重点产业和领域

对标全面推进乡村振兴、加快农业农村现代化目标任务，立足当前农业农村新形势新要求，聚焦乡村发展、乡村建设、乡村治理的重点领域、关键环节，撬动更多社会资本，充分调动各方面积极性，促进农业农村经济转型升级。

1. 现代种养业。支持社会资本发展规模化、标准化、品牌化和绿色化种养业，推动品种培优、品质提升、品牌打造和标准化生产，助力提升粮食和重要农产品供给保障能力。巩固主产区粮棉油糖胶生产，推进国家粮食安全产业带建设。支持大豆油料生产基地建设，支持玉米大豆带状复合种植，发展旱作农业，加强智能粮库建设。加强蔬菜（含食药用菌）生产能力建设，大力发展温室大棚、集约养殖、水肥一体、高效节水等设施农业，鼓励发展工厂化集约养殖、立体生态养殖等新型养殖设施。支持稳定生猪基础产能，推进标准化规模养殖；加快发展草食畜牧业，扩大基础母畜产能，稳步发展家禽业，加强奶源基地建设。支持建设现代化饲草产业体系，推进饲草料专业化生产。鼓励发展水产绿色健康养殖，发展稻渔综合种养、大水面生态渔业和盐碱水养殖。支持深远海养殖业发展，发展深远海大型智能化养殖渔场，推动海洋牧场、远洋渔业基地建设。支持大食物开发，保障各类食物有效供给。

2. 现代种业。鼓励社会资本投资创新型种业企业，扶优扶强种业企业，推进科企深度融合，支持种业龙头企业健全商业化育种体系，提升商业化育种创新能力，提升我国种业国际竞争力。引导参与现代种业自主创新能力提升，推进种源等农业关键核心技术攻关。加强种质资源保存与利用、育种创新、品种检测测试与展示示范、良种繁育等能力建设，促进育繁推一体化发展，建立现代种业体系。在严格监管、风险可控的基础上，鼓励社会资本积极参与生物育种产业化应用。创新推广"龙头企业＋优势基地"模式，支持社会资本参与国家南繁育种基地等制种基地建设与升级，加快制种大县和区域性良繁基地建设。鼓励社会资本参与建设国家级育种场，完善良种繁育和生物安全防护设施条件，推进国家级水产供种繁育基地建设。

3. 乡村富民产业。鼓励社会资本开发特色农业农村资源，支持农业现代化示范区主导产业全产业链升级，积极参与建设现代农业产业园、优势特色产业集群、农业产业强镇、渔港经济区，发展特色农产品优势区，发展国家农村产业融合发展示范园，支持建设"一村一品"示范村镇。鼓励企业到产地发展粮油加工、农产品初加工、食品制造。支持发展特色优势产业，发展绿色农产品、有机农产品和地理标志农产品，支持拓展农业多种功能、挖掘乡村多元价值。建设标准化生产基地、集约化加工基地、仓储物流基地，完善科技支撑体系、生产服务体系、品牌与市场营销体系、质量控制体系，建立利益联结紧密的建设运行机制。巩固提升脱贫地区特色产业，鼓励有条件的脱贫地区发展光伏产业。因地制宜发展具有民族、文化与地域特色的乡村手工业，发展一批家庭工厂、手工作坊、乡村车间。加快农业品牌培育，加强品牌营销推介，鼓励社会资本支持区域公用品牌建设，打造一批具有市场竞争力的农业企业品牌。

4. 农产品加工流通业。鼓励社会资本参与粮食主产区和特色农产品优势区发展农产品加工业，提升行业机械化、标准化水平。鼓励发展冷藏保鲜、原料处理、分级包装等初加工，到产地发展粮油加工、农产品加工、食品制造等精深加工，在主产区和大中城市郊区布局中央厨房、主食加工、休闲食品、方便食品、净菜加工等业态。鼓励参与农产品产地、集散地、销地批发市场、田头市场建设，完善农村商贸服务网络。加强粮食、棉花、食糖等重要农产品仓储物流设施建设，建设一批贮藏保鲜、分级包装、冷链配送等设施设备和田头小型仓储保鲜冷链设施。鼓励有条件的地方建设产地冷链配送中心，打造农产品物流节点，发展农超、农社、农企、农校等产销对接的新型流通业态。鼓励发展生鲜农产品新零售。支持冷链物流企业做大做强，支持大型流通企业以县城和中心镇为重点下沉供应链，促进农村客货邮融合发展。

5. 乡村新型服务业。鼓励社会资本发展休闲观光、乡村民宿、创意农业、农事体验、农耕文化、农村康养等产业，做精做优乡村休闲旅游业。支持挖掘和利用农耕文化遗产资源，发展乡村特色文化产业，培育具有农耕特质的乡村文化产品，大力开发乡宿、乡游、乡食、乡购、乡娱等休闲体验产品，建设农耕主题博物馆、村史馆，传承农耕手工艺、曲艺、民俗节庆，促进农文旅融合发展。鼓励发展生产性服务业，引导设施租赁、市场营销、信息咨询等领域市场主体将服务网点延伸到乡村。引导采取"农资＋服务""农机＋服务""科技＋服务""互联网＋服务"等方式，发展农业生产托管服务，提供市场信息、农技推广、农资供应、统防统治、深松整地、农产品营销等社会化服务。鼓励社会资本拓展生活性服务业，改造提升餐饮住宿、商超零售、电器维修、再生资源回收和养老护幼、卫生保洁、文化演出等乡村生活服务业。

6. 农业农村绿色发展。鼓励社会资本积极参与建设国家农业绿色发展先行区,支持参与绿色种养循环农业试点、畜禽粪污资源化利用、养殖池塘尾水治理、农业面源污染综合治理、秸秆综合利用、农膜农药包装物回收行动、病死畜禽无害化处理、废弃渔网具回收再利用,推进农业投入品减量增效,加大对收储运和处理体系等方面的投入力度。鼓励投资农村可再生能源开发利用,加大对农村能源综合建设投入力度,推广农村可再生能源利用技术,提升秸秆能源化、饲料化利用能力。支持研发应用减碳增汇型农业技术,探索建立碳汇产品价值实现机制,助力农业农村减排固碳。参与长江黄河等流域生态保护、东北黑土地保护、重金属污染耕地治理修复。

7. 农业科技创新。鼓励社会资本创办农业科技创新型企业,参与农业关键核心技术攻关,开展全产业链协同攻关。鼓励聚焦生物育种、耕地质量、智慧农业、农业机械设备、农业绿色投入品等关键领域,加快研发与创新一批关键核心技术及产品,开展生物育种、高端智能农机、丘陵山区农机、大型复合农机和产业急需农民急用的短板机具、渔业装备、绿色投入品、环保渔具和玻璃钢等新材料渔船等的研发创新、成果转化与技术服务,提升装备研发应用水平。鼓励参与农业领域国家重点实验室等科技创新平台基地建设,参与农业科技创新联盟、国家现代农业产业科技创新中心等建设,促进科技与产业深度融合。支持农业企业牵头建设农业科技创新联合体或新型研发机构,加强农业科技社会化服务体系建设,完善农业科技推广服务云平台。引导发展技术交易市场和科技服务机构,提供科技成果转化服务,加快先进实用技术集成创新与推广应用。

8. 农业农村人才培养。支持社会资本参与农业生产经营人才、农村二三产业发展人才、乡村公共服务人才、乡村治理人才、农业农村科技人才、乡村基础设施建设和管护人才等培养。鼓励依托原料基地、产业园区等建设实训基地,依托信息、科技、品牌、资金等优势打造乡村人才孵化基地。鼓励为优秀农业农村人才提供奖励资助、技术支持、管理服务,促进农业农村人才脱颖而出。

9. 农业农村基础设施建设。支持社会资本参与高标准农田建设、中低产田改造、耕地地力提升、盐碱地开发利用、农田水利建设,农村产业路、资源路、旅游路建设,通村组路硬化,丘陵山区农田宜机化改造,农房质量安全提升,农村电网巩固,农村供水工程建设和小型工程标准化改造,太阳能、风能、水能、地势能、生物质能等清洁能源建设,以及建设乡村储气罐站和微管网供气系统。立足乡村现有基础扎实稳妥推进乡村建设,协调推进农村道路、供水、乡村清洁能源、数字乡村等基础设施建设。在有条件的地区推动实施区域化整体建设，推进田水林路电综合配套，同步发展高效节水灌溉。鼓励参与渔港和避风锚地建设，协同推动乡村基础设施建设和公共服务发展。

10. 数字乡村和智慧农业建设。鼓励社会资本参与建设数字乡村和智慧农业，推进农业遥感、物联网、5G、人工智能、区块链等应用，推动新一代信息技术与农业生产经营、质量安全管控深度融合，促进信息技术与农机农艺融合应用，提高农业生产智能化、经营网络化水平。支持参与数字乡村建设行动，引导平台企业、物流企业、金融企业等各类主体布局乡村。鼓励参与农业农村大数据建设，拓展农业农村大数据应用场景，加强农产品及农资市场监测和分析预警，为新型农业经营主体、小农户提供信息服务。鼓励参与农村地区信息基础设施建设，助力提升乡村治理、社会文化服务等信息化水平。鼓励参与"互联网＋"农产品出村进城工程建设，推进优质特色农产品网络销售，促进农产品产销对接。支持数字乡村标准化建设，加强农村信用基础设施建设，推动遥感卫星数据在农业农村领域中的应用，健全农村信息服务体系。鼓励建设数字田园、数字灌区和智慧农（牧、渔）场，借力信息技术赋能乡村公共服务，推动"互联网＋政务服务"向乡村延伸覆盖。

11. 农村创业创新。鼓励社会资本投资建设返乡入乡创业园、农村创业创新园区和农村创业孵化实训基地等平台载体，加强各类平台载体的基础设施、服务体系建设，推动产学研用合作，激发农村创业创新活力。鼓励联合普通高校、职业院校、优质教育培训机构等开展面向农村创业创新带头人关于创业能力、产业技术、经营管理方面的培训，建设产学研用协同创新基地，规范发展新就业形态，培育发展家政服务、物流配送、养老托育等生活性服务业，促进农民就地就近就业创业。

12. 农村人居环境整治。支持社会资本参与农村人居环境整治提升五年行动。鼓励参与农村厕所革命、农村生活垃圾治理、农村生活污水治理等项目建设运营，健全农村生活垃圾收运处置体系，加强村庄有机废弃物综合处置利用设施建设。鼓励参与村庄清洁和绿化行动。推进农村人居环境整治与发展乡村休闲旅游等有机结合。

13. 农业对外合作。鼓励社会资本参与农业对外经贸合作，支持企业在"一带一路"共建国家开展粮、棉、油、糖、胶、畜、渔等生产加工、仓储物流项目合作，建设境外农业合作园区。鼓励围绕粮食安全、气候变化、绿色发展等领域，积极参与全球农业科技合作，参与农资农机、农产品加工流通、农业信息等服务走出去，带动相关领域产能合作。鼓励参与农业国际贸易高质量发展基地、农业对外开放合作试验区等建设，创新农业经贸合作模式、对接有关规则标准、培育出口农产品品牌、建设国际营销促销网络，培育农业国际竞争新优势。

三、创新投入方式

根据各地农业农村实际发展情况，因地制宜创新投融资模式，推动资源整合、投资结构优化、投资效能提升。通过独资、合资、合作、联营、租赁等途径，采取特许经营、公建民营、民办公助等方式，健全联农带农有效激励机制，稳妥有序投入乡村振兴。

1. 完善全产业链开发模式。支持农业产业化龙头企业、农垦企业联合家庭农场、农民合作社等新型农业经营主体、小农户，加快全产业链开发和一体化经营、标准化生产，开展规模化种养，发展加工和流通。开创品牌、注重营销，推进产业链生产、加工、销售各环节有机衔接，贯通产加销、融合农文旅，推进延链、补链、壮链、优链，打造一批创新能力强、产业链条全、绿色底色足、安全可控、联农带农紧的农业全产业链。鼓励社会资本聚焦比较优势突出的产业链条，补齐产业链条中的发展短板，参与现代种业提升、农机研发与应用、智慧农业、设施农业等产业发展，提升产业链供应链现代化水平。支持龙头企业下乡进村，建分支机构、生产加工基地等，发挥农业产业化龙头企业的示范带动作用。

2. 探索区域整体开发模式。支持有实力的社会资本在符合法律法规和相关规划、尊重农民意愿的前提下，立足乡村发展实际和乡村建设现状，因地制宜、稳妥有序探索区域整体开发模式，统筹乡村基础设施和公共服务建设、高标准农田建设、国家级水产健康养殖和生态养殖示范区、产业融合发展等进行整体化投资，建立完善合理的利益分配机制，为当地农业农村发展提供区域性、系统性解决方案，促进农业提质增效，带动农村人居环境显著改善、农民收入持续提升，实现社会资本与农户互惠共赢。

3. 创新政府和社会资本合作模式。鼓励信贷、保险机构加大金融产品和服务创新力度，配合财政支持农业农村重大项目实施，加大投贷联动等投融资模式探索力度。鼓励各级农业农村部门按照有关要求，对本地区农业投资项目进行系统性梳理，探索在高标准农田建设、智慧农业、仓储保鲜冷链物流、农村人居环境整治等领域，培育一批适于采取 PPP 模式的、有稳定收益的公益性项目，依法合规、有序推进政府和社会资本合作，让社会资本投资可预期、有回报、能持续。鼓励社会资本探索通过资产证券化、股权转让等方式，盘活项目存量资产，丰富资本进入退出渠道。

4. 探索设立乡村振兴投资基金。各地要结合当地发展实际，推动设立金融机构大力支持、社会资本广泛参与、市场化运作的乡村振兴基金。鼓励有实力的社会资本结合地方农业产业发展和投资情况规范有序设立产业投资基金。

充分发挥农业农村部门的行业优势，积极稳妥推进基金项目储备、项目推介等工作，鼓励相关基金通过直接股权投资和设立子基金等方式，充分发挥在乡村振兴产业发展、基础设施建设等方面的引导和资金撬动作用。

5. 建立紧密合作的利益共赢机制。强化社会资本责任意识，让农民更多分享产业增值收益。鼓励农民以土地经营权、水域滩涂、劳动、技术等入股，支持农村集体经济组织通过股份合作、租赁等形式，参与村庄基础设施建设、农村人居环境整治和产业融合发展。创新村企合作模式，充分发挥产业化联合体等联农带农作用，激发和调动农民参与乡村振兴的积极性、主动性。鼓励社会资本采用"农民＋合作社＋龙头企业""土地流转＋优先雇用＋社会保障""农民入股＋保底收益＋按股分红"等利益联结方式，与农民建立稳定合作关系、形成稳定利益共同体，做大做强新型农业经营主体，健全农业专业化社会化服务体系，提升小农户生产经营能力和组织化程度，让社会资本和农民共享发展成果。

四、打造合作平台

打造一批社会资本投资农业农村的合作平台，为社会资本投向农业农村提供规划、项目信息、融资、土地、建设运营等一揽子、全方位投资服务，促进要素集聚、产业集中、企业集群，实现控风险、降成本、提效率。

1. 完善规划体系平台。统筹做好发展引导规划、专项规划、区域规划、建设规划等的管理制定、信息发布等工作，充分发挥以《乡村振兴战略规划（2018—2022年）》《"十四五"推进农业农村现代化规划》等为总纲，以种植业、渔业、畜牧业、种业、乡村产业、农垦、农业科技、农业机械化、农田建设和农业国际合作等相关规划为指导，以地方农业农村发展有关规划为补充的农业农村规划体系作用，引导社会资本突出重点、科学决策，有序投向补短板、强弱项的重点领域和关键环节。

2. 构建现代农业园区平台。围绕农业现代化示范区、粮食生产功能区、重要农产品生产保护区、特色农产品优势区和农业绿色发展先行区，以及国家现代农业产业园、优势特色产业集群、农业产业强镇、全国"一村一品"示范村镇、农村产业融合发展示范园、农村创业创新园区和孵化实训基地、精深加工基地、南繁硅谷、农业对外开放合作试验区等重大农业园区，建立社会资本投资指导服务机构，发挥园区平台的信息汇集、投资对接作用。健全完善政策支持体系，加快园区公共服务设施和能力水平建设，增强各类园区对社会资本的引导和聚集功能，不断提升农业绿色化、优质化、特色化、品牌化水平。

3. 建设重大工程项目平台。依托高标准农田建设、优质粮食工程、农业生产"三品一标"提升行动、奶业振兴行动、种业振兴行动、农产品产地冷藏保鲜设施建设工程，以及畜禽粪污资源化利用整县推进、内陆集中连片养殖池塘改造和尾水达标治理整县推进、农村人居环境整治、新一轮畜禽水产遗传改良计划、农业关键核心技术攻关、"百县千乡万村"乡村振兴示范创建等，建立项目征集和发布机制，引导各类资源要素互相融合。加强宣传和解读，提高重大工程项目参与方式、运营方式、盈利模式、投资回报等相关信息透明度和可获得性；充分发挥政府投资"四两拨千斤"的引导带动作用，稳定市场收益预期，调动社会资本积极性。

4. 推进项目数据信息共享。汇集农业领域基建项目、财政项目，以及各行各业重大项目，形成重点项目数据库，在严守信息安全底线的前提下，通过统一的信息共享平台集中向社会资本公开发布，发挥信息汇集、交流、对接等服务作用，引导各环节市场主体自主调节生产经营决策。推广大数据应用，引导整合线上线下企业的资源要素，推动业态创新、模式变革和效能提高。鼓励行业协会商会主动完善和提升行业服务标准，发布高标准的服务信息指引，发挥行业协会、开发区、孵化器的沟通桥梁作用，加强与资本市场对接。

五、营造良好环境

1. 加强组织领导。各级农业农村部门、乡村振兴部门要把引导社会资本投资农业农村作为重要任务，加强与发改、财政、金融监管、自然资源等部门的沟通，推进信息互通共享，协调各有关部门立足职能、密切配合、形成合力。要建立规范的合作机制，引导社会资本积极参与相关规划编制、项目梳理，严格遵循乡村规划"三区三线"的空间管制，准确把握投资方向，积极探索具体方式，提高各类项目落地效率，充分发挥政府、市场和社会资本的合力作用。加强对外资的管理，推动外资依照《外商投资法》相关规定和要求，投资农业农村。

2. 强化政策激励。完善农村闲置宅基地和闲置住宅盘活利用政策。鼓励各地根据地方实际和农村产业业态特点探索供地新方式，保障和规范农村一二三产业融合发展用地。加快构建以农村土地流转风险防范制度、农村社会信用评价制度，以及农业保险"扩面、增品、提标"和农产品期货价格发现机制等为重要内容的风险防范体系。落实稳步提高土地出让收入用于农业农村比例的政策要求，集中用于乡村振兴重点任务。支持地方政府发行政府债券用于符合条件的乡村振兴公益性项目，发挥专项债券资金对促进乡村振兴作用。加快健全商业性、合作性和政策性、开发性金融，以及信贷担保等为重要内容的多层次农村金融服务体系，发展供应链金融，探索通过投贷联动等模式，不断加大对社会资本投资农业农村的支持力度。

3. 广泛宣传引导。汇集重点规划、农业园区、重大工程项目、示范主体名单等相关信息，各类主体可在农业农村部新型农业经营主体信息直报平台上点击查询。大力宣传社会资本投资农业农村的重大意义，做好政策解读，回应社会关切，稳定市场预期，培育合作理念，正确引导社会资本有序进入农业农村经济领域。各地要加强社会资本投资农业农村成功经验和案例的总结，推介一批典型模式。充分利用报刊、广播、电视、互联网等媒体，全方位、多角度、立体式宣传社会资本投资建设成果，营造社会资本投资农业农村的良好氛围。

附　录　二

2022 中国农业企业 500 强排行榜

单位：万元

序号	农业企业名称	营业收入（2021 年）	省级行政单位
1	中粮集团有限公司	66 494 705.00	北京
2	新希望控股集团有限公司	25 265 200.00	四川
3	北京首农食品集团有限公司	18 309 243.74	北京
4	万洲国际有限公司	17 608 079.00	香港
5	北大荒农垦集团有限公司	16 741 786.00	黑龙江
6	内蒙古伊利实业集团股份有限公司	11 059 520.00	内蒙古
7	永辉超市股份有限公司	9 106 189.00	福建
8	内蒙古蒙牛乳业（集团）股份有限公司	8 814 200.00	内蒙古
9	双胞胎（集团）股份有限公司	8 606 501.00	江西
10	广东海大集团股份有限公司	8 599 855.98	广东
11	牧原实业集团有限公司	8 327 573.70	河南
12	河南万邦国际农产品物流股份有限公司	8 300 000.00	河南
13	中化国际（控股）股份有限公司	8 064 800.00	上海
14	泸州老窖集团有限责任公司	7 901 442.00	四川
15	蓝润集团有限公司	7 336 458.00	四川
16	南京农副产品物流配送中心有限公司	7 230 528.00	江苏
17	河南双汇投资发展股份有限公司	6 668 226.00	河南
18	温氏食品集团股份有限公司	6 495 406.42	广东
19	通威股份有限公司	6 349 107.05	四川
20	云南云天化股份有限公司	6 324 900.00	云南
21	湖北稻花香酒业股份有限公司	5 850 313.00	湖北
22	北京粮食集团有限公司	5 506 182.54	北京
23	三河汇福粮油集团有限公司	5 209 218.00	河北
24	杭州娃哈哈集团有限公司	5 191 451.00	浙江

（续）

序号	农业企业名称	营业收入（2021年）	省级行政单位
25	先正达集团中国	4 748 527.00	上海
26	深圳市中农网有限公司	4 744 903.00	广东
27	山东渤海实业集团有限公司	4 742 756.00	山东
28	江苏阳光集团有限公司	4 516 216.00	江苏
29	北大荒商贸集团有限公司	4 351 015.00	黑龙江
30	苏州市南环桥市场发展股份有限公司	4 009 149.00	江苏
31	北京二商肉类食品集团有限公司	3 925 612.70	北京
32	云南农垦集团有限责任公司	3 703 080.11	云南
33	内蒙古鄂尔多斯投资控股集团有限公司	3 647 300.00	内蒙古
34	云南白药集团股份有限公司	3 637 400.00	云南
35	西王集团有限公司	3 368 953.00	山东
36	香驰控股有限公司	3 201 221.00	山东
37	水发农业集团有限公司	3 166 501.31	山东
38	北京大北农科技集团股份有限公司	3 132 808.00	北京
39	桂林力源粮油食品集团有限公司	3 125 462.00	广西
40	德华集团控股股份有限公司	3 028 776.00	浙江
41	农夫山泉股份有限公司	3 018 031.00	浙江
42	青岛啤酒股份有限公司	3 016 700.00	山东
43	黑龙江象屿农业物产有限公司	3 010 553.30	黑龙江
44	江苏无锡朝阳集团股份有限公司	3 005 431.00	江苏
45	大亚科技集团有限公司	2 983 612.00	江苏
46	禾丰食品股份有限公司	2 946 892.59	辽宁
47	光明乳业股份有限公司	2 920 599.00	上海
48	和润集团有限公司	2 638 441.00	浙江
49	今麦郎食品股份有限公司	2 600 000.00	河北
50	山西锦绣大象农牧股份有限公司	2 541 787.00	山西
51	江苏洋河酒厂股份有限公司	2 535 000.00	江苏
52	统一企业（中国）投资有限公司	2 523 100.00	上海
53	中粮糖业控股股份有限公司	2 516 047.12	新疆

（续）

序号	农业企业名称	营业收入（2021年）	省级行政单位
54	海南农垦投资控股集团有限公司	2 511 091.00	海南
55	广东省农垦集团公司	2 403 400.00	广东
56	诸城外贸有限责任公司	2 384 006.00	山东
57	上海梅林正广和股份有限公司	2 361 700.00	上海
58	佛山市海天调味食品股份有限公司	2 359 652.11	广东
59	中粮生物科技股份有限公司	2 346 855.31	安徽
60	梅花生物科技集团股份有限公司	2 283 700.00	西藏
61	黑龙江飞鹤乳业有限公司	2 277 626.50	黑龙江
62	中化化肥控股有限公司	2 264 100.00	北京
63	福建达利食品集团有限公司	2 229 400.00	福建
64	唐人神集团股份有限公司	2 174 219.42	湖南
65	阜丰集团有限公司	2 154 000.00	山东
66	上海源耀农业股份有限公司	2 047 892.00	上海
67	君乐宝乳业集团有限公司	2 030 000.00	河北
68	四川特驱投资集团有限公司	2 015 694.76	四川
69	金乡县凯盛农业发展有限公司	2 000 000.00	山东
70	山西杏花村汾酒厂股份有限公司	1 997 100.00	山西
71	中国食品集团有限公司	1 978 400.00	北京
72	山东龙大肉食品股份有限公司	1 951 000.00	山东
73	安徽辉隆农资集团股份有限公司	1 908 100.00	安徽
74	福建傲农生物科技集团股份有限公司	1 803 816.02	福建
75	佳沃集团有限公司	1 793 745.96	北京
76	优合集团有限公司	1 759 951.00	广东
77	家家悦集团股份有限公司	1 743 279.00	山东
78	浙江省农村发展集团有限公司	1 680 896.00	浙江
79	万向三农集团有限公司	1 666 916.00	浙江
80	得利斯集团有限公司	1 660 318.00	山东
81	江苏益客食品集团股份有限公司	1 641 422.63	江苏
82	广州市钱大妈农产品有限公司	1 626 474.00	广东

（续）

序号	农业企业名称	营业收入（2021年）	省级行政单位
83	山东亚太中慧集团有限公司	1 620 541.00	山东
84	天康生物股份有限公司	1 574 433.76	新疆
85	重庆市农业生产资料（集团）有限公司	1 542 382.00	重庆
86	广东恒兴集团有限公司	1 534 289.00	广东
87	海南天然橡胶产业集团股份有限公司	1 533 274.84	海南
88	北京顺鑫农业股份有限公司	1 486 937.90	北京
89	福建圣农发展股份有限公司	1 447 819.65	福建
90	广西扬翔股份有限公司	1 432 485.00	广西
91	鹏都农牧股份有限公司	1 430 370.39	湖南
92	新疆利华（集团）股份有限公司	1 427 218.00	新疆
93	东方集团粮油食品有限公司	1 405 831.00	黑龙江
94	四川铁骑力士实业有限公司	1 340 234.80	四川
95	安徽古井贡酒股份有限公司	1 327 000.00	安徽
96	北京首农东方食品供应链管理集团有限公司	1 318 239.00	北京
97	黑龙江省农业投资集团有限公司	1 315 732.00	黑龙江
98	海露控股集团有限公司	1 305 849.33	广东
99	广东天禾农资股份有限公司	1 300 027.44	广东
100	山东三星集团有限公司	1 252 600.99	山东
101	金沙河集团有限公司	1 224 687.00	河北
102	重庆太极实业（集团）股份有限公司	1 214 890.00	重庆
103	广西桂林市桂柳家禽有限责任公司	1 210 010.35	广西
104	肥城市灿亮惠农蔬菜有限公司	1 202 575.30	山东
105	北京燕京啤酒股份有限公司	1 196 100.00	北京
106	广西洋浦南华糖业集团股份有限公司	1 181 350.00	广西
107	广东省广垦橡胶集团有限公司	1 178 530.00	广东
108	海南京粮控股股份有限公司	1 176 309.38	海南
109	青岛九联集团股份有限公司	1 161 193.00	山东
110	绿滋肴控股集团有限公司	1 159 153.87	江西
111	中化现代农业有限公司	1 135 179.00	北京

（续）

序号	农业企业名称	营业收入（2021 年）	省级行政单位
112	江苏立华牧业股份有限公司	1 113 172.80	江苏
113	煌上煌集团有限公司	1 104 696.00	江西
114	金乡隆程果蔬有限公司	1 102 247.00	山东
115	四川高金实业集团股份有限公司	1 098 100.00	四川
116	安佑生物科技集团股份有限公司	1 092 207.47	江苏
117	鑫荣懋果业科技集团股份有限公司	1 083 545.45	广东
118	吉林省长春皓月清真肉业股份有限公司	1 070 402.62	吉林
119	湖北省粮油集团有限公司	1 067 578.64	湖北
120	安琪酵母股份有限公司	1 067 500.00	湖北
121	江苏省农垦农业发展股份有限公司	1 063 952.62	江苏
122	天邦食品股份有限公司	1 050 663.08	浙江
123	深圳百果园实业（集团）股份有限公司	1 041 622.84	广东
124	北大荒粮食集团有限公司	1 034 095.66	黑龙江
125	重庆洪九果品股份有限公司	1 028 184.20	重庆
126	深圳市深粮控股股份有限公司	1 013 956.37	广东
127	四川德康农牧食品集团股份有限公司	990 432.77	四川
128	三只松鼠股份有限公司	977 020.00	安徽
129	劲牌有限公司	972 349.00	湖北
130	新疆果业集团有限公司	960 000.00	新疆
131	江苏康缘集团有限责任公司	938 670.00	江苏
132	良品铺子股份有限公司	932 360.00	湖北
133	金正大生态工程集团股份有限公司	931 597.66	山东
134	安井食品集团股份有限公司	927 220.00	福建
135	嘉士伯（中国）啤酒工贸有限公司	898 884.00	云南
136	新希望乳业股份有限公司	896 690.00	四川
137	济南圣泉集团股份有限公司	882 460.00	山东
138	大亚圣象家居股份有限公司	875 052.37	江苏
139	济宁长江冷链物流有限公司	859 776.00	山东
140	南昌赣昌水产品综合大市场有限责任公司	834 697.00	江西

（续）

序号	农业企业名称	营业收入（2021年）	省级行政单位
141	浙江华统肉制品股份有限公司	834 200.00	浙江
142	鑫缘茧丝绸集团股份有限公司	814 509.00	江苏
143	四川省农业生产资料集团有限公司	811 991.00	四川
144	山东新盛食品有限公司	779 692.95	山东
145	望家欢农产品集团有限公司	778 763.00	广东
146	黑龙江万里利达集团	778 237.00	黑龙江
147	北京三元食品股份有限公司	773 072.40	北京
148	益海（连云港）粮油工业有限公司	752 512.00	江苏
149	汤臣倍健股份有限公司	743 130.00	广东
150	张家港市青草巷农副产品批发市场	735 465.00	江苏
151	九三集团长春大豆科技股份有限公司	728 108.00	吉林
152	益海嘉里（武汉）粮油工业有限公司	722 795.00	湖北
153	江苏银宝控股集团有限公司	711 465.00	江苏
154	现代牧业（集团）有限公司	707 800.00	安徽
155	江苏金洲粮油集团	703 967.03	江苏
156	江苏桂柳牧业集团有限公司	698 594.00	江苏
157	东鹏饮料（集团）股份有限公司	697 780.00	广东
158	三全食品股份有限公司	694 340.00	河南
159	河北养元智汇饮品股份有限公司	690 600.00	河北
160	济宁蔬菜批发市场有限责任公司	679 000.00	山东
161	华润五丰（中国）投资有限公司	673 008.86	广东
162	广东粤海饲料集团股份有限公司	672 507.59	广东
163	金健米业股份有限公司	670 648.22	湖南
164	欧诗漫控股集团有限公司	655 049.00	浙江
165	绝味食品股份有限公司	654 900.00	湖南
166	天津利达粮油有限公司	653 352.00	天津
167	史丹利农业集团股份有限公司	643 600.00	山东
168	江苏今世缘酒业股份有限公司	640 550.00	江苏
169	山东嘉冠粮油工业集团有限公司	637 970.45	山东

（续）

序号	农业企业名称	营业收入（2021年）	省级行政单位
170	桃李面包股份有限公司	633 540.00	辽宁
171	洽洽食品股份有限公司	598 500.00	安徽
172	深圳市澳华集团股份有限公司	597 625.76	广东
173	湖南口味王集团有限责任公司	591 332.90	湖南
174	山东英轩实业股份有限公司	586 873.00	山东
175	浙江省土产畜产进出口集团有限公司	582 132.15	浙江
176	青岛万福集团股份有限公司	577 923.00	山东
177	滨州中裕食品有限公司	576 303.00	山东
178	中农信投有限公司	563 685.78	北京
179	山东鑫发控股有限公司	552 672.00	山东
180	益海（广汉）粮油饲料有限公司	552 346.00	四川
181	黑龙江鸿展生物科技股份有限公司	548 664.00	黑龙江
182	黑龙江省万里润达生物科技有限公司	547 317.00	黑龙江
183	山东永明粮油食品集团有限公司	546 593.00	山东
184	道道全粮油股份有限公司	544 947.45	湖南
185	福建天马科技集团股份有限公司	541 902.00	福建
186	贵阳南明老干妈风味食品有限责任公司	540 309.00	贵州
187	齐齐哈尔龙江阜丰生物科技有限公司	536 716.00	黑龙江
188	中牧实业股份有限公司	530 157.17	北京
189	山东金胜粮油食品有限公司	520 000.00	山东
190	安徽省农垦集团有限公司	516 300.00	安徽
191	益江（张家港）粮油工业有限公司	510 457.00	江苏
192	吉林云天化农业发展有限公司	503 294.19	吉林
193	北大荒丰缘集团有限公司	496 164.00	黑龙江
194	黑龙江龙凤玉米开发有限公司	495 232.26	黑龙江
195	晨光生物科技集团股份有限公司	487 400.00	河北
196	深圳市金新农科技股份有限公司	486 704.05	广东
197	成都粮食集团	484 239.00	四川
198	国冠控股有限公司	477 849.79	北京

（续）

序号	农业企业名称	营业收入（2021年）	省级行政单位
199	江苏苏盐井神股份有限公司	476 100.00	江苏
200	广西鑫坚投资集团有限公司	472 974.00	广西
201	大庄园肉业集团股份有限公司	467 600.00	黑龙江
202	佳沃食品股份有限公司	459 721.82	湖南
203	益海嘉里（昆山）食品工业有限公司	458 769.00	江苏
204	维维食品饮料股份有限公司	456 820.00	江苏
205	乐禾食品集团股份有限公司	453 696.94	广东
206	深圳诺普信农化股份有限公司	450 057.23	广东
207	上海妙可蓝多食品科技股份有限公司	447 830.00	上海
208	湛江国联水产开发股份有限公司	447 417.00	广东
209	北大荒完达山乳业股份有限公司	442 799.08	黑龙江
210	山东凤祥股份有限公司	441 700.00	山东
211	新疆天康汇通农业有限公司	438 871.10	新疆
212	新疆冠农果茸股份有限公司	433 718.93	新疆
213	正大康地农牧集团有限公司	433 162.02	广东
214	陈克明食品股份有限公司	432 700.00	湖南
215	青岛鲁海丰食品集团有限公司	422 442.00	山东
216	广西四野牧业有限公司	418 265.02	广西
217	上海来伊份股份有限公司	417 240.00	上海
218	益海嘉里（南昌）粮油食品有限公司	415 944.25	江西
219	黑龙江省农投供应链管理有限公司	414 337.69	黑龙江
220	内蒙古赛科星繁育生物技术（集团）股份有限公司	413 400.00	内蒙古
221	宁夏农垦集团有限公司	410 000.00	宁夏
222	深圳市农产品集团股份有限公司	409 218.09	广东
223	红星实业集团有限公司	406 129.00	湖南
224	河北衡水老白干酒业股份有限公司	402 720.00	河北
225	南方黑芝麻集团股份有限公司	402 500.00	广西
226	北京二商大红门五肉联食品有限公司	399 068.00	北京

（续）

序号	农业企业名称	营业收入（2021年）	省级行政单位
227	黑龙江大北农农牧食品集团	398 286.68	黑龙江
228	烟台张裕葡萄酿酒股份有限公司	395 310.00	山东
229	四川省棉麻集团有限公司	391 516.52	四川
230	黑龙江伊品生物科技有限公司	391 221.38	黑龙江
231	广州酒家集团股份有限公司	388 990.00	广东
232	呼伦贝尔农垦集团	388 138.67	内蒙古
233	粤旺农业集团有限公司	388 116.14	广东
234	中油黑龙江农垦石油有限公司	387 060.00	黑龙江
235	东阿阿胶股份有限公司	384 900.00	山东
236	湖北禾丰粮油集团有限公司	382 327.00	湖北
237	青岛品品好粮油集团有限公司	378 765.00	山东
238	黑龙江省北大荒米业集团有限公司	377 664.00	黑龙江
239	修正药业集团股份有限公司	376 817.57	吉林
240	中农发种业集团股份有限公司	376 439.28	北京
241	光明农业发展（集团）有限公司	375 528.00	上海
242	青岛天祥食品集团有限公司	371 798.00	山东
243	益海嘉里（哈尔滨）粮油食品工业有限公司	365 712.00	黑龙江
244	仪征方顺粮油工业有限公司	363 143.00	江苏
245	发达面粉集团股份有限公司	363 044.03	山东
246	黑龙江北大荒农业股份有限公司	362 937.00	黑龙江
247	山东福洋生物科技股份有限公司	360 763.28	山东
248	上海丝绸集团股份有限公司	357 522.00	上海
249	大禹节水集团股份有限公司	351 500.00	甘肃
250	山东星光糖业有限公司	351 369.01	山东
251	袁隆平农业高科技股份有限公司	350 344.25	湖南
252	盐城市粮油集团有限公司	348 184.84	江苏
253	北大荒食品集团有限公司	348 173.40	黑龙江
254	香飘飘食品股份有限公司	346 630.00	浙江
255	山东恒仁工贸有限公司	346 264.00	山东

（续）

序号	农业企业名称	营业收入（2021年）	省级行政单位
256	酒鬼酒股份有限公司	341 440.00	湖南
257	武汉阳逻港口服务有限公司	337 206.38	湖北
258	科迪食品集团股份有限公司	335 888.00	河南
259	甘肃亚盛实业（集团）股份有限公司	333 269.25	甘肃
260	双城雀巢有限公司	331 724.00	黑龙江
261	北大荒粮食物流有限公司	331 530.00	黑龙江
262	山东仙坛股份有限公司	331 178.00	山东
263	大咖国际食品有限公司	329 587.00	河南
264	江苏淮安双汇食品有限公司	327 216.90	江苏
265	黑龙江昊天玉米开发有限公司	327 176.00	黑龙江
266	南宁糖业股份有限公司	323 333.49	广西
267	北京九州大地生物技术集团股份有限公司	323 255.67	北京
268	贵阳市农业农垦投资发展集团有限公司	322 523.24	贵州
269	深圳市京基智农时代股份有限公司	322 147.44	广东
270	广西参皇养殖集团有限公司	320 590.51	广西
271	河南华英农业发展股份有限公司	319 245.78	河南
272	山东禹王生态食业有限公司	317 125.80	山东
273	辽源市巨峰生化科技有限责任公司	315 084.00	吉林
274	贵州百灵企业集团制药股份有限公司	311 200.00	贵州
275	吉林隆源农业股份有限公司	305 537.00	吉林
276	京粮龙江生物工程有限公司	305 474.17	黑龙江
277	南京卫岗乳业有限公司	305 145.00	江苏
278	中粮生化能源（肇东）有限公司	304 167.77	黑龙江
279	梅河口市阜康酒精有限责任公司	302 674.74	吉林
280	湖南湘佳牧业股份有限公司	300 550.73	湖南
281	广州市香雪制药股份有限公司	297 057.58	广东
282	广东天农食品集团股份有限公司	294 041.54	广东
283	重庆市农产品（集团）有限公司	291 155.68	重庆
284	百洋产业投资集团股份有限公司	290 500.00	广西

（续）

序号	农业企业名称	营业收入（2021年）	省级行政单位
285	湖北周黑鸭企业发展有限公司	289 363.94	湖北
286	浙江五芳斋实业股份有限公司	289 224.48	浙江
287	广东广垦糖业集团有限公司	289 028.80	广东
288	烟台中宠食品股份有限公司	288 155.27	山东
289	广东省湛江农垦集团有限公司	287 968.00	广东
290	南侨食品集团（上海）股份有限公司	287 300.00	上海
291	中粮生化能源（榆树）有限公司	282 125.54	吉林
292	立高食品股份有限公司	281 700.00	广东
293	中绿食品集团有限公司	278 456.00	福建
294	云南神农农业产业集团股份有限公司	277 946.00	云南
295	北京汇源饮料食品集团有限公司	276 934.19	北京
296	保龄宝生物股份有限公司	276 497.70	山东
297	供销粮油吉林有限公司	276 048.00	吉林
298	巨星农牧有限公司	272 965.75	四川
299	山东天邦粮油有限公司	272 613.00	山东
300	吉林华正农牧业开发股份有限公司	269 933.62	吉林
301	燕京啤酒（桂林漓泉）股份有限公司	267 801.47	广西
302	吉林省新天龙实业股份有限公司	264 899.22	吉林
303	中粮生化能源（公主岭）有限公司	264 216.00	吉林
304	合肥丰乐种业股份有限公司	261 724.24	安徽
305	青岛好面缘面粉有限公司	258 133.00	山东
306	浙江辰颐物语生态科技发展有限公司	257 311.00	浙江
307	宏鸿农产品集团有限公司	256 920.80	广东
308	皇氏集团股份有限公司	256 900.00	广西
309	潍坊盛泰药业有限公司	255 778.00	山东
310	山东美佳集团有限公司	255 041.00	山东
311	贝因美股份有限公司	253 960.00	浙江
312	承德露露股份公司	252 390.74	河北
313	安徽荃银高科种业股份有限公司	252 077.28	安徽

（续）

序号	农业企业名称	营业收入（2021年）	省级行政单位
314	重庆市涪陵榨菜集团股份有限公司	251 860.00	重庆
315	江苏佳丰粮油工业有限公司	251 153.00	江苏
316	深圳市芭田生态工程股份有限公司	248 526.52	广东
317	青岛正大有限公司	248 315.10	山东
318	广州植之元油脂实业有限公司	248 099.68	广东
319	富锦象屿金谷生化科技有限公司	246 428.47	黑龙江
320	益海嘉里（德州）粮油工业有限公司	244 987.75	山东
321	佳禾食品工业股份有限公司	239 948.00	江苏
322	湖北金银丰食品有限公司	238 824.00	湖北
323	江苏荷仙食品集团有限公司	236 888.00	江苏
324	江西联和农牧发展有限公司	235 731.00	江西
325	蒙牛乳业（齐齐哈尔）有限公司	233 174.00	黑龙江
326	成都希望食品有限公司	232 253.23	四川
327	浙江一鸣食品股份有限公司	231 600.00	浙江
328	江西省粮油集团有限公司	231 573.00	江西
329	江苏天成科技集团有限公司	231 539.01	江苏
330	赤山集团有限公司	231 079.30	山东
331	益海嘉里（成都）粮食工业有限公司	230 844.42	四川
332	广东厨邦食品有限公司	230 556.63	广东
333	吉林敖东药业集团股份有限公司	230 376.38	吉林
334	五得利集团禹城面粉有限公司	230 186.62	山东
335	林甸伊利乳业有限责任公司	229 990.78	黑龙江
336	盐津铺子食品股份有限公司	228 150.00	湖南
337	中和农信项目管理有限公司	222 454.94	北京
338	想念食品股份有限公司	222 267.00	河南
339	荣成泰祥食品股份有限公司	221 121.00	山东
340	成都市新兴粮油有限公司	220 938.66	四川
341	云南金丰汇油脂股份有限公司	220 590.00	云南
342	浙江新农都实业有限公司	218 459.00	浙江

（续）

序号	农业企业名称	营业收入（2021年）	省级行政单位
343	河南恒都食品有限公司	218 316.68	河南
344	成都统一企业食品有限公司	216 686.99	四川
345	黑龙江北大仓集团有限公司	216 656.00	黑龙江
346	烟台双塔食品股份有限公司	216 500.00	山东
347	吉林省博大生化有限公司	215 665.00	吉林
348	襄阳正大有限公司	215 363.00	湖北
349	宜宾纸业股份有限公司	211 700.00	四川
350	新疆天润乳业股份有限公司	210 900.00	新疆
351	山东益生种畜禽股份有限公司	208 992.19	山东
352	獐子岛集团股份有限公司	208 283.75	辽宁
353	金河生物科技股份有限公司	207 800.00	内蒙古
354	广西丰林木业集团股份有限公司	206 628.74	广西
355	上海雪榕生物科技股份有限公司	206 282.88	上海
356	襄阳正大农牧食品有限公司	203 703.05	湖北
357	山东邦基科技股份有限公司	203 500.00	山东
358	春雪食品集团股份有限公司	203 300.00	山东
359	西隆粮油集团有限公司	202 608.47	江苏
360	四川天味食品集团股份有限公司	202 553.54	四川
361	新疆阜丰生物科技有限公司	201 829.00	新疆
362	天津瑞普生物技术股份有限公司	200 713.83	天津
363	湖南新五丰股份有限公司	200 286.29	湖南
364	广西丹泉酒业有限公司	200 000.00	广西
365	格博喻（广州）农业有限公司	199 637.65	广东
366	广东新粮实业有限公司	199 012.00	广东
367	广东燕塘乳业股份有限公司	198 474.69	广东
368	北京古船食品有限公司	198 345.12	北京
369	上海开创国际海洋资源股份有限公司	198 031.70	上海
370	福建御冠食品有限公司	197 255.20	福建
371	华宝食品股份有限公司	194 100.00	山东

（续）

序号	农业企业名称	营业收入（2021年）	省级行政单位
372	黑龙江完达山林海液奶有限公司	194 002.13	黑龙江
373	中粮（成都）粮油工业有限公司	193 821.00	四川
374	橘乡生物科技集团（广东）股份公司	193 792.53	广东
375	千禾味业食品股份有限公司	192 500.00	四川
376	丰润生物科技股份有限公司	190 879.37	黑龙江
377	深圳市光明集团有限公司	190 499.02	广东
378	福建春伦集团有限公司	189 598.00	福建
379	莓添佳（广州）农业有限公司	189 577.42	广东
380	江苏恒顺醋业股份有限公司	189 300.00	江苏
381	广东溢多利生物科技股份有限公司	189 216.03	广东
382	昆明国际花卉拍卖交易中心有限公司	187 881.31	云南
383	广东壹号食品股份有限公司	187 417.00	广东
384	罗牛山股份有限公司	187 173.11	海南
385	高州市果乡食品集团有限公司	186 107.28	广东
386	中粮家佳康（吉林）有限公司	183 320.81	吉林
387	山西省平遥县龙海实业有限公司	182 901.93	山西
388	中国成套工程有限公司	182 474.11	北京
389	四川省旺达饲料有限公司	181 881.04	四川
390	天地壹号饮料股份有限公司	181 700.00	广东
391	莲花健康产业集团股份有限公司	181 500.00	河南
392	甘肃金徽酒股份有限公司	178 839.67	甘肃
393	沂水大地玉米开发有限公司	178 765.00	山东
394	黑龙江源发粮食物流有限公司	178 613.43	黑龙江
395	广东省广垦粮油有限公司	177 798.00	广东
396	金宇生物技术股份有限公司	177 600.00	内蒙古
397	山东民和牧业股份有限公司	177 543.22	山东
398	江西正邦作物保护股份有限公司	175 600.00	江西
399	加加食品集团股份有限公司	175 500.00	湖南
400	北京大伟嘉生物技术股份有限公司	175 454.02	北京

（续）

序号	农业企业名称	营业收入（2021年）	省级行政单位
401	八马茶业股份有限公司	174 413.38	广东
402	山西振东制药股份有限公司	172 600.00	山西
403	珠海容川饲料有限公司	172 338.93	广东
404	金利油脂（苏州）有限公司	171 810.94	江苏
405	黑龙江新和成生物科技有限公司	171 305.18	黑龙江
406	肇庆焕发生物科技有限公司	171 017.81	广东
407	四川环龙新材料有限公司	170 950.00	四川
408	青援食品有限公司	170 766.19	山东
409	广东中轻糖业集团有限公司	170 191.00	广东
410	品源（随州）现代农业发展有限公司	169 707.00	湖北
411	福清市兆华水产食品有限公司	168 123.67	福建
412	山东蓝海生态农业有限公司	165 471.72	山东
413	品渥食品股份有限公司	165 100.00	上海
414	山东惠发食品股份有限公司	165 100.00	山东
415	侨益物流股份有限公司	164 598.17	广东
416	江西阳光乳业集团有限公司	163 089.03	江西
417	鄱阳湖生态农业股份有限公司	162 120.27	江西
418	湖南新金浩茶油股份有限公司	161 613.00	湖南
419	河南飞天生物科技股份有限公司	161 558.00	河南
420	江苏三零面粉有限公司	161 340.40	江苏
421	广东立威化工有限公司	161 176.00	广东
422	山东龙大粮油有限公司	160 737.00	山东
423	中福海峡（平潭）发展股份有限公司	160 651.26	福建
424	河南中沃实业有限公司	158 182.00	河南
425	黑龙江省业旺集团有限公司	157 923.57	黑龙江
426	长春博瑞科技股份有限公司	157 087.09	吉林
427	九圣禾控股集团有限公司	156 820.17	新疆
428	五常市彩桥米业有限公司	156 554.36	黑龙江
429	濮阳训达粮油股份有限公司	155 836.00	河南

（续）

序号	农业企业名称	营业收入（2021 年）	省级行政单位
430	天水众兴菌业科技股份有限公司	155 614.67	甘肃
431	海欣食品股份有限公司	155 000.00	福建
432	泰安汉威集团有限公司	154 032.00	山东
433	淮安天参农牧水产有限公司	152 859.10	江苏
434	广东嘉士利食品集团有限公司	152 808.00	广东
435	闽榕茶业有限公司	151 698.47	福建
436	浙江省农都农产品有限公司	151 401.60	浙江
437	辅仁药业集团有限公司	151 200.00	河南
438	福建兴宇实业有限公司	150 893.32	福建
439	四川新华西乳业有限公司	150 875.21	四川
440	江西汪氏蜜蜂园有限公司	150 194.52	江西
441	深圳市瑞源冷链服务有限公司	148 973.00	广东
442	山东万得福实业集团有限公司	148 181.00	山东
443	吉林泉阳泉股份有限公司	147 095.22	吉林
444	湖北晨科农牧集团股份有限公司	146 041.00	湖北
445	湖北庄品健实业（集团）有限公司	145 896.00	湖北
446	北大荒垦丰种业股份有限公司	144 988.00	黑龙江
447	国投中鲁果汁股份有限公司	144 986.12	北京
448	江苏梁丰食品集团有限公司	143 357.50	江苏
449	湖南正虹科技发展股份有限公司	143 156.49	湖南
450	北京千喜鹤食品有限公司	142 266.05	北京
451	河南豫储物流发展有限公司	142 000.00	河南
452	麦肯食品（哈尔滨）有限公司	141 278.00	黑龙江
453	云南滇雪粮油有限公司	141 150.00	云南
454	福清市龙田东华冷冻有限公司	139 802.47	福建
455	海通食品集团有限公司	137 076.00	浙江
456	湖北午时药业股份有限公司	135 777.00	湖北
457	新疆泰昆集团昌吉饲料有限责任公司	133 774.00	新疆
458	山东如康清真食品有限公司	133 673.00	山东

（续）

序号	农业企业名称	营业收入（2021年）	省级行政单位
459	北京王致和食品有限公司	132 295.00	北京
460	山东泓达生物科技有限公司	131 604.00	山东
461	黑龙江鹏程生化有限公司	131 272.00	黑龙江
462	江苏灌南农牧有限公司	130 055.02	江苏
463	大湖水殖股份有限公司	129 231.24	湖南
464	德州谷神蛋白科技有限公司	128 330.00	山东
465	好想你健康食品股份有限公司	128 100.00	河南
466	安徽燕之坊食品有限公司	127 919.95	安徽
467	四川金忠食品股份有限公司	127 393.38	四川
468	佩蒂动物营养科技股份有限公司	127 089.26	浙江
469	江苏华石食品（集团）股份有限公司	126 895.91	江苏
470	河北福成五丰食品股份有限公司	126 850.66	河北
471	云南森汇食品有限责任公司	126 471.00	云南
472	庆安东禾金谷粮食储备有限公司	125 922.00	黑龙江
473	新疆天康汇通农业有限公司额敏县分公司	125 409.21	新疆
474	山东好当家海洋发展股份有限公司	125 366.44	山东
475	平度波尼亚食品有限公司	125 181.00	山东
476	江苏中洋集团股份有限公司	125 059.17	江苏
477	焦作泰利机械制造股份有限公司	125 000.00	河南
478	呼伦贝尔农垦物资石油集团有限公司	124 889.00	内蒙古
479	山东嘉华生物科技股份有限公司	123 421.00	山东
480	新疆华凌农牧科技开发有限公司	123 175.26	新疆
481	青岛田润食品有限公司	122 729.61	山东
482	福建闽威实业股份有限公司	122 598.83	福建
483	益海嘉里（富裕）生物科技有限公司	120 387.00	黑龙江
484	新疆天莱牧业集团有限责任公司	120 202.21	新疆
485	山东和康源集团有限公司	120 100.00	山东
486	山东安德利集团有限公司	119 365.43	山东
487	深圳点筹互联网农业控股有限公司	118 124.54	广东

（续）

序号	农业企业名称	营业收入（2021 年）	省级行政单位
488	益海嘉里（密山）粮油工业有限公司	116 914.67	黑龙江
489	青岛蔚蓝生物股份有限公司	115 082.36	山东
490	山东农业发展集团有限公司	114 687.13	山东
491	朴诚乳业（集团）有限公司	114 626.00	广东
492	淮安温氏畜牧有限公司	114 562.00	江苏
493	太行润源食品有限公司	113 572.00	山西
494	江西国鸿集团股份有限公司	113 295.92	江西
495	新疆西部牧业股份有限公司	112 795.68	新疆
496	广州立达尔生物科技股份有限公司	112 243.00	广东
497	广东优果农业投资有限公司	110 491.60	广东
498	武汉科前生物股份有限公司	110 302.10	湖北
499	广东省食品进出口集团有限公司	110 190.00	广东
500	山东登海种业股份有限公司	110 072.70	山东